NEWS PICKS PUBLISHING

THINK BIGGER

「最高の発想」を生む方法

コロンビア大学ビジネススクール
特別講義

SHEENA IYENGAR
シーナ・アイエンガー
櫻井祐子 訳

THINK BIGGER
「最高の発想」を生む方法

コロンビア大学ビジネススクール特別講義

イシャーンに捧ぐ

はじめに

何かの問題があって、それを解決する方法が知られていないとき、あなたならどうするだろう？

本書ではこれから、あらゆる複雑な問題に価値ある解決策を生み出す方法を、ステップごとに示していこう。

2010年に出版した私の前著『選択の科学』（文春文庫）は、ある重要な問いに答えを出そうとする、長年の多くの研究をまとめた本だった。その問いとは、「選択から最大限の価値を引き出すにはどうしたらいいのか？」である。

『選択の科学』では、いろいろな種類の選択にまつわるジレンマを解き明かし、あまたの選択肢の中から最もよいものを探し、選び取る能力を高める方法を説明した。

だが、ときに私たちは、それよりも大きな問題にぶつかることがある。そもそも選べる選択肢が存在しない場合、どうしたらいいのだろう？　そんなときは、すでにわかっている選択肢の中から選ぶのではなく、新しい選択肢を一から自分で生み出さなくてはならない。

幼い頃から見えない世界で育った私は、この大きな問題にくり返しぶつかっている。

私は１人で料理をつくれるだろうか？

いつか世界を１人で旅行できるだろうか？

科学者になれるだろうか？

舞台に立って話ができるだろうか？

こうした問いへの答えが「イエス」だということも、「どうやって」やるのかも、今の私は知っている。その知識には、私自身の格闘から得たものもあれば、問題解決の謎を解き明かす最新研究の宝箱から得たものもある。

それらをもとに書いたのが、あらゆる種類の複雑な問題を解決するために、新しい選択肢を生み出す手法を説明する、本書だ。この手法を、「**Think Bigger**」（もっと大きく考える、大胆に発想する）と名づけた。

私がこの問題に正式に取り組み始めたのは10年ほど前、コロンビア大学ビジネススクール起業支援センターのディレクターに就任したときのことだ。

当時わがビジネススクールの起業家講座では、新しいアイデアを実行に移す方法を教えていたが、そのアイデアをどこから得るのかは教えていなかった。

それに、すべての選択肢が同等ではないのと同じで、すべての「新しいアイデア」が「よいアイデア」とは限らない。たしかにイノベーション研究の分野にはさまざまなアイデア創出法があるが、それらは半世紀以上も前に開発されたもので、最近の神経科学の「学習＋記憶」と呼ばれる画期的発見を取り入れていない。今では、人間が創造するときに脳内で何が起こっているのかを、実際に目で見ることができるのだ。

これから「Think Bigger」の手法をくわしく説明しよう。第1部では理論を、第2部ではこの手法の柱となる6つのステップを1章ごとに示していく。

私はビジネススクールの学生に、Think Biggerを正式な講座として教えるようになった。そして、学生がこの手法を使って魅力的なアイデアを次々と生み出すのを見て、実務家が興味を持つのではないかと考え、医療や金融、小売分野の専門家を講義に招いて、彼らのアイデアを聞いてもらった。経験豊かな専門家たちは、学生が課題を選び、解決策を生み出した方法を知ると、同じ言葉でくり返しほめたたえた——力づけられる、と。

私の頭に電球が灯《とも》ったのは、そのときだ。Think Biggerには、ただ授業で使うだけにとどまらない価値がある。なにしろ複雑な問題を抱えるすべての人が、解決策を生み出すための新しい方法を求めているのだ。現代世界がイノベーションを切実に必要としていることは、立場や境遇、政治的思想にかかわらず、誰もが認めるところだろう。

Think Bigger の手法を活かして、日常生活を含むあらゆる分野でイノベーションを生み出した人たちの成功物語はたくさんある。本書では、そうしためざましい実例を交えながら、創造性あふれるアイデアを意図的に生み出す方法を説明し、何より、その手順を理解すればどんな人でも創造性を発揮できることを示していきたい。

本書を書き終える頃には、創造を一握りの超人のものとする、時代遅れのパラダイムを解き放ち、多くの人の手にその方法を届けられるのではと願っている。

それでは、始めよう。

第2章 創造的な脳
――「ブレインストーミング」で最高のアイデアは生まれない

第2部

第3章 ステップ1 課題を選ぶ

——あなたの解決したい課題は何か？

第4章 ステップ2 課題を分解する
——あなたの課題を構成する「サブ課題」は何か？

第5章 ステップ3 望みを比較する
――おもな意思決定者は何を望んでいるか？

第6章 ステップ4 箱の中と外を探す

――「別領域」で過去にうまくいった解決策は何か？

第7章
ステップ5　選択マップ
――戦術の「組み合わせ」を何度も試そう

第8章 ステップ6 第三の眼

——あなたが見ているものは他人にも見えるだろうか？

本文中の〔〕は訳注を表す。

THINK BIGGER

第1部

PART 1

第1章

「Think Bigger」とは？

私の暮らすマンハッタンは、人々の想像をかき立てる独特の魅力にあふれた小さな島だ。想像は、めまぐるしい毎日の中で見失われがちな、人間の創造的な一部である。

もちろん、めまぐるしさはニューヨークの生活とは切っても切れず、私たちはそのまっただ中で暮らしている。この地ではどんなことも可能に感じられる——自分を見失わずにいられさえすれば。多忙な日々を迷わずに生きていくには、失敗から立ち直るしなやかさを身につけ、静かに自分を見つめる時間をつくることが欠かせない。

私にとって、そうした地に足をつけるためのひとときは、夏でも肌寒い早朝だ。世界がまだ目覚めていない、通りが静かで平和な、冷たい街の空気が肌を刺す時間。私はいつも友人と2人乗り自転車を漕《こ》ぐ。目が回るほど多くの選択肢の中から、きまって選ぶお気に入りの道は、朝靄《もや》の中をハドソン川に沿って、ちょうど夜明け前に島の先端に到着するように走るルートだ。

聖地巡礼のようなこの旅を何度くり返しても、そこに待ち受けるものに畏敬の念を抱かずにいられない。私は目が見えないから、これから語るのは、視覚以外の感覚と、これまで読み聞きした説明を頼りに、私の頭の中で展開する経験だ。

風が向きを変え、空気が暖まるにつれ、朝日が薄紅《うすくれない》の光を辺りに投げかける。光は港の向こうに届き、水面《みなも》を照らし、対岸の建物の輪郭を浮かび上がらせるうちに、薄紅から次々と色を変えていく。

まばゆい光のショーをよそに、私の注目は謎めいた硬い表情の長身の人物に釘づけだ。彼女を「美しい」というひと言で片づけるのはあまりにも惜しい。まるで私の視線を追うかのように、下の台座から始まり、全身、そして冠《かんむり》をゆっくり照らしていく日の光に似て、彼女のオーラは神々しく、どこまでも広がっている。

そしてあの冠！　光の輪が冠を包んだとたん、7つの突起が鋭い輝きを一斉に放つ。まるで白熱した銀の塊が、濃い朝靄を突き刺していくかのようだ。ただ、発するのは光だけで、あとには何も残さない。そしてとうとう、冠を輝かせていた光がどんどん上に昇り、たいまつを掲げる右手に届いたとき、私たちの朝の旅は終わりとなる。

ニューヨーカーは自由の女神（図1・1）に飽き飽きしているのでは、とあなたは思うか

図 1.1　マンハッタンの空を背に立つ自由の女神像。

もしれない。たしかにそういう人も多い。だが私は港の貴婦人に今も力と落ち着きをもらっている。子どもの頃学校の遠足で訪れたときには、すでに視力を失いかけていたから、自分の目で女神を見たことはないのかもしれない。たとえ見たことがあったとしても、巨大なぼやけにしか見えなかっただろうし、近づいても意味のない小さなぼやけの集まりとしか認識できなかっただろう。それでも私は女神の大きさに胸を打たれた。身長46メートル、台座の高さ47メートル、重さ204トン。果てしなく続くらせん階段を一歩一歩冠まで上りながら、そのとてつもない高さを足で感じたのを覚えている。

像の中で私は、女神はいったいどこから来たのだろうと考えた。

さいわい、それも教わることができた。フランスの彫刻家フレデリク・オーギュスト・バルトルディが、民主主義の模範を世界に示したアメリカに、祖国からの感謝の印を贈りたいと切望して、この像をつくった。建設には9年かかったという。

私は考えたものだ。バルトルディは像をつくりながら、いつかこの像が、世界中から要人の使節団をはじめ、500万人が毎年訪れるほどの名所になると予想していただろうか、と。

自由の女神は、史上最も有名な彫像になった。そして、移民の両親のもとに生まれた私にとって、女神は希望を与えるすべてのものの大きな、大きな象徴だった。台座に掲げられたエマ・ラザラスの有名な詩を聞くと、今も涙ぐんでしまう。自由の女神はこう語りかけている。「あなたの国の　疲れ果て　貧しさにあえぎ　自由の息吹を渇望して　身を寄せ合う群衆を私にゆだねよ……」

私が自由の女神に寄せる関心と信念は、時とともに変わってきたが、弱まってはいない。私は女神の偉大さのほかの側面にも気づき、何が女神という存在をつくっているのかを、さらに深く理解するようになった。たとえば誰でも知っているように、女神はアメリカを代表するシンボルの1つだ。また女神は寛容と自由、可能性の重要な世界的象徴でもある。そして女神は不思議なことに、厳格であるとともに慈悲深い。普遍的であるとともに個人的な意味を、万人の共感を得るとともに1人ひとりに響く意味を持っている。

自由の女神が与えてきたインスピレーションについては、多くのことが語られ、書かれてきた。だが女神そのものを生み出したインスピレーションについては、ほとんど語られることがない。

このすばらしい作品は、いったいどうやって構想されたのだろう？

そして女神に感嘆する子どもは、女神に似て非なるものを生み出す方法を――つまり女神のような傑作に触発されて、ほかに類のないものを創造する方法を――どうやって学ぶのだろう？

言い換えれば、最高のアイデアを生み出すには具体的にどうしたらいいのだろう？

そしてアイデアを得たとき、それに追求する価値があるかどうかをどう判断すればいいのだろう？

それを示すことが、本書のねらいだ。これから、1つひとつのピースを組み合わせて「大きなアイデア」をつくる方法を説明していこう。

現代の科学、とくに神経科学と認知科学によって、人間の脳内で創造的なアイデアが生まれ、発展する方法が解明されつつある。彫刻家のバルトルディのような、歴史上の偉大なイノベーターたちの頭の中で起こったことを再現する方法が明らかになっているのだ。

本書ではこの新しい知見を、**Think Biggerの6つのステップ**として紹介する。この手法を使えば、あなたもバルトルディのように、最高のアイデアを生み出し、見きわめ、育むことができる。しかもこれをあなたの状況に合わせて、あなたの都合のよいときに、あなたなりの方法ですることができるのだ。各ステップで、それらの根拠となる関連研究や参考になる実例を交えながら、そうした知見を実行に移す方法を示していきたい。

「自由の女神」はどのように生まれたのか

自由の女神のアイデアは、バルトルディ自身から始まる。

彼は1834年にフランス東部のドイツ国境にほど近い都市、コルマールで生まれた。2歳で父を亡くし、兄とともに母の手ひとつで育てられた。幼いフレデリクの芸術的才能に気づいた母は、息子が芸術家として身を立てられるようにと、家族でパリに移り住んだ。

勤勉なバルトルディは、パリでさまざまな職業の見習いにつき、労を惜しまずに働いた。画家のアリ・シェフェールと、建築家のジャン＝フランソワ・ソワトゥーの助手も務めた。

努力はまもなく実を結んだ。1853年、18歳にしてサロン・ド・パリに彫像のコレクションを出展したのだ。

2年後、再びサロンの依頼を受けて、芸術家の代表団の一員としてエジプトに渡り、古代美術の視察を行った。彼が現地で最も衝撃を受けたのは、古代の傑作の圧倒的な規模だった。王家の墓を守る巨大な彫像に目を見張り、角を曲がるたびに現れる巨人たちを見るなり心を奪われた。夢想にふけりながら、このとき彼の心に夢が芽生えた――いつか自分の手で巨像をつくりたい。

そのチャンスは1867年にめぐってきた。スエズ運河の建設者が運河の入り口に灯台を立てることを計画し、バルトルディら彫刻家にデザイン案を求めた。それは実際に機能する灯台であるとともに、アジアの新しい玄関口に観光客を引きつけるものでなくてはならない。バルトルディは、しなやかな衣をまとった巨大な女性がたいまつを掲げ、人々を運河の向こうの世界へと導く像を構想し、「アジアに光をもたらすエジプト」と名づけた。

結局、彫刻家の提案はすべて却下され、普通の灯台が建設された。だがパリに戻ったバルトルディは、このスケッチに別の使い道を見つけた。彼の親しい友人に、当時フランス国民議会議員とフランス反奴隷制度協会会長を務め、のちに終身上院議員になった、エドゥアール・ド・ラブライエがいた。ラブライエはアメリカの独立戦争と南北戦争を、民主主義の勝利と称賛し、フランスをはじめとする諸国を鼓舞する手本になると考えた。そして、それを象徴する像をフランス国民の資金で建造して、アメリカへの贈り物にしてはどうかと提案した。彼がそのデザインを依頼したのが、バルトルディだった。

2人はただちに資金調達に着手した。この壮大な事業の費用は25万ドル、今日の金額で約550万ドルと見積もられた。2人はフランス中を回って寄付を募《つの》り、農夫や小間使い、実業家、芸術家など、富める者から貧しい者まで16万人近くの国民から資金を集めた。ラブライエにとって、民衆からの寄付を資金源にすることは、この事業の構想の屋台骨であるとともに、その精神を表す柱だった。

1871年、ラブライエとバルトルディは、建設用地の選定と準備のためにアメリカに渡る。バルトルディの構想を実現するのにうってつけの場所として、ニューヨーク港に入る船から見える風景の中心に位置する、ベドロー島（現在のリバティ島）がすぐに選ばれた。バルトルディはこの島を「アメリカへの玄関口」にすると宣言した。自由の象徴を世界に見せつけるのに、これ以上の場所はない。

建設地が決定すると、２人は全米を駆けずり回って資金調達を続けた。関心を集めるために、建設途中の女神の右腕を持って都市を巡回し、50セントの見学料を払えば誰でもたいまつのてっぺんまではしごで上れるようにした。最後にはマンハッタンのマジソンスクエアガーデンに右腕を設置し、６年にわたって展示した。合計25万人がはしごを上ったと言われる。

着想から20年後の１８８６年10月28日、とうとうバルトルディの自由の女神像は全世界に披露され、歴史に刻まれた。私たちの自由の普遍的象徴は、こうして生まれた――。

「創造性」のブラックボックスを開けよう

これが、歴史本の伝える物語の全容だ。それは心を打つ物語だ。私たちはこういった物語をこよなく愛する。大きなアイデアを抱いたバルトルディのような英雄が、探求の旅に出て、数々の障害を乗り越え、とうとう長年の夢をかなえる。そうした物語を読みながら、自分に重ね合わせる。「いつか自分も偉大なことを成し遂げられるだろうか？」と。

そう考えるのはすばらしいことだ。でも私は、あなたに違う問いを投げかけたい。答える前にじっくり考えてほしい。「どこからそれに手をつけるのか？」

この種の英雄物語には、重要な要素が２つある。「創造的なアイデアを生み出す天才」と「たゆみない努力」だ。

後者の「努力」の部分はわかりやすい。夢を実現するために全身全霊を傾ければいいのだろう、と。

だが、前者の「創造的なアイデア」についてはどうだろう？　どれでも好きなアイデアを選び、それをかなえるためにただ努力すればいいのだろうか？

もちろんそうではない。夢は慎重に選ばなくてはならない。

でもどうやって選べばいいのだろう？　そもそも、よいアイデアとは何だろう？　そしてそれを具体的にどうやって生み出すのか？

残念ながら、よくある英雄物語はその部分をすっ飛ばしている。アイデアそのものを生み出すプロセスは、中を見ることも開くこともできない、小さなブラックボックスのままだ。創造性あふれる天才には、ブラックボックスが魔法のように開かれる。だが残された私たちには、その方法はわからない。幸運な一握りの天才でなければ、イノベーションを生み出すことはできない。少なくとも、私たちはそう聞かされてきた。

だが、ここで声を大にして言いたい。そうした定説は間違っている。魔法のカギなどというものはない。**創造性のブラックボックスは、誰でも開くことができる**——たんに人間の脳の仕組みと必要な手順、そしてThink Biggerにインスピレーションを与えたイノベーターたちについて、単純なことをいくつか理解するだけでいいのだ。

この「イノベーション創出法のイノベーション」によって、あなたの創造性を解き放ち、大きなアイデアを生み出す方法を理解するために、ぜひ私の旅に加わってほしい。

要素の「組み合わせ方」がカギ

ここでちょっと時間を取って、架空の動物を想像してみよう。といっても、よくあるドラゴンや不死鳥、ユニコーンとは違う、まったく新しい動物だ。ペンと紙を用意して、想像した動物の絵を描いてほしい。

では、あなたの描いた絵を見てみよう。どんな動物だろう？　目はあるだろうか？　腕や羽、足は？　しっぽはどうだろう？

このエクササイズを、小学生から世界的企業の幹部までのさまざまな人たちと数千回やった私の経験から言うと、あなたの動物には見慣れた要素が1つはあるはずだ。私たちはありえないものごとを想像するときでさえ、まったく未知なものは生み出さない。何かを生み出すときには必ず、すでに知っているものを意識的、無意識的に利用する。つまり、**新しいも**

のごとは、それらをつくる要素が新しいのではない。要素を組み合わせる方法が新しいのだ。

人間である私たちは、絵を描いたり、言葉を話したり、日々の問題を解決したりして、つねに何かを生み出している。経験や観察から学び、得た知識を要素に分解し、それらを使って新しいアイデアを生み出している。単純明快、簡単なプロセスだ。

バルトルディもあの巨像を構想するとき、まったく同じことをやった。彼はどうやって着想を得たかを語っていないし、おそらく彼自身も、自分が何をしているかを意識していなかっただろう。だが現代科学によって、脳内で新しいアイデアが生み出される方法が解明されている。その知見を用いれば、バルトルディが新しい組み合わせをつくるためにどんな要素を用いたのかを知ることができるのだ。

では、「バルトルディはどうやって着想を得たのか?」という問いに答えを出してみよう。バルトルディが最初のインスピレーションを得たものを思い出してほしい。古代エジプトの墓を守る巨像だ(図1・2)。

次に、スエズ運河の灯台が必要になったとき、バルトルディはたいまつを持った巨像の絵を描いた(図1・3)。これらを見ると、彼がこの時点ですでに自由の女神のアイデアにかなり近づいていたことがわかる。

続いてバルトルディは、たいまつを掲げる手を左手から右手に変え、左腕を曲げて、重要

図 1.2　エジプト・カイロ南部のナイル川西岸に建つアブシンベル大神殿内のラムセス 2 世像。ラムセス 2 世は第 19 王朝の 3 代目ファラオであり、軍事に優れ、多くのモニュメントを建立したことで知られる。Wikimedia Commons より。

なもの（アメリカの独立記念日が刻印された銘板）を持たせた。これらの要素は、バルトルディが女神を構想したのと同時期に、フランスの画家ジュール・ルフェーブルが描いた「真実」という絵画に見ることができる。（図1・4）。

では、女神の頭の周りに後光をつくる、7つの突起のついた冠はどうだろう？　バルトルディはポケットの5フラン銀貨の裏面にそれを見つけた（図1・5）。1848年にフランス最後の国王を追放したフランス第二共和政の紋章だ。ここに描かれた人物はローマ神話の自由の女神、リベルタスである。

最後の重要な要素が、顔だ。あの謎めいた威厳のある表情からは、何がわかるだろう？　それは、バルトルディがこの

図 1.3　バルトルディ作「アジアに光をもたらすエジプト」(1869 年)。水彩。Wikimedia Commons より。

図 1.4　ジュール・ルフェーブル作「真実」(1870 年)。カンバスに油彩。Wikimedia Commons より。

図 1.5　1848 年に採用されたフランス国璽《こくじ》。この自由の女神の頭飾りは、40 年後にフランス国民より合衆国民へ贈られた自由の女神像（「世界を照らす自由の女神」像）の頭飾りに似ている。Wikimedia Commons より。

世に生まれ落ちたときに、初めて見つめた顔だった。バルトルディの母（図1・6）と自由の女神の顔が不思議とよく似ていることや、彼が生涯を通じて母のそばにいたことは、多くの識者によって指摘されている。女神のモデルは母親かと問われたときも、バルトルディは否定しなかった。

　というわけで、バルトルディがどこから自由の女神の着想を得たかという問いに、ようやく答えを出すことができる。女神の大きさとかたちは、エジプトの墓を守る巨像をもとにしている。その役割と位置づけは、スエズ運河の灯台と同じだ。そのポーズは「真実」に、冠と名前、象徴的意味はリベルタスに由来する。そしてその顔は母親から得ている。図1・

図1.6　シャルロット・バルトルディの肖像。Granger Academic 提供。

7にこれらをまとめた。

でも芸術活動は、日常的な創造の行為とは違う、とあなたは思うかもしれない。彫像をつくったり、名画を描いたりするのは、1週間分の買い物リストをつくったり、数学の方程式を解いたりするのとはまったく違う。芸術家は私たちよりも偉大だ。過去や現在にとらわれないアイデアを生み出す、魔法のような能力を持っている。彼らが創造するものは完全に新しいものばかりだ、と。

たしかに、あなたのお気に入りの傑作はまったく新しく感じられるかもしれないし、新しい人生観を与えてくれるかもしれない。だが私たちが称賛するどんな芸術作品も、どことなく、だが紛れもなく、なじ

図1.7 A～F　バルトルディが「自由の女神」の着想を得た経緯を示す。最終的な像と比較してみよう。

みのある感じがするはずだ。

ピカソは「ネタ元」を認めなかった

20世紀最大の芸術家、パブロ・ピカソの作品を考えてみよう。

ピカソは美術史上最も多作な芸術家として知られ、生涯で15万点もの作品を制作したとされる。大胆な色彩と歪《ゆが》んだかたちを特徴とする彼のスタイルによって、現代美術は余興からメインイベントへと押し上げられた。

ピカソはこの独特のスタイルをどこから得たのだろう？

よく言われるのは単純に、ピカソは天才だから、魔法のようにパッと思いついた、ということだ。

だが実際には、ピカソもバルトルディと同様、過去の要素を組み合わせている。

次の2枚の自画像を見てみよう（図1・8と1・9）。

両者の違いに注目してほしい。1907年に描かれた右の自画像は、1901年の左のものとはまったく別人の作品のように見える。右はピカソを一躍有名にしたスタイルだが、左はそうではない。この間の6年間に、何が変化をもたらしたのだろう？

図 1.8　「青の時代」のピカソの自画像（1901 年）。表現主義の作品。カンバスに油彩。

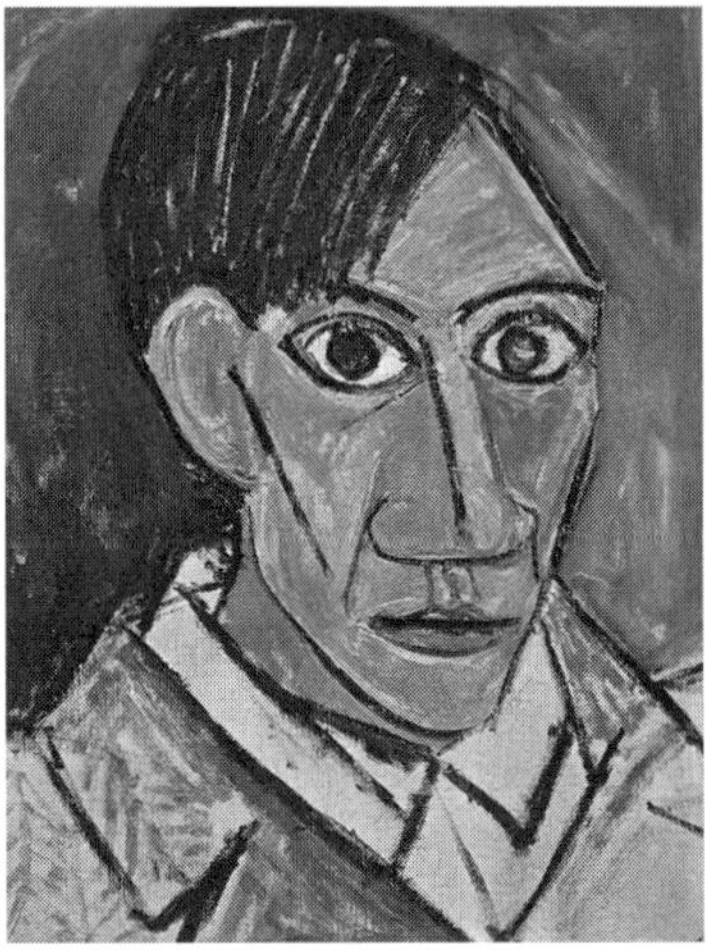

図 1.9　「アフリカ彫刻の時代」のピカソの自画像（1907 年）。表現主義の作品。カンバスに油彩。

画家たちは19世紀半ばから、ある問題に悩まされていた。それまで彼らは、家に飾る写実的な肖像画や風景画を、大金持ちや小金持ちに売ることで生計を立てていた。だが1825年頃にカメラが発明され、その後の数十年で写真がよりよく、より安価に、より手軽になると、人々は絵画の代わりに写真を買い求めるようになった。

19世紀の終わり頃、印象派という新しいスタイルが、画家たちの問題を解決した。印象派の絵画は、一見すると写真のように見える。だが近くから見ると、光景は1つひとつの筆触に分かれ、画家が光景から受けた印象を伝えている。これはカメラにはけっして真似できないスタイルである。

ここで2枚の肖像画をもう一度見てほしい。ピカソの1901年の自画像は、印象派のスタイルとそれほどかけ離れていないが、1907年の自画像は大きく歪められていて、かなり遠くに離れないと写真のようには見えない。

ピカソが画家として成長した時代には、すでに印象派が主流になっていた。このスタイルからやや外れた画家も少数いた。たとえばジョルジュ・スーラは、個々の筆触をさらに小さな「点」に変え、フィンセント・ファン・ゴッホはうねりを帯びた色鮮やかな筆触のスタイルを生み出した。

しかし、筆触や点のような、小さな色の単位というアイデアと完全に決別したのは、アンリ・マティスである。マティスは非現実的な色彩や形状で表した人物のいる光景を、大きな色面で描いた。技術的に言えば、彼の新機軸は、写実的ではないが実物を想起させる色面を使ったことにあった。

マティスがこの新しいスタイルで最初に描いた傑作が、「生きる喜び」である。1906年春にパリのアンデパンダン展に出品されるや否や、大勢の観客を集め、パリ美術界の話題をさらった。

当時ピカソはマティスと面識はなかったが、ガートルード・スタインという共通の知人がいた。スタインはモダニズムの詩人として知られ、パリのアパルトマンでサロンを開き、多くの現代画家や、アーネスト・ヘミングウェイ、F・スコット・フィッツジェラルド、エズラ・パウンドなどの作家たちと交流を持っていた。

ピカソは「生きる喜び」を見に行き、スタインにマティスを紹介してほしいと頼んだ。スタインはマティスを連れて、ピカソのアトリエを訪れた。2人の画家はスタイン邸で2度目の邂逅《かいこう》を果たし、ピカソはこのとき独自のスタイルを見出したのである。

この運命の会合に、マティスはアフリカ・コンゴのビリ人による彫像を持参していた。折しもパリの美術工芸品店が、フランス領アフリカ植民地の美術品を扱い始めたところで、異文化に敏感な前衛芸術家の注目を集めていた。ピカソはその彫像を一晩中放そうとしなかった。彼はしばらくしてマティスを夕食に誘ったときにも、同じ彫像を持ってきた。このときピカソの目の前にあったのが、彼が新しいスタイルを生み出すのに用いた2つのインスピレーション、つまりマティスと彫像だったのだ。

その夜、ピカソはアトリエに戻ってすぐ絵を描き始めた。このとき描いた「アビニョンの娘たち」は、現代美術史上屈指の名作となった。そしてそこには、ピカソが得た2つのインスピレーションがはっきり見て取れる（図1・10）。

ピカソはマティスに影響を受けたことを認めず、謎めいた孤高の天才の名をほしいままにした。他方マティスは、インスピレーションを得たものを誇らしげに認めた。「生きる喜び」は、とりわけセザンヌの「大水浴図」と、中世イランのペルシアの細密画に影響を受けたと

A

B

C

図 1.10 A：アンリ・マティス作「生きる喜び」。 © 2022 Succession H. Matisse / Artists Rights Society (ARS), New York. B：マティスが購入したコンゴ・ビリ人作の彫像。この立像はマティスとその友人ピカソに大きな影響を与えた。(Credit: Archives Matisse, Paris) C：パブロ・ピカソ作「アビニョンの娘たち」(1907 年)。伝説的な芸術運動キュビズムの発端となった作品。© 2022 Estate of Pablo Picasso / Artists Rights Society (ARS), New York.

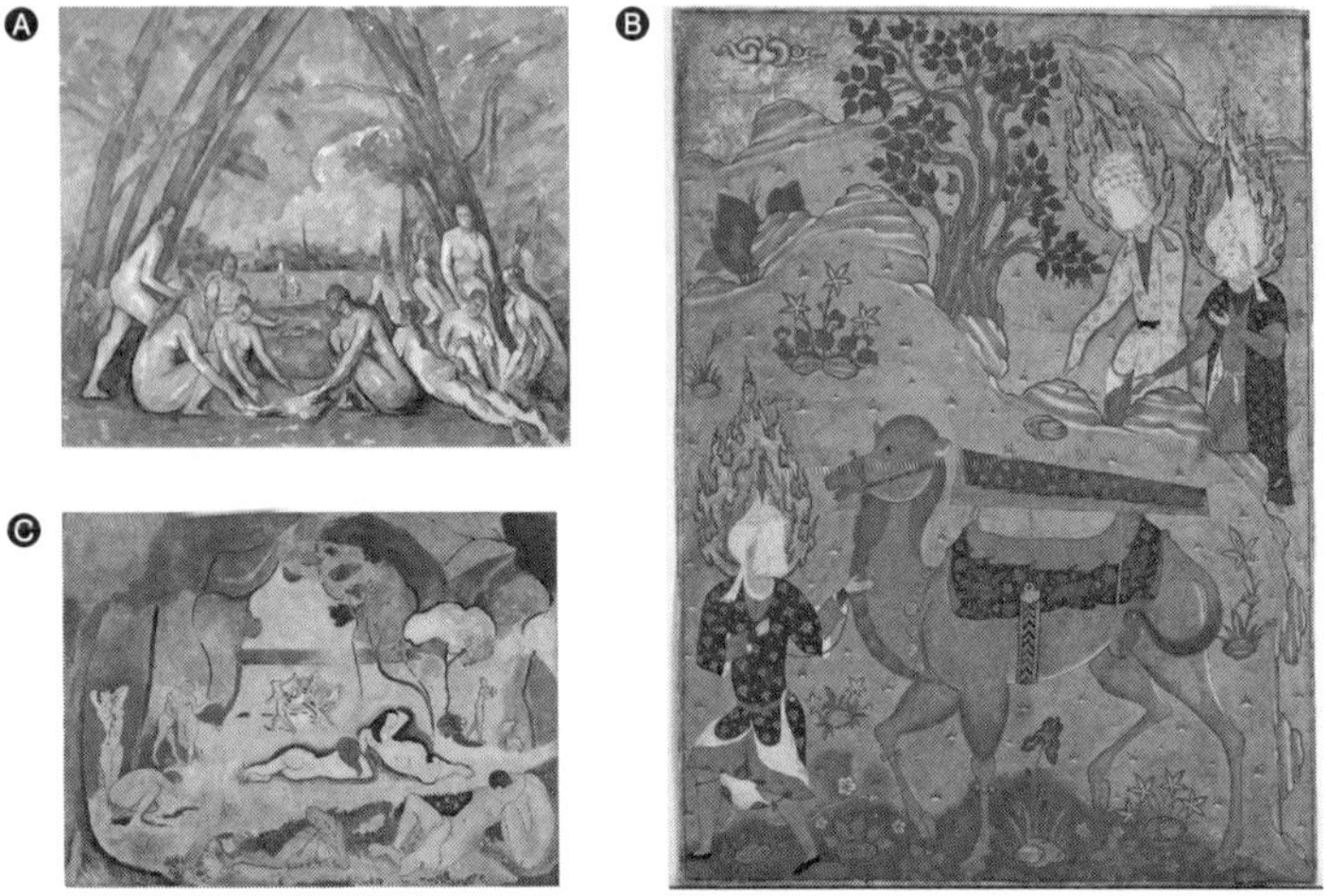

図 1.11　A：ポール・セザンヌ作「大水浴図」(1905 年)。フィラデルフィア美術館蔵。Purchased with the W. P. Wilstach Fund, 1937, W1937-1-1. Wikimedia Commons より。B：ペルシアの細密画に描かれた、天使の跪拝を受けるアダム。Wikimedia Commons より。C：アンリ・マティス作「生きる喜び」。© 2022 Succession H. Matisse / Artists Rights Society (ARS), New York.

語っている（図1・11）。

発明とは見抜き、選択すること

さて、こうしてバルトルディ、ピカソ、マティスの3人の巨匠が着想を得た方法を見てみると、彼らはただ目にしたものを新しい方法で組み合わせただけのようにも思える。

そんなに単純な話なのだろうか？

まず誤解のないように言っておきたいのだが、私はなにも彼らの才能や偉業にケチをつけようとしているのではない。たんに彼らが創造した方法を、「創造性あふれる鬼才が魔法を起こした」という俗説に頼らずに説明しようとしているだけだ。

あらゆる成功したイノベーターと同様、彼らがやったのは、ひとことで言えば「**戦略的模倣**」である。成功事例を学び、そこから有効な部分を抽出し、それらの新しい使い方を模索し、そしてそれらを組み合わせて、新しく役に立つものを生み出したのだ。

イノベーションは、古いアイデアの新しい組み合わせ以外の何ものでもない。だが誰もが経験から知っているように、アイデアといってもピンからキリまである。アイデアを次々と絞り出したものの、結局は平凡なものが最高のアイデアだったと気づくことも多い。

だからこそ、芸術の名作を生み出した傑物たちは称賛に値するのだ。たとえ芸術家の大きなアイデアを分解し、個々の要素を並べて、それらが組み合わされた方法を理解できたとしても、彼らの作品は全体として、個々の部分を足し合わせた総和よりもずっと大きな意味を持っている。これは、おばあちゃんの秘伝のアップルパイであれ、あなたのポケットのｉＰｈｏｎｅであれ、優れた芸術作品であれ、成功したすべてのイノベーションに共通する特徴だ。

フランスの科学者で数学者のアンリ・ポアンカレは、１９１３年の著書『科学と方法』（岩波文庫）の中で、よいアイデアを生み出す方法をこんなふうに説明した。


「発明とは、無益な組み合わせを排除して、ほんのわずかしかない有用な組み合わせをつく

ることである。発明とは見抜くことであり、選択することなのだ」

どんな人でも、無数の創造的な組み合わせを生み出すことができる。本書ではそうした組み合わせを、「**選択肢**」と呼ぼう。

価値ある新しい選択肢を生み出すには、優れた洞察力が必要だ。よい選択肢と、それを実現するための道筋を見抜くのは、並大抵のことではない。組み合わせが可能な無数の要素と、それらを組み合わせる無数の方法の中からどれを選ぶかは、創造する人の洞察力にかかっている。

イノベーションの一般的な定義は、「**新規かつ有用なもの**」だ。目新しい組み合わせを考えることは、そう難しくない。難しいのは、目新しくかつ役に立つという、質の高い組み合わせを選ぶことだ。では、ポアンカレが「ほんのわずかしかない」と指摘した、最も有用な組み合わせを生み出すには、どうしたらいいのだろう？　本書はこの問いに答えを示したい。

「有用な組み合わせ」で課題を解決する

ここまでの議論を踏まえて、イノベーションの定義をまとめよう。**イノベーションとは、複雑な課題を解決するための、古いアイデアの新規かつ有用な組み合わせである。**

この定義は、イノベーション研究の草分け的存在で、「創造的破壊」の概念を提唱したことで知られる、経済学者のヨーゼフ・シュンペーターの名言を思い起こさせる。シュンペーターの考えるイノベーションの役割とは「私たちの手の届くところに存在するものや要素を組み合わせるための手段を生み出すこと」なのだ。

Think Biggerは、特定の課題を解決するためのイノベーションに焦点を当てる。イノベーションの中には、何もないところから生まれたように思えるものもあるだろう。だが実際には、そうしたイノベーションでさえ、特定の課題を解決する方法として考案されている。課題を解決しないものは、ポアンカレの言う「有用な組み合わせ」にはならない。だから鋭敏なイノベーターは、課題を解決するアイデアだけを実行に移すはずだ。

Think Biggerでは、まず最初にあなたが解決したい課題を特定し、定義する。このやり方は、芸術のイノベーションにも使える。バルトルディの課題は、「彫像を通して自由と民主主義を表すには？」だったし、ピカソの問題は、「印象派とは一線を画した、大衆受けする独自のスタイルを見出すには？」だった。
Think Biggerでは何より、一個人としてのあなたがよりよいアイデアを生み出せるように、その方法を教えたい。各ステップはチームで行うこともできるが、その場合は必ず次の手順を守ってほしい。最初は1人ひとりが個別にやり、その結果を持ち寄って、チームの結果をまとめること。

これから説明するように、ほとんどのイノベーション創出法では、実際のアイデア出しを個人ではなく、チームでやる。つまり、人間の脳内で創造的なアイデアが生まれる方法を無視して、ただ大勢で出し合えば創造的なアイデアが生まれるという前提に立っている。

だが自由の女神や、これから紹介するさまざまな実例が示す通り、そのやり方はイノベーションには通用しない。たしかにバルトルディは、インスピレーションを求め、アイデアを実行に移すのに、多くの協力者の助けを借りた。だが創造という最も重要なステップは、彼自身の頭の中で起こった。ことわざで「多くの手は作業を楽にする」というが、肝心な仕事は大勢ではできない。**チームは作業には向いているが、思考には適していない**のだ。

Think Biggerをチームでやれば、最初に1人ひとりがより創造的なアイデアを生み出し、チームとしてもそれらの総和を超える優れたアイデアを得ることができる。だがチームがThink Biggerの手法に従わなければ、1人ひとりの生み出す創造的なアイデアは減り、それらの総和も創造性に乏しくなるだろう。

本書では、ピカソやマティス、バルトルディの例のように、イノベーションのプロセスを、まるでイノベーターが意識的に行ったかのように説明することがある。だが、もし実際にバルトルディにアイデアを得た方法を尋ねたら、答えられなかったかもしれない。アイデアが生まれる瞬間を意識している人は少ないし、またバルトルディはアイデアを得た方法を考えることよりも、それを実現することに頭を使っていたはずだ。

Think Biggerでは、頭の中で起こるステップを鋭く意識する。そうすれば、今後ほかのアイデアを生み出すときにも、それらのステップをくり返すことができるからだ。

これからブラックボックスをこじ開けて、誰でも簡単に何度でもできる、課題解決のエクササイズを紹介していこう。Think Biggerでイノベーションのプロセスを意識し、意図的に活用することによって、アイデアが自然に湧き上がるのをただ待つよりも、解決策を探し見つけ出すプロセスを加速させることができる。Think Biggerのツールを使う人が増えていけば、世界を脅かす大問題にも、個人として、また集団として解決策を生み出せる可能性が高まると信じている。

イノベーションを「分解」する：Think Biggerの実例

6つのステップの説明に入る前に、現代生活に欠かせない存在になった、2つの有名なイノベーションを考えてみよう。バルトルディとピカソが傑作を生み出した物語のように、ここでも2つのイノベーションを分解して、それらを生み出した思考プロセスを明らかにしたい。ここまでの例では、イノベーターがどんなピースを組み合わせたかを説明した。ここではそうしたピースを組み合わせた方法を、Think Biggerのステップに当てはめて見ていこう。

庶民が買える「アイスクリーム」をつくるには

あなたが今、1840年の真夏のフィラデルフィアに暮らしているとしよう。太陽が容赦なく照りつけ、エアコンはもちろんなく、あなたは暑さに参っている。体を冷やすために、キンキンに冷えた、甘くてクリーミーなおやつが食べたい。

あなたは前に新聞記事で読んだ、ジョージ・ワシントンが1790年の夏に200ドルで買ったアイスクリームの話を思い出す。またどこかで読んだ、ジェームズ・マディソン大統領の妻ドリーが、夫の2期目の就任パーティーでふるまったという、クリームとイチゴの冷菓のことを思う。そしてジョーゼフ・コーの喫茶室が宣伝する、1杯11セントのアイスクリームの広告が頭に浮かぶ。でもそれはあなたが家政婦として1年に稼ぐお給金の3％という、法外な値段なのだ！

チャイムを鳴らしながら通りを走り、年収に比べればほんのわずかな金額でアイスクリームを売る移動販売車は、今ではアメリカのどこでも見かける。家々の冷凍庫には、誕生日のお祝いや夏に備えて、食料品店で買ったアイスクリームが常備されている。それにアイスクリームは失恋の特効薬だということもお忘れなく！　今ではアイスクリームは――ビーガンにとってさえ――生活必需品で、手頃な価格で手に入る。

でも、昔からそうだったわけではない。１８４０年代のアイスクリームは、高価な氷と重労働、膨大な時間を費やしてつくられる、金持ちだけにしか楽しめない贅沢品だった。

では、アイスクリームはどのようにして普及したのだろう？　そして、誰でもどこでもアイスクリームを食べられるようになったのは、誰のおかげなのだろう？

その人の名は、ナンシー・ジョンソンという。アメリカ宣教師協会でボランティアとして働く50代の女性で、化学と物理学の教授である夫との間に2人の子どもがいた。

アイスクリームづくりが時間とお金のかかる重労働だということを、ジョンソンは知っていた。そこで彼女は高価な材料（氷など）を減らし、製造工程にかかる労力とコストを抑え、できあがった製品をできるだけ長く保冷する方法を探し始めた。半日がかりでつくったアイスクリームが1時間で溶けてしまうのはあまりにももったいない。

ジョンソンは解決すべき課題を見つけた。彼女のメインの課題を問いのかたちにすると、「アイスクリームを庶民にも手が届くようにするには?」となる。

やや大きすぎるこの問いをもっと解決しやすくするために、彼女はこれを4つの小さな「**サブ課題**」に分解した。

サブ課題1:アイスクリームづくりに使う氷の量を減らすには?
サブ課題2:アイスクリームをすばやく冷やし、長く保冷するには?
サブ課題3:クリームの攪拌《かくはん》を省力化するには?
サブ課題4:アイスクリームをよりなめらかでクリーミーにするには?

ジョンソンはどうやって**サブ課題1**を解決したのだろう?

当時は氷がとても高価で、1キログラムで4ドル69セント(今のお金で150ドル)もした。人々は氷を浴槽のような巨大な容器に保管して、必要に応じて取り出して使っていた。バターの攪拌機は背の高い大きな木桶《おけ》を使用していたが、それをそのままクリームの攪拌に使えば、氷がたくさん必要になってしまう。

ジョンソンは代わりに普通の木の手桶を用い(図1・12)、ここに氷と、氷の融解を遅らせる岩塩を入れた。

図 1.12　木の手桶。通常は井戸で使われる。Wikimedia Commons より。

もちろん、木桶は新しいアイデアではない。ジョンソンの時代の400年ほど前に発明され、19世紀には一般に普及していた。そして木桶は安価で扱いやすかった。木桶はサブ課題1の「氷の量を減らす」をたしかに解決した。

サブ課題2についてはどうだろう？

冷凍庫がなかった時代、これは難題だった。ジョンソンはまず、ほかの食品や飲料がどうやって冷やされているかを調べ、ピューター（合金の一種）を使うというアイデアにたどり着いた。はるか昔の中世時代、居酒屋はビールやエールを冷やすのにピューター製のマグを使い（図1・13）、より最近ではお風呂のお湯を温かく保つためにピューター製の浴槽が使われていた。ジョンソンの発明前は、アイスクリームを

図 1.13　18 世紀アメリカのピューター製マグ。ビールを冷えた状態に保つために使われた。Sotheby's 提供。

手づくりする人は陶製のボウルでクリームをかき混ぜ、ぬるくなるたび浴槽まで氷を取りに走っていた。

そこで彼女は陶製のボウルをピューター製の内容器と交換し、それを氷の入った木桶の内部に設置した。これでミックス（材料の混合液）を冷やすことによって、製造時間を大幅に短縮した。

おまけにピューターは、錫《スズ》や銅、アンチモンなどの金属屑《くず》を混ぜた合金で、安価だった。ジョンソンは浴槽の氷を使う代わりに、木桶に氷を敷き詰め、その中に陶製ではなくピューター製のボウルを入れた。これにピューターの蓋《ふた》をかぶせれば、アイスクリームは何時間も冷えた状態に保たれる。

次が**サブ課題3**だ。クリームや砂糖、そ

図 1.14　古代の香草・香辛料挽き機。金属製の手回しクランクがついている。挽いた香草や香辛料は底部の引き出しに落ちる。Wikimedia Commons より。

の他のミックスを何時間もかき混ぜ続けるのは、過酷な作業だ。腕や腰を痛め、肩を脱臼するかもしれない。しょっちゅう手を休めれば、時間がかかってしまう。腕の力をあまり使わずに材料をかき混ぜ続けられる、簡単な方法はないだろうか？

この課題を解決するために、ジョンソンは手回しクランクを加えた。1世紀に中国で発明され、その後ローマ帝国へ、そしてヨーロッパの他地域へと広がった仕組みだ。東地中海ではスパイスやコーヒーを砕くために利用されていた（図1・14）。

手回しクランクは、アイスクリームを攪拌する時間と労力を劇的に減らした。

最後の**サブ課題4**は、塊と結晶に関わるものだ。アイスクリームを手づくりする

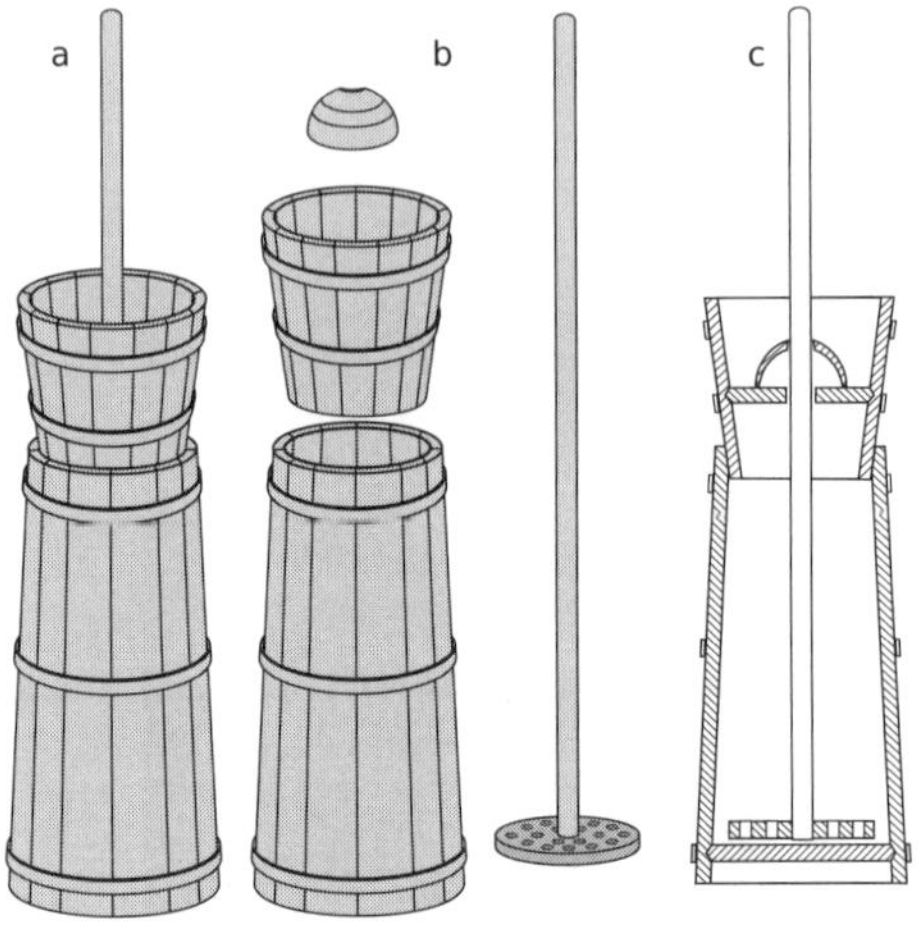

図 1.15　プランジャー式バター攪拌機。Wikimedia Commons より。

と、腹立たしいことに、それだけの労力やお金をかけてつくっても、クリームが分離し、大きな氷の塊や小さな氷の結晶ができてしまうことが多い。バター攪拌機は、穴の開いた木の円板を桶の中で上下させることによって、塊や結晶の形成を防ぎ、なめらかなバターをつくっていた（図1・15）。だがアイスクリームは、容器の壁に付着した氷の結晶をこそぎ落とさなければ、全体が凍りついてしまう。

そこでジョンソンはヘラ（図1・16）を手回し器につけて、容器の壁から氷の結晶をこすり落とすようにした。またそのヘラには、バター攪拌機の円板のように穴を開け、ミックスに空気を含ませてなめらかになるように工夫した。

こうしてナンシー・ジョンソンは、**4つの**

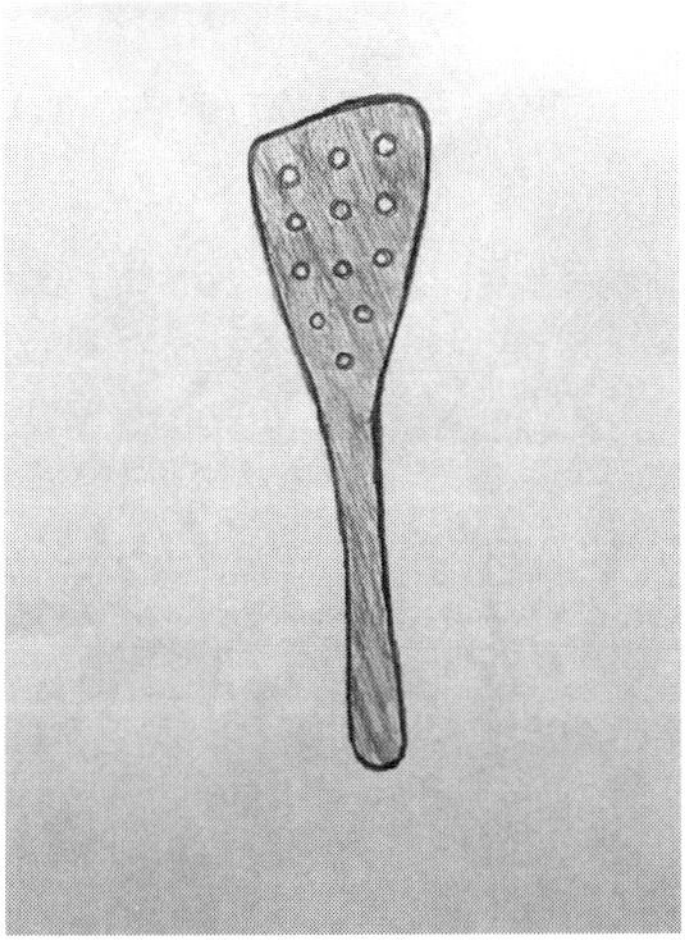

図1.16　木製の穴あきヘラ。料理に使われる。イラスト：Emmaline Ellsworth。

単純なものを組み合わせて、メインの課題全体を解決した。木桶、ピューター製ボウル、手回しクランク、そして攪拌用ヘラだ。

1843年、彼女はこの新しい仕組みで特許（米国特許番号：US3254A）を取得した（図1・17）。議会図書館はこの単純な発明品を、電気を使わずに高品質のアイスクリームを誰でも製造できるようにした、「破壊的技術」と認定している。

ジョンソンはその後、厨房《ちゅうぼう》機器の卸売業者ウィリアム・ヤングに特許を売却し、ヤングはこれをもとにした「ジョンソン特許アイスクリーム冷凍庫」を大々的に売り出した。アイスクリームの製造はたちまち全国的規模の産業になった。1851年にはペンシルベニア州の搾乳業者ジェイコブ・ファッセルが、世界初のアイスクリームの

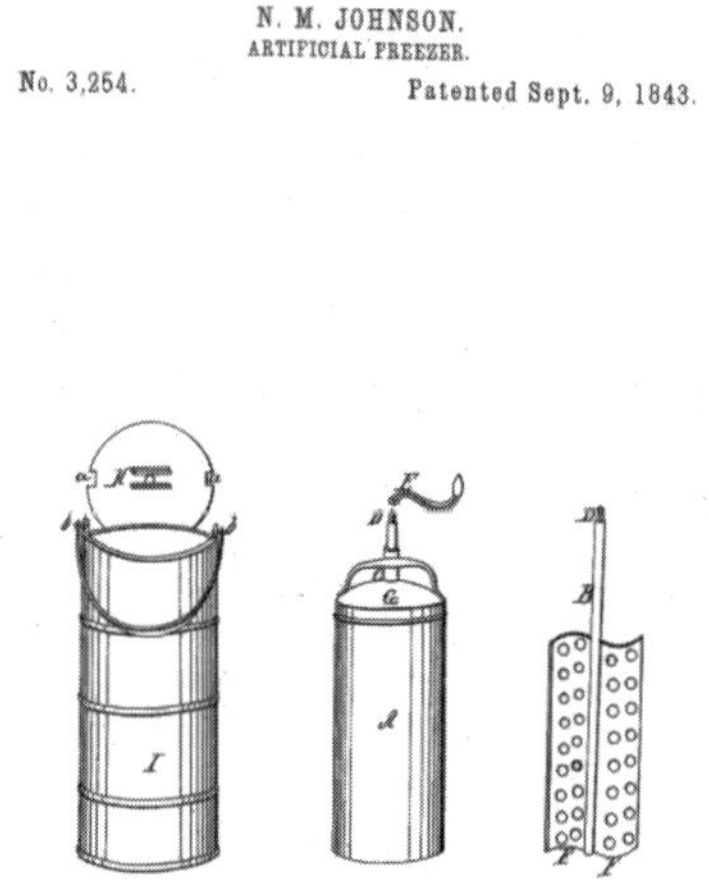

図 1.17　ナンシー・ジョンソンが 1843 年にアメリカ特許庁より特許を取得した最終製品。

卸売工場を開設した。その後、蒸気動力によって攪拌工程が自動化され、機械式冷凍装置によってアイスクリームの貯蔵と輸送が容易になった。

1870年代になると、電力やモーター、包装機、新しい凍結法の導入によって、アイスクリームの生産量は10倍に増えた。そしてどの世代のアイスクリーム製造機も、基盤の機構にジョンソンの仕組みを用いていた。

ここで注目してほしいのは、イノベーションを生み出すプロセスの構造である。このプロセスは、課題を明確かつ具体的に**定義**することから始まる。次に、それを重要な部分に**分解**する。それから、各部分を解決する既存の方法を**探索**する。そして、それらの解決策を全体として調和して機能するように、新しい方法で**組み合わせる**のだ。

庶民が買える「車」をつくるには

Think Biggerの基本がはっきり表れた、身近な事例をもう1つ挙げよう。この事例も、解決すべき課題から始まる。

ヘンリー・フォードが自動車会社を創業した1899年当時、自動車は1台850ドルから2000ドルと、普通の人には高嶺の花だった。フォードは解決する価値のある課題を見つけた。「庶民が買える自動車をつくるには?」

フォードもジョンソン同様、課題をいくつかのサブ課題に分解した。

サブ課題1:人件費を下げるには?
サブ課題2:製造時間を短縮するには?
サブ課題3:原材料費を減らすには?

まずは**サブ課題1**の人件費だ。19世紀の産業革命全盛期に、組立ラインが生まれた。工場の製造現場に半製品を一列に並べ、専門の作業員が横に移動しながら標準部品を次々と取りつけていく方法だ。1906年に、オールズモビルがこの手法を初めて自動車の製造に導入する。フォードはこの工程を模倣した。だがそれで満足せず、より少ない労働者でより多くの車を製造するか、同じ数の労働者でより速く製造したいと考えた。

これらが合わさると、**サブ課題2**の製造時間の短縮につながることに注目してほしい。そしてこのパズルのピースを解く答えは、自動車業界の外に見つかった。

フォードで主任エンジニアを務めていたウィリアム・〝パー〟・クランは、フォードの課題を解決することを念頭に、シカゴの家畜飼育場内にあったスウィフト食肉処理場を訪問した。そこでは頭上のコンベヤーに吊された肉塊が持ち場の間をゆっくり移動し、静止した作業員がそれぞれの担当部位を効率よく解体していた。これは動く解体ラインだ。これとは逆に、担当部品を取りつけていけば、動く組立ラインになる。

フォードが「動かない」組立ラインから「動く」ラインに工場を再編すると、劇的な効果が上がった。1台の車の組み立てにかかる時間は、12時間半からたった90分に短縮された。

最後が**サブ課題3**、原材料費の削減だ。自動車製造の最も高価な原料の1つが塗料だということを、フォードは知っていた。また、当時の樹脂系の油性塗料は、乾燥するのにひと月以上かかっていた。

1920年代に、黒色のニトロセルロース・ラッカーという、速乾性塗料が開発された。乾燥時間は1週間足らずで、コストは油性塗料の半分だ。この黒いラッカーを塗布して表面仕上げを施すと、車に独特の光沢が出た。日本の漆塗りのつやに似ていたので、この工程は

「ジャパニング」と呼ばれた。1927年になると、フォードのすべての車にジャパニングが施されていた。フォードのあの有名な言葉、「T型フォードを買う人はどんな色でも選べる――それが黒である限り」はこうして生まれた。

これで、フォードが自動車を庶民の手に届くようにした方法がわかった。フォードは課題をサブ課題に分解し、それぞれのサブ課題を解決する既存の方法を見つけた。オールズモビルの組立ライン、食肉処理場の動くライン、ジャパニング――これらの既存の要素を新しい方法で組み合わせたのだ。

フォードは1908年に6389台のT型フォードを、1台850ドルで販売していた。これらのイノベーションによって、1915年になると価格は1台350ドルに下がり、販売台数は47万2350台に伸びた。1925年には200万台を250ドルで売り上げ、1台の組み立てにかかる時間は段階的改善により、わずか33分にまで短縮されていた。

フォード式の組立ラインはほかの業界にも導入され、世界中の多種多様な製品の製造コストと時間の大幅削減に貢献したのである。

箱の「中」と「外」で考える

だがここで注目したいのは、フォードがイノベーションを起こした方法だ。**彼の方程式のすべての項目が、すでに存在していた。**フォードは自動車業界の内外を探して、それぞれのサブ課題を解決する、既存の有用な方法を見つけた。そしてそれらの解決策を組み合わせて、大きなアイデアを生み出したわけだ。

フォードがあらゆる場所を探し回ったことに注目してほしい。彼は人件費を減らすための新しい「戦術」を、食肉加工というまったく異質な業界から学んだ。既存の手法を調べるうちに、コストダウンを図る方法として、動くラインという、比較的ローテクな要素を見つけたのだ。

一般に、イノベーションは新しい複雑な技術だと考えられている。だが新しく生み出された技術は、1つの狭い課題だけしか解決しないことが多い。その技術を新しい方法で組み合わせて、その他の新しい課題を解決する仕事は、ほかのイノベーターの手に託される。たとえばヘンリー・フォードの前に、ドイツの技術者カール・ベンツが、エティエンヌ・ルノワールの発明した内燃機関を新たに自動車に使う方法を考案した。**新しい技術を使って多くの新しい課題を解決するために必要なのは、さらなる技術ではなく、創造的な組み合わせである。**

あなたはきっとこれまでに、「箱の外で考えろ」、つまり枠にとらわれるな、型にはまった考えから抜け出せ、などと言われたことがあるはずだ。だがそれを「どうやって」やるかを教わったことがあるだろうか？

ジョンソンやフォードのような成功したイノベーターは、パズルのピースを解決する手がかりを、業界の内側と外側という2つの場所で探した。つまり、**箱の「中」と「外」で考えた。**この両方が必要だ。

Think Bigger は、ジョンソンとフォードがやったことを、6つのわかりやすいステップで再現する。これらのステップを学べば、あなたがすでに知っていることを活用しながら、あなたの知らないことを探索し、それらをもとに実行可能なアイデアを生み出す方法を理解することができる。それは、どんな大きな課題も解決できる、新しく画期的な方法である。

Think Biggerのロードマップ

さて、イノベーションの特徴を理解したところで、Think Bigger の概要を紹介しよう。以下のロードマップは、6つのステップの簡単な手引きだ。ここではステップ1から6までを、順を追って説明するが、**イノベーションは一直線には進まない**ことを心に留めておいてほし

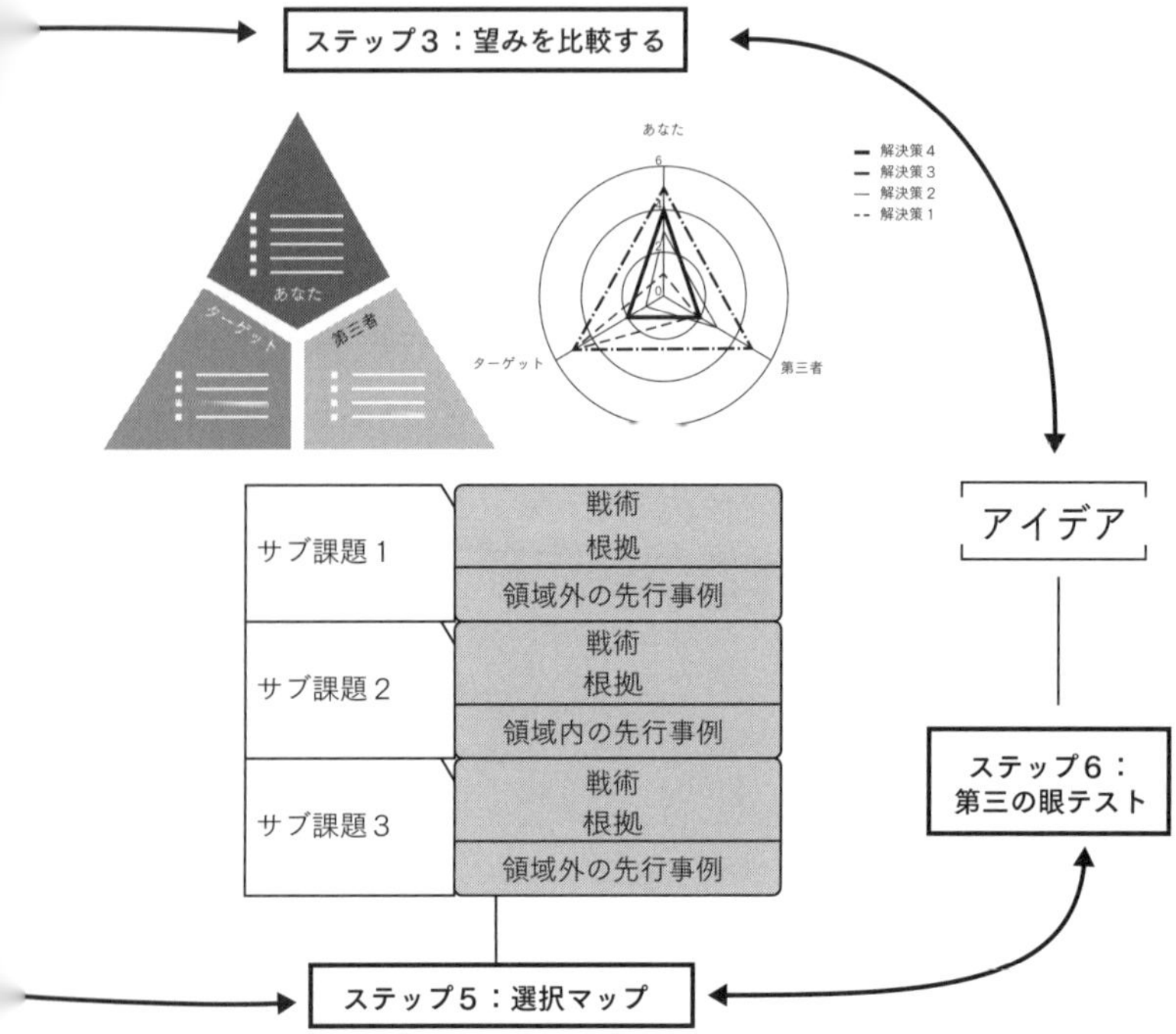

い。Think Biggerでは、ステップの間を行ったり来たりする。ステップを進むたび、前のステップを振り返る。最終的な解決策が見つかるまでは、すべてが「ドラフト（草案）」のままで、修正される可能性があることを忘れずに。

図1・18にロードマップを示した。ここでは、各ステップの詳細は気にしなくていい。ただ手順に注目してほしい。

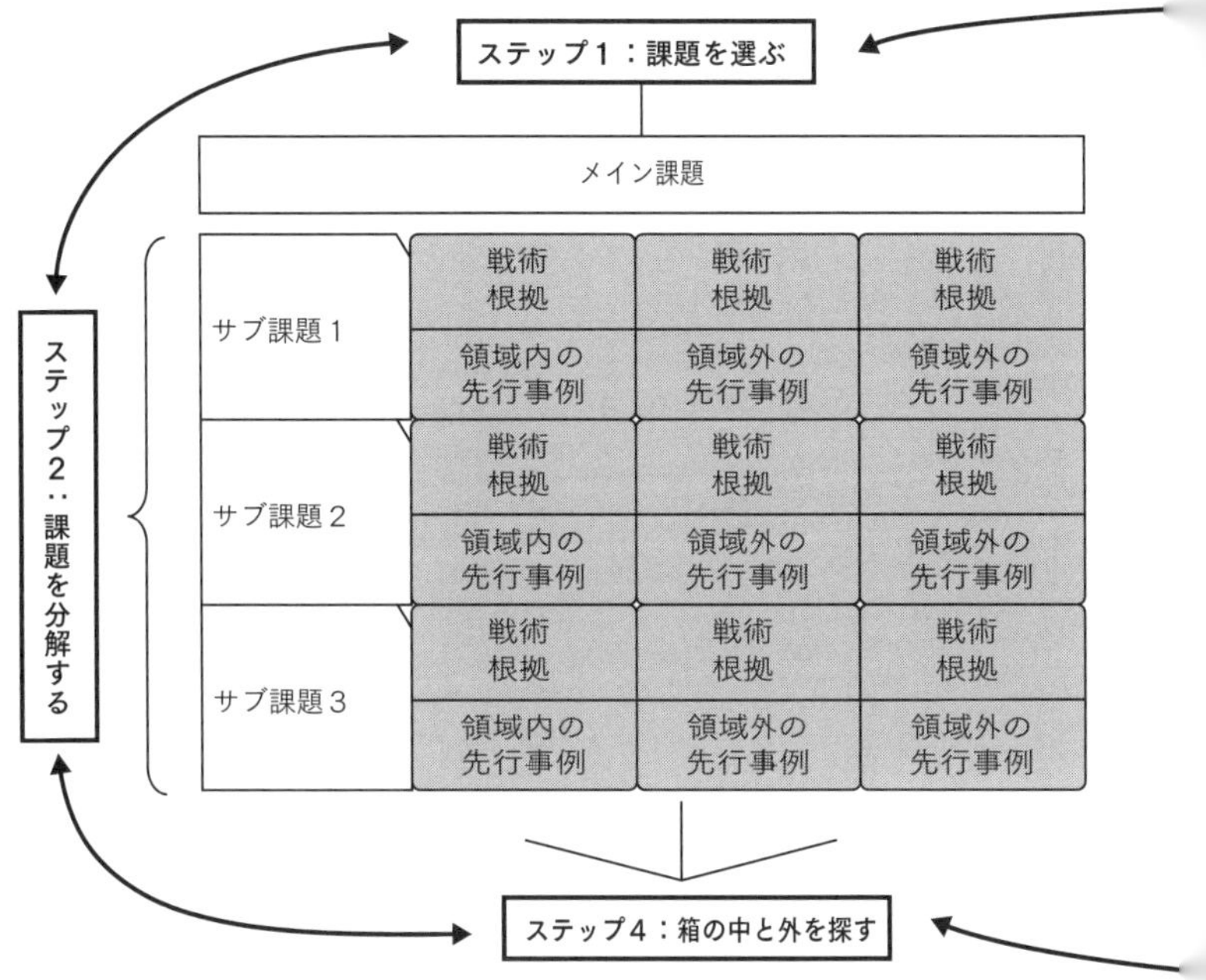

図1.18　Think Biggerのロードマップ

ステップ1　課題を選ぶ

Think Biggerは、正しい課題を選び、それをしっかり理解することから始まる。そのためには、時間と的確な判断が必要だ。あなたが選ぶ課題は、過去に誰も解決していないほどには困難だが、解決策が夢物語のままで終わらないほどには現実的でなくてはいけない。たとえば、万病を治す1ドルの薬は開発されていないが、それを最初に試みる人になってはいけない。

課題はいかようにも定義できるが、有用な解決策につながるような定義を選ぶのが、あなたの仕事だ。取り組む価値のある課題を選ぶ必要があるが、それは簡単なことではない。現在の人類の知識では大きすぎて解決できない課題もあれば、小さすぎて取り組み甲斐《がい》がないものや、解決策を探そうという意欲が湧かないものもある。ステップ1は、「**解決すべき課題を正しく選ぶ**」という、最初の難問を解決する助けになる。

ステップ2　課題を分解する

どんな重要な課題も、複数の小さな課題（サブ課題）でできている。大きな課題を解決するためには、小さなサブ課題を特定し、解決する必要がある。このステップでは**サブ課題をたくさんリストアップしてから、5〜7個に絞り込む**。人間の脳が一度に処理できる要素の数は、それくらいが限界だからだ。

ステップ3　望みを比較する

さて課題を選び、分解した。解決策の要素を探し始める前に、一歩引いて課題を大局的にとらえよう。このステップでは、**3つの重要な当事者を特定し、それぞれが解決策に何を望んでいるかを洗い出す**。その当事者とは、解決策を考える「あなた」、解決策の「ターゲット」、解決策の実現を左右する「第三者」である。これら3つの集団の「望み」をリストアップして、比較対照する。あとのステップで、複数の解決策の中から最終的に1つを選択する際、この分析（「全体像スコア」）があなたの判断基準となる。

ステップ4　箱の中と外を探す

どんな業界や学術分野、専門分野にも、独自の考えや手法があり、それらが思考の幅を狭めている。複雑な課題には分野をまたぐ解決策が必要だと言われるが、異なる分野の人たちが集まって仕事をすると、考えや手法が衝突する。

Think Biggerは、この問題を解決する。ヘンリー・フォードは、チームに食肉処理の専門家を含める必要はなかった。たんに「動くライン」という1つのパーツを探し、それを自分の解決策に組み込むだけでよかった。

Think Biggerでは、複数の分野を統合したり、折り合いをつけたりする必要はない。この手法は多分野にまたがるというより、そもそも境界というものが存在しないのだ。あなたのサブ課題は、いつかどこかで誰かによって解決されていないだろうか？　もし解決されているなら、どうやって解決されたのか？　そうした**すでにある解決策を探して、リストアップしていく**。フォードやジョンソンのように、さまざまな業界や分野、また過去の時代からも、有効な解決策を集める――バター攪拌機もジャパニングも、とても古い技術だった。

ステップ5　選択マップ

イノベーターは、実行に移した解決策だけを、とかく強調するきらいがある。実際には、最高の解決策にたどり着く前に、少なくとも頭の中でいろいろな組み合わせを試しているはずなのに、そのことをすっかり忘れてしまっている。

Think Biggerは、そうした試行錯誤を前面に出す。ピースを動かしたりひっくり返したりしているうちに、ひらめきの瞬間が訪れ、パズルの全体が見えてくる。**パズルのピースをすべて並べ、いろいろな方法で組み合わせ、ぴったりはまる組み合わせが見つかるまで、それをくり返す。**

このステップでは、新規かつ有用な組み合わせを考案し、活用するためのテクニックを紹介する。そして、ステップ3の「全体像スコア」を使って、折り合いをつけなくてはならない3つの当事者の望みを考え、それらを最も満たす組み合わせを1つ選ぶ。

ステップ6　第三の眼

こうして、すばらしいと思えるアイデアが手に入った。だがそれは具体的にどんなアイデアなのだろう？　既存のアイデアとどこが違うのだろう？　そして、他人はどれをどう受け止めるだろう？

この最終ステップでは、これまであなたが主に1人で、あなただけの世界で取り組んできたアイデアを持って外に飛び出し、他人がそれをどう「見る」のかを調べる。

人は2つの目だけでなく、「**第三の眼**」でもものごとをとらえる。第三の眼は、脳内のワーキングメモリ（記憶の作業台）に心象が形成されるという、実際に起こる現象だ。

このステップでめざすのは、あなたのアイデアの質について、他人からフィードバックや評価を求めることではない。あなた自身がアイデアをよりよく理解するために、**他人があなたのアイデアの中に何を「見る」のかを理解する**ことにある。その理解をもとに、アイデアをさらに発展させ、本当に追求する価値があるアイデアかどうかを見きわめるのだ。

あなたの中のイノベーター

ここまで読んだあなたは、「自分にできるだろうか？」と考えているかもしれない。つまり、バルトルディやピカソ、ジョンソン、フォードの先例に倣《なら》う知的能力が、自分にあるかどうかだ。この章を読む前のあなたの答えは、「ノー」だったかもしれない。だが今では自信を持って「イエス」と答えられるのではないだろうか？
Think Biggerのどのステップも、あなたなら簡単にできるものばかりだ。そして6つのステップを完了すれば、大きなアイデアを自然に生み出すことができるのだ。

もちろん、この手法は必ずうまくいくとは限らないし、世界中のすべての問題を解決できるわけでもない。だがThink Biggerは課題に挑む方法を示してくれる。イノベーションのプロセスを分解して、偉大なイノベーターたちが新しいアイデアを生み出した方法を理解すれば、「自分にもできる」と自信を持てるはずだ。

第2章

創造的な脳

「ブレインストーミング」で最高のアイデアは生まれない

あなたはこの物語をご存じかもしれない。

1665年夏、アイザック・ニュートンはケンブリッジ大学で学んでいた。ロンドンの大疫病（腺ペスト）がケンブリッジにまで広がると、住民たちは田舎へ逃れ、ニュートンも北に110キロメートルほど離れたグランサムの実家の農園に戻った。農園では、節くれ立ったリンゴの木の下に座って過ごすことが多かった。だがあの運命の日、熟したリンゴが枝から落ちて、頭に当たった。

われ発見せり《ユリーカ》！

リンゴが——横に飛んで行ったり上に上がったりせず——地面に向かって落ちたのは、地球が引っ張ったからだ。そして、もし地球がこのリンゴを引っ張ったのなら、地球は太陽や月のような遠くの物体を含む、あらゆる物体を引っ張っているに違いない。すべての物体は互いに引き合う力を持っているのだ！　惑星や月、地球、太陽が軌道にとどまっているのはそのためだ！　この瞬間、ニュートンは心の眼ではっきりと重力の法則を見た。ひらめきは魔法のように、一度にやってきた。そしてこの発見は科学に大転換をもたらした――。

これは、物語の１つのバージョンだ。

別のバージョンを語ろう。

アイザック・ニュートンは19歳でケンブリッジ大学に入学する前、グランサムのキングス・スクールに通っていた。どちらの学校でも、最先端の数学や、彼以前の科学者たち、とくにアルキメデス、アリストテレス、ガリレオ、デカルト、ケプラーの研究を学んだ。ケンブリッジ大学での5年目に大疫病が発生し、大学は閉鎖される。そして家族の農園で過ごしたこの期間中に、彼は初めての画期的発見をする。

１７６０年版のブリタニカ伝記に、ニュートン自身が発見の手法について書いた手記が載っている。

> １６６５年の初めに、私は近似級数の方法と、任意次数の2項式をそうした級数に帰着させる方法を見出した。同年5月に、グレゴリーとスルジウスの接線の方法を知った。……そして［翌］年には重力が月軌道にまでおよぶと考え始め、球の内面を回転する球体が球面におよぼす力を推定する方法を発見し、惑星の周期時間の2乗がその軌道の中心か

らの距離の3乗に比例するというケプラーの法則から、惑星をその軌道にとどめる力は、回転の中心からの距離の2乗に逆比例しなければならないことを導き出した。そして、月を軌道にとどめるために必要な力と、地球の表面上の重力とを比べ、これらがほぼ同等であることを発見した。

このすべてが起こったのが、1665年から1666年までの、大疫病の間の2年間である。当時私は生涯の発明の頂点にあり、それ以降のどの時代よりも数学と哲学に打ち込んでいた。

ニュートンは本当は「何」を発見したのか

あなたはここに引用されたすべての研究や論理を理解できないかもしれない——私もできない。だが、彼の手法は明らかだ。

この段落には、科学者が要素を1つひとつつなぎ合わせて、重力の問題の解決策を生み出した経緯がはっきり表れている。ニュートンはこの短い一節だけで、グレゴリーとスルジウスという2人の同時代人（と前の世代のケプラー）を引用し、別の場所で別の科学者にも言及している。彗星《すいせい》を発見したことで有名なエドモンド・ハレーに宛てた手紙にこうある。「ブリアルドスは、太陽を中心とし、物質に依存するすべての力が、中心間の距離の2乗に反比例するはずだと述べている」

つまりニュートンはピースを1つずつ集めて、「すべての物体は互いに引き合い、その力の大きさは、引き合う物体の質量の積に比例し、物体の中心間の距離の2乗に反比例する」という、万有引力の法則を組み立てていったのだ。そしてその法則を、大疫病から20年以上経った1687年に、『自然哲学の数学的諸原理』(通称プリンキピア)の中で発表した。

この偉大な書物やその他の手紙や書き物の中で、ニュートンは多くの著名な科学者を引用している。そしてロバート・フックへの手紙の中で、みずからの手法をこう要約した。「**私がかなたを見渡せたのだとしたら、それはひとえに巨人たちの肩の上に立っていたからだ**」

調べてみると、この発言そのものが、完全にニュートンのオリジナルというわけではないことがわかる。彼の500年も前の1159年に、イギリスの哲学者、ソールズベリーのジョンがこう書いている。「私たちは巨人たちの肩の上に立つ小人のようなものだと、シャルトルのベルナールはつねづね言っていた」

では、リンゴについてはどうだろう?

リンゴの物語の唯一の出所は、1752年に刊行されたウィリアム・ステュークリによるニュートンの伝記だ。ステュークリはニュートンよりかなり年下の友人で、彼を崇拝していた。

夕食のあと、暖かい日だったので、庭に出てリンゴの木の陰でお茶を飲んだ。彼（ニュートン）と私の2人だけだった。

話のついでに、彼はこんなことを言った。これは以前、重力の概念が頭に浮かんだときとまったく同じ状況だな、と。

「なぜリンゴはつねに地面に対して垂直に落ちるのだろう？」と彼は自問した。「なぜ、横に行ったり上に行ったりせず、地球の中心部に向かって確実に落ちていくのだろう？」。腰を下ろして物思いにふけっていたとき、リンゴが木から落ちるのを見て、そう考えたという。

その理由は、地球がリンゴを引っ張っているからにほかならない。物質には互いに引き合う力が働いているはずであり、地球にある物質の引く力の総量は、地球の中心にあるのであって、それ以外の場所にはないに違いない。だからこのリンゴは地球の中心に向かって垂直に落ちるのだ。

このように物質と物質が互いに引き合うのであれば、その力の大きさは、物質の質量に比例しなければならない。ゆえに、地球がリンゴを引くように、リンゴも地球を引くのである。

リンゴの木の下にいたニュートンに、いったい何がひらめきをもたらしたのだろう？リンゴではなかった。重力の存在でもなかった。科学者は数世紀前から、物体の中心同士が引き合うことを知っていた。重力の概念を導入したのは、紀元前287年生まれの古代ギリシアの数学者、アルキメデスである。「重心」の概念を導入したのは、紀元前287年生まれの古代ギリシアの数学者、アルキメデスである。ニュートンは重力を発見したのではない。重力を説明する正確な数式を発見したのだ。そしてそれを、リンゴが落ちるのを見て発見したのではなく、そのできごとがあったあと20年の歳月をかけて、体系的に問題に取り組み、巨人たち――とくに、まったく同じ問題に取り組んだガリレオとケプラー――の肩の上に立つことによって、発見したのである。

もし重力方程式を導くことが新しい問題ではなかったのだとしたら、何がニュートンを成功へと駆り立てたのだろう？

彼は1600年代半ばに科学が直面していた数百の問題のうちの1つに、全身全霊で取り組んだ。問題を有効かつ創造的に解決するためのカギが「情熱」にあることを、しっかり理解する必要がある。なぜこのことが重要なのかは、のちの章でくわしく説明する。さしあたっては、リンゴの木の下のニュートンを心に刻んでおこう。**ニュートンはリンゴの木の下で重力の問題を解決したのではない。解決したい、価値ある問題を見つけたのだ。**

「ひらめきの瞬間」というウソ

歴史は特別な人々が特別なひらめきの瞬間を経験したという逸話にあふれている。菩提樹《ぼだいじゅ》の下で悟りをひらいたブッダ。湯船からあふれ出すお湯を見て、「ユリーカ！」と叫んだアルキメデス。スティーブ・ジョブズは、ガレージでタイプライターがつながれたテレビ画面を見て、アップルの初代コンピュータ、アップルIをひらめいた。マーティン・ルーサー・キング牧師の偉大な「私には夢がある」の演説は、群衆の中から知人の女性が「みんなにあの夢の話をしてよ！」と叫ぶ声をきっかけに生まれた。それにジャンヌ・ダルクは、「フランスを救え」というお告げを聞いて、フランス軍を率い、領土の半分を支配していたイギリス軍を撃破した。

私たちはこういう、人間の魔法のような力を思い出させてくれる物語が大好きだ。誰かがある瞬間に、誰も成し遂げたことのないことをひらめき、それをもとに、人々の行動や世界観を一変させるような変革を起こす。こうした物語を聞くたび、一個人がどんなに大きな力を持てるのかを思い知らされる。

それでもやはり考えてしまう。こうしたひらめきや創造性は、誰にでも降りてくるのではなく、特別な時代と場所に居合わせた、特別な人しか得られないのではないのか？

「分析的な左脳型」「創造的な右脳型」のウソ

今から、創造性を測る2つのテストをやってほしい。まずはこれ。

初対面の人を覚えるときにポイントとなるのはどちらですか？

A．名前

B．顔

新しい曲を聴くときはどちらに注目しますか？

A．歌詞

B．メロディやリズム

手を組んだとき、上に来るのはどちらの親指ですか？

A．右

B．左

足を組んだとき、上に来るのはどちらの足ですか？

A．右

B．左

Aが多い人は「分析的」な左脳型で、Bが多い人は「創造的」な右脳型だ。

次は2つめのテスト。次の文章を読んで、あなたに当てはまるものにマルをつけてほしい。

・人の名前より顔の方が覚えやすい
・「勘が鋭い」と言われたことがある
・誰かが怒っているとき、何も言わなくても顔を見ただけでわかる
・パーティーを計画するときは、細部よりも全体的なことを考える
・計画を立てるより思いつきで行動する
・ボーッとしていると言われることがある
・気が散りやすい
・今ほかのことを考えていた
・芸術作品を見るときは、先に全体を見てから細部を見る
・好奇心から芸術をかじったことがある

・感情に訴える議論ほど信じやすい
・感情的になることが多い
・リスクを恐れない
・何よりも直感を大切にしている
・ものごとを先延ばしにしがちだ
・目で見た方が理解しやすい
・できるなら現実の世界より幻想の世界で暮らしたい
・実生活で出会う人より、架空のキャラクターの方が共感できる
・メモを取るとき落書きをすることが多い
・落ち着きがない
・人にどう思われようと気にしない

結果：
マルが10個以上ある人はおめでとう！　あなたは論理的な左脳型というより、創造的な右脳型だ。
では聞くが、あなたはこういうテストに意味があると思うだろうか？
そうでないことを祈りたい。残念ながら、この手の診断はとても人気が高く、ネット上に

もあふれている。「右脳左脳　テスト」でグーグル検索すると、600万近い結果がヒットする。ネットメディアのバズフィードだけでも、検索ウィンドウに「右脳」や「左脳」、「創造的なタイプ」と入れると、数十万個のテストがずらずらっと出てくる（いずれも英語で検索した場合）。そのうちの2つが、今あなたのやったものだ。

創造的な人と創造的でない人がいる、という考えは大昔からある。この考えが科学的な裏づけを得たのは1860年代、神経科学者のポール・ブローカとカール・ウェルニッケが、左脳の特定の部位に損傷を受けた人が失語症を発症することを発見したときだ。

この発見をもとに、右脳と左脳が違う働きをするという、「分離脳」の理論が生まれた。神経心理学者のロジャー・スペリーは、左右の大脳半球をつなぐ、脳梁《のうりょう》と呼ばれる神経繊維の束を切断すれば一部の脳疾患を治療できることを実証し、その功績で1981年にノーベル賞を受賞した。

スペリーはこの知見をもとに、分離脳の性質をさらに解明すべく、さまざまな実験を行った。たとえば脳梁を切断した被験者に2つの物体を示し、1つは左目だけ、もう1つは右目だけで見てもらった。被験者に見たものを説明してほしいと頼むと、全員が左目（右脳）だけで見たものを絵に描いて説明し、右目（左脳）だけで見たものを言葉で説明することができたが、逆はできなかった。スペリーはこれらの結果を踏まえ、「2つの思考方式」があると結論づけた。言葉を認識、分析する「言語的（左脳型）」思考と、かたちやパターン、色、感情を認識する「非言語的（右脳型）」思考である。

スペリーのこうした発見をきっかけに、右脳や左脳を鍛えると謳う、さまざまなツールが生まれた。たとえば美術教育者のベティ・エドワーズは著書『脳の右側で描け』（河出書房新社）で、創造性を伸ばすためのデッサンのテクニックを伝授した。学習障害の専門家ケン・ギブソン博士は、左脳を鍛えて分析力を高めるためのテストやエクササイズを開発した。

自分が創造的な右脳型か、分析的な左脳型かを調べるのはとても楽しい。自分の「型」を知れば、どういう人と気が合うのか、どういう状況で仕事がはかどるのか、どういう仕事が向いているのか、といったことがわかるかもしれない。

だが最近の研究で、新しい知見が得られている。少なくとも思考に関していえば、左脳だけ、または右脳だけが働くということはありえないのだ。

スペリーのノーベル賞受賞以降、神経科学の研究は飛躍的進歩を遂げている。なかでも画期的な突破口を開いたのが、１９９０年代初めに物理学者の小川誠二が開発した、ＭＲＩ（磁気共鳴画像法）を使って脳の活動を可視化する手法だ。活動中の脳のＭＲＩ画像を見ると、脳は創造的な部位と分析的な部位に分かれてなどいないし、完全に創造的な精神的活動も完全に分析的な精神的活動もないことがわかる（図２・１）。たとえば数学の問題を解く、

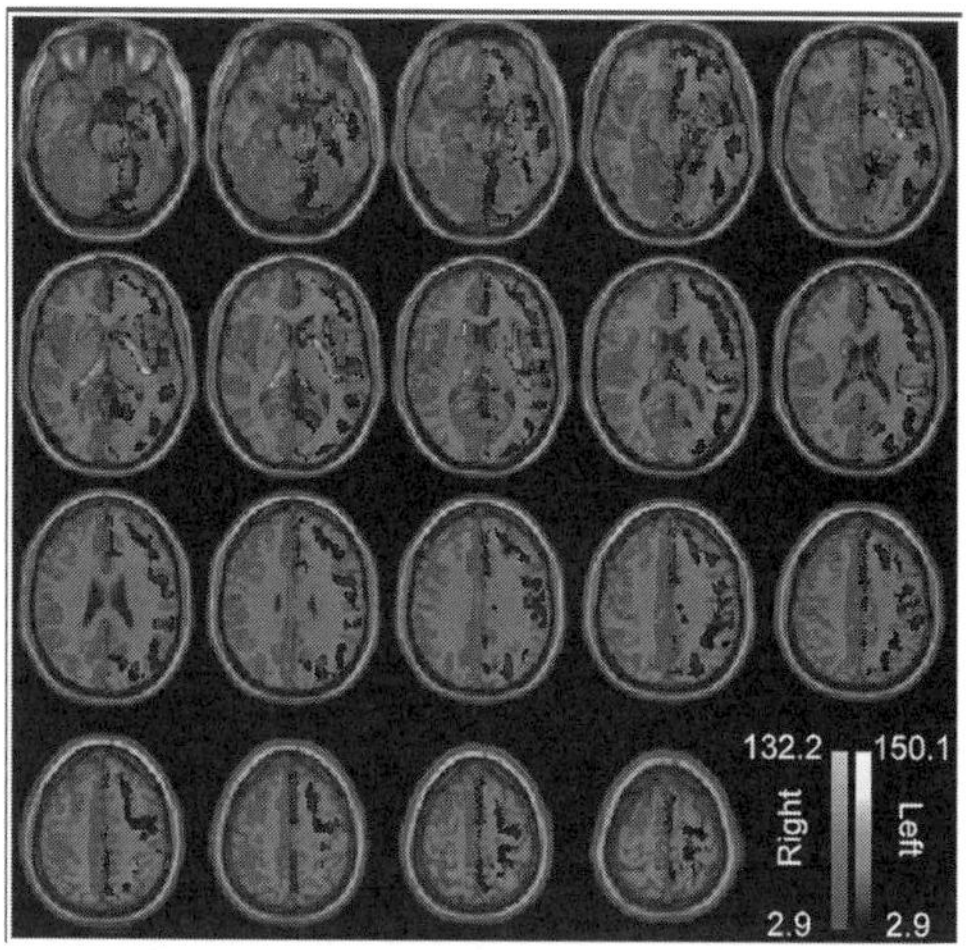

図 2.1　左右両側共に光っている、安静時と活動時における脳の fMRI 画像。脳はつねに左右両半球を使っていることがわかる。Nielsen et al, “An Evaluation of the Left-Brain vs. Right-Brain Hypothesis with Resting State Functional Connectivity Magnetic Resonance Imaging,” *PLOS One*, August 14, 2013.

絵を描く、科学実験をする、歌をつくるといったとき、私たちはつねに脳の全体を使っている。右脳型、左脳型の思考などというものは存在しない。

神経科学者が２００６年に行った研究で、大人と子どもの被験者に３種類の数学の問題を解かせ、その間の脳のＭＲＩ画像を分析した。すると被験者が問題を解いている間、脳の右半球と左半球の両方で、神経細胞がクリスマスツリーのように発火していた。また、被験者は数学の問題を解いた方法を説明するとき、分析力だけでなく、創造力も同じくらい使っていた。問題解決においては、これらの能力を分けて考えることはできないのだ。

大事なのは「好奇心」と「粘り強さ」

そうは言っても、ずば抜けて創造性が高いように見える人々はたしかに存在する。創造性をもたらしているのが右脳の違いではないとしたら、彼らの何が人と違うのだろう？　ゴッホのように、鬱《うつ》病にかかりやすい人は創造性が高いのだろうか？　それとも人気俳優のトム・ハンクスのように、幸福な人が創造的なのか？

研究では、多様な分野の創造的な人々に共通する人格特性が、たった1つだけ特定されている。**それは、好奇心が強いことだ。**そして好奇心は、意識して身につけることができる。同じことが、創造的な活動をやり遂げるのに必要な、粘り強さについても言える。粘り強さも、意識的に育《はぐく》むことができる。

そして、Think Biggerを始めるには、好奇心と粘り強ささえあればいいのだ。

「ブレインストーミング」は本当にクリエイティブなのか

直近で創造的なアイデアが浮かんだときのことを思い出してほしい。そのときあなたはどこにいて、何をしていただろう？

私はここ10年間、高校生から世界的企業の幹部までの1000人以上に、この質問をしている。もしあなたが彼らと同じなら、「ブレインストーミングをしていたとき」とは答えないだろう。実際、ブレインストーミング中に最高のアイデアを思いついたと教えてくれた人は、これまでほんの数人しかいない。

世界中のあらゆる人や組織が、創造的な問題解決の手法として、ブレインストーミングを利用している。

正式な発想法としてのブレインストーミングが生まれたのは、1938年のことだ。大手広告代理店BBDOは、大恐慌で多くのクライアントを失い、経営の立て直し役に副社長のアレックス・オズボーンを指名した。オズボーンは新規顧客獲得のために、チーム全員を集めて、広告キャンペーンのアイデアを考えることにした。

オズボーンが考案したブレインストーミング（当初は「シンキングアップ」と呼ばれた）は、社内で最も使われる発想法となり、その後世界中に旋風を巻き起こした。

オズボーンとBBDOは、これを使って第二次世界大戦中のアメリカで軍備拡大の必要性を啓蒙する活動や、ゼネラル・エレクトリック、クライスラー、アメリカン・タバコ、BFグッドリッチ、デュポンといった優良クライアントの広告キャンペーンのアイデアを次々とくり出した。

この手法が注目を集めると、オズボーンは集団内の個々人の脳が嵐のように爆発的に活性化されるさまを表す、「ブレインストーミング」と改名した。やがて世界中どこでも、人が集まると「解決策をブレインストーミングしよう」が決まり文句になった。今やブレインストーミングは、アイデアをすばやく生み出す必要があるときの常套《じょうとう》手段となっている。

ところでオズボーンは何のためにブレインストーミングを発明したのだろう？

彼の悩みは、全社会議で若手社員からほとんど意見が出ないことだった。幹部が一方的に話すだけで会議が終わっていた。オズボーンはこれを解決するために、アイデア出しの「グループシンキング」セッションを毎週開き、全員に発言の機会を与えたのだ。彼自身が進行役を務め、若手社員に意見を求めることを忘れなかった。

ブレインストーミングの基本ルールにはいろいろなバリエーションがあるが、ここではブレインストーミングサービスを顧客に提供する著名なデザイン企業、ＩＤＥＯのルールを見てみよう。

1. 量を求めよう
2. ぶっ飛んだアイデアを歓迎しよう
3. 判断は後回し
4. 他人のアイデアに乗っかろう

5．テーマに集中しよう

これらはオズボーンが1938年に考案したルールそのままだ。今日では銀行からコンサルティング会社、テック企業、メーカー、広告代理店、メディア企業、非営利団体、政府機関までのあらゆる組織が、創造的発想法としてブレインストーミングを採用している。

だがここで素朴な疑問が浮かんでくる。**ブレインストーミングは本当に創造的なのだろうか？**

オズボーンが最初に持っていた、「参加者全員に発言させるには？」という課題は、たしかに解決された。どんな集まりでも、テーマを選び、ルールに従ってブレインストーミングをやれば、全員参加の有意義な話し合いができる。それに、ブレインストーミングは楽しい。

だが、実際に優れたアイデアを生み出しているのだろうか？

さっき挙げた5つのルールを吟味してみよう。

まず何より、ブレインストーミングは「量」を重視することがわかる。

ルール1は、たくさんの貝をこじ開ければ、真珠が見つかる確率が高くなるということ。

ルール2と3は、どんなアイデアも日の目を見るようにすることによって、ルール1を支えている。

ルール4は、一見創造性を高めそうに思える。だがルール1、2、3の通りに実践すれば、

「乗っかる」べきアイデアは100個挙がるかもしれない。もし私が「月光で赤く輝き、日光で緑に輝く製品をつくろう」と言い、あなたが「透明にしよう」と言い、別の誰かが「空の色を映そう」と言ったら、いったいどうすればいいのだろう？　たった3つのアイデアでも途方《とほう》に暮れるのだから、数十個のアイデアに乗っかろうとしたら、ただの「アイデアの垂れ流し」になってしまう。

そしてルール5。私の考えでは、これが大きな足かせになる。あなたもきっと、誤った課題を解決しようとしていることに気づいて、途中で方向転換した経験があるだろう。課題を見つけることも、創造的プロセスのうちなのだ。最初から「正しい課題がわかっている」と決めつけて、すぐに解決策のブレインストーミングに移ってはいけない。

ブレストの効果は研究で否定されている

実際、ブレインストーミングは効果がないという、明確な証拠が挙がっている！

社会心理学者のミヒャエル・ディールとウォルフガング・シュトレーベは、ブレインストーミングに関する1987年の画期的研究で、参加者を4人ずつのグループに分けてブレインストーミングをしてもらった。このとき一部の参加者は、一般的なブレインストーミングの方法に従って、4人ずつのグループでアイデアを出し合った。残りのグループは、1人ひとりが個別にブレインストーミングをしてから、4人でアイデアを持ち寄って1つのリストにまとめた。

両者の成果を比較したところ、**個別にアイデアを出した参加者は、一般的なグループセッションでアイデア出しをした参加者に比べて、生み出したアイデアの総数がずっと多く、創造的なアイデアの数も2倍に上った。**

最近の研究では、集団でのブレインストーミングに埋め込まれたバイアスと、それが創造性に与える過大な影響に焦点が当てられている。そうしたバイアスを生み出すのは、集団内のフィードバックだ。

また、集団力学が個人の創造性を大きく妨げることも明らかになっている。人はさまざまなかたちで周りに忖度《そんたく》し、アイデアを間引いたり、最初や最後に提示されたアイデアに過度に影響されたり、最も都合のいいアイデアを選んだりする傾向がある。これらの傾向は時とともに強まり、創造性の阻害や手抜きにつながりがちな、グループシンク〔集団で性急に合意形成を図ろうとして、誤った結論を導き出してしまうこと。集団浅慮〕を誘発する。こうしたことから、研究者も実務家も、アイデア発想の形式的手法としてのブレインストーミングに幻滅を覚えるようになった。

これからThink Biggerを行ううちに、なぜこの手法がブレインストーミングよりもずっと創造性が高いのかが、はっきりわかるだろう。

ブレインストーミングとは要するに、部屋にいる人たちの直接の経験をもとに、アイデアを出すことだ。ひとことで言えば、「情報の洗い出しと共有」でしかない。あなたも「今すぐアイデアを出して！」と誰かに言われたら、すでに知っていることをもとに考えるだろう。

多様な経験を積んだ多くの人が集まってやる場合、ブレインストーミングは日常的な課題を効率よく解決する方法になる。なぜならチーム全員の経験の総和に、必要な解決策がすべて含まれているからだ。

だが、ヘンリー・フォードがエンジニアにブレインストーミングをさせなかったことに注目してほしい。フォードはエンジニアに命じて、使えるアイデアを世界中から探させた。パー・クランはそうやって食肉処理場の動くラインを探し当てた。

こんな風に考えるとわかりやすい。5人がチームとしてブレインストーミングをする場合は、5人の持っている知識しか利用できない。これを**「箱の中」の思考**と呼ぼう。これに対しThink Biggerは、古今東西の人々の知識を総動員し、他人のアイデアに耳を傾け、心地よい環境から飛び出して、知識を広げていく。これが、**「箱の外」の思考**だ。**ブレインストーミングは狭め、Think Biggerは広げる。**どちらの方が創造的だろう？

最近ではブレインストーミングはいろいろな名前で呼ばれている。中でも有名なのが、「**デ**

ザイン思考」だ。

デザイン思考は、エスノグラフィ（民族誌学：顧客の行動を観察するための現地調査）、ブレインストーミング、製品プロトタイピングの3段階からなる。

Think Biggerは、このうちのエスノグラフィ（分析）とプロトタイピング（実行）とはまったくの別物で、ブレインストーミング（発想）に代わるものと考えてほしい。

ブレインストーミングを、とくに調査や分析、実装のためのツールとして柱に据える手法は、デザイン思考のほかにもたくさんある。そうした手法のほかの段階に関しては、Think Biggerは何も教えることはない。だが、こと創造的な発想に関しては、ぜひThink Biggerを使ってほしいのだ。

オフィス空間をクリエイティブにしてもアイデアの質は上がらない

ところで物理的環境は、創造性に影響を与えるだろうか？　たとえば、ニュートンのリンゴの木には、特別な何かがあったのだろうか？　私は不思議に思って調べてみた。その木は今も存在していた！（図2・2）

これが、ニュートンが350年前に座っていたリンゴの木だ。このリンゴの木には何か変

図 2.2　イギリス・グランサムにあるニュートンの生家に立つ木。BBC 提供。

わった点はあるだろうか？　いいえ。周りの芝生や建物、ほかの木にも、どことい って変わったところはない。

次に図2・3の写真を見てほしい。そう、これはグーグルのオフィスだ。世界中の多くの企業が従業員の創造性を高めようとして、このスタイルを模倣している。

この方法に、創造性を高める効果はあるのだろうか？

残念ながらそれを裏づける証拠は何もない。グーグル創業者のラリー・ペイジとセルゲイ・ブリンに、どこでアイデアを得たのかと聞いてみるといい。グーグルそのものが、正真正銘のすばらしいイノベーションだ。彼らはよく知られているように、最初はスタンフォード大学院の味気ないデスクで、続いて最初のオフィスになった平凡なガレージで、アイデアの具体的な要素を思いつきい

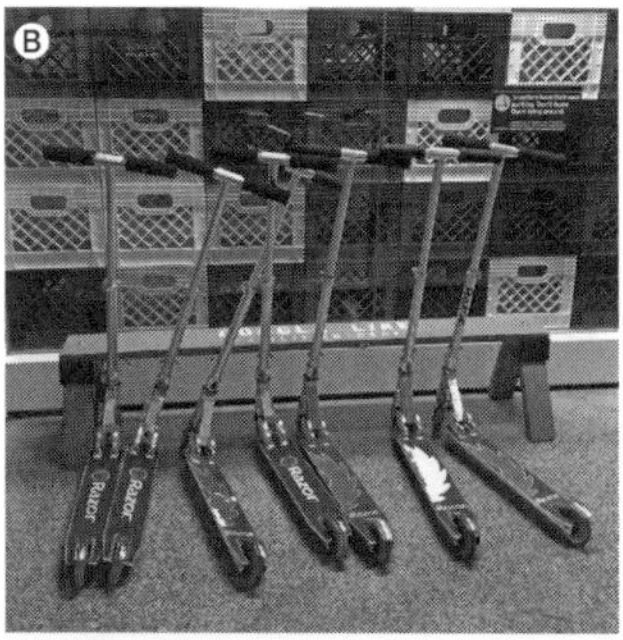

図 2.3 A ～ D　グーグルのオフィスの内部。Business Insider および Wikimedia Commons 提供。

た。私たちの知る限り、**グーグルが草創期に入居していた地味な物理的空間は、彼らのアイデアの質には何の影響もおよぼさなかった。**

同じことが、マイクロソフトのビル・ゲイツとポール・アレン、フェイスブック（現メタ）のマーク・ザッカーバーグなど、あらゆるイノベーターにあてはまる——なにしろスタートアップと言えば、ガレージでの起業なのだから。人気推理作家のアガサ・クリスティも、『オリエント急行殺人事件』（ハヤカワ文庫ほか）をひらめいた場所は、お風呂という平凡な空間だった。ありふれた場所で創造的なアイデアが生まれた例はいくらでもある。

グーグルは、「非日常的な」環境が右脳を活性化する、とまで言っている。だが今では、それがただの俗説だということがわかっている。赤い水玉の壁紙の部屋で仕事をしたからといって、それだけでは新しい発想は生まれない。たんに、次に生み出すアイデアが赤い水玉の影響を受けるだけだ。

クリエイティビティを最も促す空間とは

創造性を最も促すのは、無地の壁だ。心がつながりを探して自由にさまようことができる。脳が邪魔されずに仕事をするには、刺激のない場所が必要だ。

これを示す最良の実例が、ベル研究所にある。

20世紀のイノベーションの聖地たるベル研は、ニュージャージー州のマレーヒルとホルムデルに2つの拠点を持っていた。

マレーヒルの拠点は1941年に建てられた、古い工場のような実用第一の建物で、多目的スペースに狭い廊下、ベニヤ板のオフィス、無骨な可動式家具があった。

ホルムデルの方は宇宙船を思わせる、6800枚のガラスが貼られた未来的な外壁を持ち、反射池や3600本の植物が植えられた吹き抜けの空間、トランジスタに似せてつくられた給水塔があった。総工費は3700万ドル、マレーヒルの12倍以上である。

どちらの方が創造的だったのだろう？

古びたマレーヒルは、トランジスタとレーザー、太陽電池、少なくとも3つのノーベル賞を生み出した。洗練された輝かしいホルムデルは、プッシュホンとタッチトーン・ダイヤル、ファックス、ボイスメール、携帯電話、マイクロ波、1人以上のノーベル賞受賞者をもたらした。そして2つの拠点は共同で、世界初の通信衛星、移動体通信網、光ファイバーケーブルを生み出した。

つまり、どちらも創造的だった！　そしてそれは建物の設計とは何の関係もなかった。

創造性を刺激する空間について、2つのことが言える。第一に、気が散るものがなく、1人でじっくり考えられる場所があること。第二に、コーヒーメーカーや冷水機の周り、休憩所など、人と気軽に出会える場があること。それだけで十分だ。

たしかに観葉植物は気分を上げ、暗く陰気な場所は気分を下げるだろう。だが創造性に影響を与えるのは、あなたの周囲で起こることではなく、頭の中で起こることだ。食肉処理場は殺伐とした血まみれの空間だが、パー・クランはそこで最高のアイデアを得た。

「シャワー中」に浮かんだアイデアは役に立たない

では前に投げた問いに戻ろう。最近創造的なアイデアが浮かんだとき、あなたはどこで何をしていただろう?

よく聞く答えは、シャワーを浴びていた、車を運転していた、家を掃除していた、夕食の下ごしらえをしていた、などだ。難題の解決策は、それを考えてもいないときに、奇跡のように苦もなく降りてくるように思える。ただ心をさまよわせればいいのだ、と。

だが、そう簡単な話ではない。私たちは1日のうちの4時間ほど、起きている時間の約4分の1を、とりとめのない考えをめぐらせながら過ごしている。

集中を要するタスクに取り組んでいるときでさえ、心はさまよう。たとえば数学の問題を解いているとき、最初のうちは簡単だから、心はさまよわず、しっかり集中して解く。すると思わぬ壁に突き当たる。そこで立ち止まって、ふーむと考える。心をさまよわせる。なるほど、そうか! ひらめきが生まれる。そして頭が再び働き始める。タスクに集中しながら心をさまよわせることによって、創造的なアイデアを生み出すことができるのだ。

心をさまよわせるのは人間の自然な営みで、メンタルにもさまざまなメリットがある。とはいえ、心をさまよわせたり白昼夢に浸ったりするのは、魔法を生み出す方法ではなく、あくまで最高のアイデアを生み出すために脳が行う重労働の「補助」と考えるべきだ。アガサ・クリスティは探偵物語の構想を得るために、ただお風呂に入りまくっただけではない。何時間も机に向かって、物語の構想を練り、執筆に励んだ。この基盤があったからこそ、さまよう心の「魔法」を役立て、思うままに働かせることができた。

有益なひらめきの瞬間は、頭を働かせている間に訪れやすいことが、多くの研究で明らかになっている。神経科学の「学習＋記憶」のレンズを通して見ると、**最高のアイデアが生まれるのは、タスクに取り組んでいる最中**だとわかる。シャワーを浴びているときや浜辺に座っているときにひらめけば、いい気分になるかもしれないが、そうしたアイデアは往々にして最初に思ったほどには役に立たない。思いがけなくひらめいたアイデアは、その瞬間は重要で創造的に思えても、実際にはそれほど重要でも創造的でもないことが多い。

なぜだろう？　**さまよう心がひらめきを生み出すためには、新しいアイデアをつくる情報の断片が、記憶の本棚にたっぷり詰め込まれている必要がある**からだ。ひらめきの瞬間は、避けられない壁を乗り越えるための刺激剤として使うだけにしておこう。

チンパンジーにも「ひらめき」がある

過去のひらめきの瞬間に関する理解を実際に活かすには、ひらめきがDNAレベルで組み込まれているという知識が役立つかもしれない。そう、チンパンジーにもひらめきの瞬間があるのだ。

太陽が降り注ぐカナリア諸島のテネリフェ島に住む、チンパンジーのサルタンを紹介しよう。ドイツの心理学者ウォルフガング・ケーラーは、サルタンを大きな檻《おり》の中に入れて、檻の外のちょっと離れた地面に、熟したバナナを置いた。そして檻の中に短い竹の棒を入れ、檻の外のバナナよりも近いところには長い竹の竿《さお》を置いておいた。

サルタンはじっとバナナを見つめた。それから短い棒を手に取り、檻のすき間から差し込んで、バナナをたぐり寄せようとした。だが棒は短すぎてバナナに届かない。

次にサルタンは、檻の金網のゆるんだ部分から針金を1本むしり取った。その針金をまっすぐに伸ばして、檻のすき間から差し込んだ。それでもバナナには届かなかった。

サルタンはがっかりした様子で、地面にドスンと腰を下ろした。バナナを見つめた。檻の周りを見回した。すると、檻の外の竹竿が目に入った。

サルタンは竿と短い棒を交互に見ると、突如行動を起こした。短い棒をさっと取り上げ、檻の格子から差し込むと、ぎりぎりで竿に届いた。棒で竿を引き寄せ、手を伸ばしてつかんだ。そしてその長い竿を檻のすき間から伸ばすと、やっとのことでバナナに届いた。サルタンは勝ち誇ったようにバナナを檻までたぐり寄せ、とうとうつかむことができた。成功だ！

サルタンの実験が行われたのは、１９１４年のことだ。科学者がひらめきの瞬間をリアルタイムで記録したのは、このときが初めてだった。そして考えようによっては、アイザック・ニュートンとカナリア諸島のチンパンジーは、本質的に同じ経験をしたと言える。

ケーラーは当然ながら、サルタンに何か重要なものを見たと確信し、ほかの多くのチンパンジーを使って実験をくり返した。どの場合でも、チンパンジーはいったん諦《あきら》めたあとで「周りを見渡した」、とケーラーは書いている。実験の途中で、チンパンジーは必ず手をしばらく止めて、辺り一面をじっくり観察した。そしてその後、ケーラーが「アインツィヒト（洞察）」と呼ぶ瞬間が訪れた。まるでサルタンの頭の中で電球がパッと灯ったようだった。解決策が瞬時にひらめき、サルタンはただちにそれを実行に移した。

ケーラーはゲシュタルト心理学の創設者の１人だ。人間の精神活動は、個々の要素の集まりとしてではなく、全体のまとまり（ゲシュタルト）として研究して初めて理解できる、という考え方である。

Think Bigger も、複数の視点から全体をとらえる。部分を知ることによってこそ、全体を理解できる。また、全体像を俯瞰《ふかん》することで、個々の部分をまた違った視点から理解できる。サルタンは頭の中にパズルのピースを入れる必要があった。そうしなければ、ひらめきの瞬間はけっして訪れない。

すべての思考は「記憶の行為」

さっき説明したように、現代の神経科学によって、左脳が分析的で右脳が創造的だという考えが覆された。脳に関する新しいモデルは「学習＋記憶」と呼ばれ、脳内で記憶の断片が1つにまとまるときに実際に起こることの全貌を明らかにした。

神経科学者のエリック・カンデルはこのモデルの研究によって、2000年にノーベル賞を受賞した。彼はこう説明している。「記憶は私たちの精神活動を結びつける糊《のり》である。……私たちという存在の大部分をつくっているのは、私たちが学習したことや記憶したことである。……人間の記憶システムは、過去に遭遇した、似たようなイメージや経験をもとに、抽象的な内的表象を形成する」

すべての思考が、何らかのかたちの記憶の行為であることを、神経科学は示している。ここで言う「思考」には、想像や創造、イノベーションなど、「新しい」思考も含まれる。つまり、**思考を構成する要素が新しいのではない。新しいのは、それらを組み合わせる方法なのだ。**

「論理」にも創造性が必要

ここで、サルタンがやったことを私たちも再現できるかどうか、テストしてみよう。課題の解決に必要な要素を組み合わせられるだろうか？

ではテストだ。次の足し算は正しいか、正しくないか？

$$\begin{array}{r} 28 \\ +32 \\ \hline 60 \end{array}$$

「正しい」と答えたあなたは正解だ。すぐにわかっただろう。

では次のテスト。これは正しいだろうか？

$$\begin{array}{r} \kappa\eta' \\ +\lambda\beta' \\ \hline \xi' \end{array}$$

たぶん、あなたの脳は固まってしまったのではないだろうか。正しいのか間違っているのか、見当もつかない。だがもしあなたが古代ギリシアの研究者なら、この数式が前の

28＋32＝60と同じだと気づくだろう。あなたは前の足し算の答えを、記憶を使って導いた。その式には、6つの数字と「＋」の符号、そして「＝」、の合わせて8つのシンボルが使われている。これらはすでにあなたの脳内の本棚にあるものだ。またあなたは過去に似たような計算を数え切れないほどやったことがある。知識、シンボル、手順は、すべてあなたの記憶に格納されている。これらがすばやくまとまって、答えを形成したのだ。

2つめの式では、シンボルのうちの5つが、おそらくあなたの記憶に保存されていない。あなたは無意識のうちに記憶を探すが、古代ギリシア語を知っている人は別として、どこにも見当たらない。

あなたは1つめの式を見て、これは純粋に論理的な数式で、創造的な要素は1つもない、と思ったかもしれない。だがもし本当にそうなら、2つめの式も理解できるはずだ。実際には、手元の問題に合わせて記憶を組み合わせるという、創造的な作業が必ず脳内で行われる。私たちはそうやって論理的な問題への創造的な解決策を生み出すのだ。純粋な論理などありえない。論理的な問題の内容は、創造的な組み合わせを通してこそ、理解することができる。

創造性のエクササイズをもう1つやってみよう。「airplane（飛行機）」と韻を踏む、まったく新しい単語をつくってほしい。

どんなものができただろう？

私が思いついたものを挙げてみよう。

stairpane　carmain　artain　tropain

あなたがつくった単語も、たぶん私のと同じで、すでに知っている音節の組み合わせでできているはずだ。私の場合なら、stair（階段）、pane（窓ガラス）、car（車）、main（主な）、art（芸術）、mountain（山）の後半の音節、tropical（熱帯の）の前半の音節、pain（痛み）。これらはすべて記憶の中にあるものだ。さっきの足し算でやったように、あなたの脳は記憶の本棚から個々のピースを取り出して、違う方法で組み合わせた。足し算と言葉遊びの唯一の違いは、それを構成するピースが数字か文字かという点だけ。解く方法はまったく同じだ。

アイデアの質は「脳内のピースの質」で決まる

私たちは「学習＋記憶」のメカニズムを通して、つねに記憶を取り出し、結びつけている。新しいものを見たときでさえ、その中の一部を認識する。つまり私たちは両目だけでなく、脳でも「見て」いるのだ。イヌがどんなものかを知っているからこそ、イヌを見ることができできる。もしまったく知らなければ、色とかたちの塊にしか見えないだろう。

これは現代心理学の最初期の発見の1つである。19世紀末に生理学者のヘルマン・フォン・ヘルムホルツが、人は何かを知覚するときに、脳内ですばやく推測と仮説検証を行うことを明らかにした。「あれはイヌだろうか？　そうだ、イヌだ！」。このプロセスはあまりにも速く起こるため、感じもしない。ただし、暗がりで見るときや、遠くのイヌや見たことのないイヌを見るときなどは、より長い時間がかかり、脳内で処理が行われているのを実際に感じることができる。

エリック・カンデルは、部屋にいて明かりが消え、今まで見えていたものが何も見えなくなったときに、頭の中で起こることを説明している。脳は部屋で見たもののすべてを、記憶の行為として保持するのだ。これは「記憶の穴埋め」の極端な事例だ。遠くのイヌは、もう少し中間的な事例になる。だが、明らかにイヌとわかるものを見たときでさえ、脳はイヌに関するその他の知識や経験を総動員して、そのイヌが人なつっこいかどうかなどを判断する。

心をさまよわせるときも、脳は同じことをしている。「記憶が期待するもの」を使って、穴を埋めるのだ。心理学者のリチャード・グレゴリーの言葉を借りれば、「私たちの脳は、そこに『あるべき』ものを加えることによって、見るものの大部分を生み出している。脳が推測していることに私たちが気づくのは、脳が推測を誤ったときだけだ」。

こうして、イノベーションを生み出す創造的な組み合わせが、日常的な思考と同じ延長線上にあることがわかった。どちらも、記憶を用いるイマジネーションの行為なのだ。

人間の脳は地上最大の倉庫である。言い伝えによれば、古代ギリシアのアレクサンドリア図書館は、西洋世界で書かれたすべての書物を所蔵していたという。だがあなたの小さな脳は、それをはるかに超える知識を蓄積していて、その量は日々増える一方だ。あなたが生まれ落ちたその瞬間から、脳は情報を吸収し、分解し、記憶の本棚に格納している。そして何かを考える必要が生じると、脳はいろいろな本棚から記憶を引き出して、新しい思考を形成する。論理的思考であれ、創造的思考であれ、どんな思考も記憶によって成り立っている。

ここでチンパンジーのサルタンの実験を振り返ると、サルタンは記憶のおかげで、バナナをたぐり寄せる方法を考案できたのだとわかる。サルタンは解決策を生み出すために、まず長い竿と短い棒というピースを見る必要があった。

そしてこのことは、アイデアの「質」について重要なことを教えてくれる。**アイデアの質は、私たちが組み合わせるピースの質によって決まる。課題で行き詰まるのは、おそらくパズルのピースが足りないからだ。**必要なピースが脳の本棚に収まっていない。だから、外へ出て探索しよう。

脳が新しい組み合わせをつくる仕組みを理解した今、創造性が私たちの手の届くところに降りてきた。創造はもはや謎ではない。創造的になる方法、どんな問題にも創造的に取り組む方法は、誰でも身につけることができる。

だが、創造の方法を理解できるからと言って、大きなアイデアを生み出すのが簡単ということにはならない。**創造的思考は誰でもできるが、それを行うためには、創造のプロセスを構造に落とし込み、その構造に忠実に従わなくてはならない。**

共同作業の前に「1人」で作業する

あなたは1人で働くときと、チームで仕事をするときとでは、どちらの方が創造的だろう？

ここ数十年の研究によって、アイデアを生み出すプロセスを、最初は1人ひとりが個別に行った方が、より創造性の高いアイデアが生まれることがわかっている。まずそれぞれが1人でアイデアを考えてから、チームで取り組むということだ。最初に1人ひとりが考え、続いてそれをチームで共有する方法を取れば、グループシンク（集団浅慮）につながりかねないバイアスに陥らずにすむ。

脳内で思考やアイデアが形成される方法について、これまで学んだことをおさらいしよう。脳は記憶の本棚にすでに置かれているピースを自動的に集め、それ以外の、探す必要があるピースを空白のまま残す。

そのため、まずはあなたの課題を解決するのに役立つ情報を特定し、整理することが重要だ。そうして初めて、チームでの共同作業に移ることができる。この共同作業の主なねらいは、他人からインプットを得ることにある。チームメンバーは、あなたの脳に存在するが忘れられている、足りない情報を思い出させてくれたり、あなたの脳の在庫に欠けている情報のありかを教えてくれたりする。

Think Biggerでは、6つのステップのそれぞれを、まずは1人で最後まで完了してほしい。チームで行う場合は、続いて1人ひとりが学んだ情報や考えたアイデアを持ち寄り、チーム全員で共有する。また、Think Biggerを集団で行う場合の目安として、5人を超えるチームでやらないこと。それ以上の大人数になると、メンバーがチームの中で埋没したり、発言の機会を得られなくなったりして、個人としてのパフォーマンスが低下することが多いからだ。

「多すぎる選択肢」はやる気を削ぐ

私は初めて行った実験のことを、今もありありと覚えている。

スタンフォード大学の博士課程に進んで数カ月経ったころ、全米でも指折りの知名度と評価を誇る、ビング保育園で実験をすることに決めた。窓が1つだけの小さな教室を借り、中央にテーブルを設置して、いろいろなおもちゃを取りそろえた。子どもたちを1人ずつ部屋に招き入れて、彼らがレゴセットを組み立てる様子を観察し、やる気を計測するのがねらいだ。

当時多くの研究が、やる気を高めるために選択肢を与えることの重要性を示していた。私は実験の目玉として、鮮やかな原色のレゴセットをテーブルの真ん中に置き、周りにほかのおもちゃを並べた。

保育園の3、4歳児は、部屋に入ってくると、テーブルの上のレゴセットを見てにっこりし、それから周りのおもちゃを調べた。何分かそうしてから、席に着いた。そして、どの子どもも、レゴやほかのおもちゃを1つも手に取らずに、ただ窓の外をぼんやり眺めるのだった。

なぜなのか、私にはまったく理解できなかった。レゴセットに何か不具合があるのだろうか？　おもちゃで遊びたくないのだろうか？　子どもたちは、部屋から出てみんなのところに戻っていいと言われるのを、ただ待っているだけだった。

最初は、私が選んだおもちゃが魅力に欠けているせいだと思った。そこで玩具店を片っ端から回って、子どもたちが好きそうなおもちゃを買い足した。それでもビング保育園の子どもたちは、おもちゃが山と積まれた部屋に入ると、ただぼんやり窓の外を眺めるだけだった。

私はキツネにつままれたような気分だった。たくさんの選択肢に囲まれるという、子どもたちが最もやる気を出すはずの環境で、逆のことが起こっていた。周りに選択肢があふれているのに、子どもたちはただ窓の外を眺めていたのだ。

途方に暮れた私は、ほかのおもちゃを全部片づけて、部屋のおもちゃをレゴだけに絞ってみた。

するとどうだろう？　子どもたちは、部屋に入るなり中央のテーブルに向かい、そこに置かれたレゴセットをじっと見つめると、すぐに組み立て始めた。時間が来ても熱中してやめようとしないので、無理矢理レゴから引き離して元の教室に戻すこともしばしばだった。子どもたちは前と打って変わって、自分から進んで取り組んでいるように見えた。そしてそれは、**選択肢が多いからではなく、1つしかないからだった**。

くり返すが、当時の科学界には、やる気を引き出すには選択肢を与えることが重要で、与える選択肢の数は多ければ多いほどよい、というコンセンサスがあった。だが私が目《ま》の当たりにしていたのは、それとは正反対の現象だった。

なぜだろう、と私は悩んだ。

時が流れ、ビング保育園での失敗した実験の数年後、博士論文を書き始めた。そして過去の実験を振り返りながら、あの疑問に正面から向き合った。あそこではいったい何が起こっていたのだろう？　私が観察していたのは、科学者がまだ考えたことがない現象なのだろうか？　選択肢が無限にあれば、本当にやる気が高まるのだろうか？　それとも、何らかの制約が、とくに上限が必要なのだろうか？

そうして生まれたのが、あのジャムの実験だった。

ジャムの種類は少ないほうが売れる：私の人生を変えた実験

スタンフォード大学の近くに、無限にも思える品ぞろえの高級食材店があった。数百種類のマスタードにマヨネーズ、ビネガー、百種類もの旬の果物と野菜、それに、よりどりみどりのオリーブオイル！　まるで選択肢のおとぎの国のようだ。

私は店の入り口を入ったところにテーブルを2台設置して、1台に6種類のジャムを、もう1台には24種類のジャムを並べた。選択肢の多いテーブルの方が購買意欲をそそるから、当然売上も多い、そうだろう？

結果、店に入った人の60％が、24種類のテーブルで足を止めた。6種類のテーブルに立ち寄った人は40％だった。ここまでは想定内だ。

だが次に起こったことが、選択に対する私たちの理解を一変させたのである。24種類のジャムを見た人のうち、実際にジャムを購入した人がたった3％だったのに対し、6種類を見た人の30％がジャムを購入した。

この結果は私が、そして当時までのこの研究分野が予測していたこととの正反対だった。ジャムの研究が発表された2000年以降、900を超える追跡研究によって、**選択肢を与えすぎることの弊害**が示されている。たとえば、投資の選択肢を与えすぎると、選べなくなってしまう。医療保険についても同じだ。完璧な交際相手を求めて多くの人に会えば会うほど、よい相手が得られなくなる。エッセイを書く、美術作品をつくるといった、創造性が求められるタスクを行うときでさえ、題材の選択肢が多ければ多いほど、できばえは悪くなる。

それでは選択肢の「最適な数」というものはあるのだろうか？

ジャムの選択肢が6つあるのは、2つよりよいはずだ。だが24は多すぎるとわかった。では12ならどうだろう？　15は？

人間が把握できる項目は「7個プラスマイナス2個」

実は心理学者のジョージ・ミラーが画期的な研究によって、すでに適切な数を明らかにしている。ミラーによれば、人間は選択をする際に、およそ7個――プラスマイナス2個――(ミラーはこれをマジックナンバーと呼んだ)の項目を脳に入れておくことができる。だがこの数を超えると、認知的過負荷の状態に陥り、混乱してまずい選択をしてしまうか、ジャムの実験のように、まったく選択ができなくなってしまうという。

発明家や芸術家、音楽家などの、きわめて創造性が高いとみなされる人々も、選択に制約を設けることの価値に昔から気づいている。彼らは形式や構造の中で作品を生み出し、そうした枠を破っては、また新たな境界を設ける。

もし選択が芸術や音楽のように、創造性の産物だというのなら、この創造性の規律が指針になるはずだ。偉大なジャズミュージシャンのウィントン・マルサリスも、私にこう話してくれた。「ジャズには何らかの制約が必要なんだ。制約なしの即興演奏は誰だってできるが、それはジャズじゃない。ジャズには何らかの制約が必ずある。そうでなければただの騒音になってしまう」。あらゆる音楽形式の中で「最も自由」なジャズにさえ、制約があるのだ！

制約がなければ、あなたのアイデアはただの「騒音」で終わってしまう。Think Bigger は、新しいアイデアを組み立てるのに役立つ3つのツールというかたちの制約を設けている。そこで、第2部でくわしく紹介するThink Biggerの3つのツールをざっと説明して、本章の結びとしたい。

3つのツール

私たちは一般に、アイデアが、それもただのアイデアではなく、とびきりよいアイデアが必要になると、できるだけ多くのアイデアを集めようとする。ブレインストーミングをひたすらやったり、SNSで募集したりして、おびただしい数のアイデアを得る。一般的な目安として、アイデアが1万個あれば、その中にとびきりよいアイデアが少なくとも1つはある。だからできるだけ多くのアイデアを集め続ければ、ユニコーン級のアイデアがきっと見つかる、というわけだ。

ではユニコーンをどうやって見分けるのだろう？　そんなの簡単だと思う人がいるかもしれない。よいアイデアは一目でわかるし、たとえわからなくても、全員投票で選べばいい、と。だがこの方法を試したことがある人や組織がみな知っているように、うまくいくとは限らない。

Think Biggerはその正反対のやり方をする。これから紹介する3つのツールは、**アイデアの量より質が大事だ**という前提に立っている。Think Biggerの構造には、「新規」と「有用」の2つの判断基準が埋め込まれている。だからこの手法を使ってあなたが生み出すどんなアイデアも、必然的にこれら2つの基準を満たすようにできている。あなたが選べる選択肢はそれでもたくさんあるが、量より質を重視する。

またThink Biggerは、選択肢の中から最高のアイデアが自然に浮上するとは考えない。用意周到な方法によって、最高の解決策を選んでいく。

では3つのツールを紹介しよう。

選択マップ

1つめが「**選択マップ**」。これはあなたの課題専用の図書館のようなもので、アイデア（解決策）を組み立てるのに必要なすべての要素を保管しておく場所だ。

第1章のロードマップ（図1・18）に示したように、選択マップはあなたの選んだ課題の解決策を生み出すためのツールとなる。

選択マップの最上部にはあなたの課題を書き、それを複数の（通常は約5個の）扱いやすいサブ課題に分解する。選択マップ（典型的には5行×5列）が完成したら、あなたの課題の解決策を生み出すのに必要な、すべての材料がそろったことになる。次に、各サブ課題のために戦術を1つずつ選び、それらをいろいろな方法で組み合わせる。こうすることによって、「有用」かつ、既存の解決策とは違う「新規」な解決策を生み出すのだ。

たとえば標準的な5行×5列の選択マップから5つの戦術を選ぶとすると、5の5乗の3125通りの新しいアイデアの候補ができる。選択マップはこうやって、多くの新規かつ有用な解決策を生み出すようになっている。この中から、最もよい解決策を選んでいく。

Think Bigger ではアイデア発想のために、選択マップを使う。私はこれをブレインストーミングに代わる手法と考えている。

全体像

2つめのツール「**全体像**」は、あなたがアイデアを選ぶ際の判断基準になる。

全体像では、課題の「当事者」の望みについて考える。あなたの課題の解決策は、重要な当事者（解決策を生み出す「あなた」と、潜在的ユーザーである「ターゲット」、そして忘れてはいけない、潜在的な協力者や競争相手である「第三者」）にとって、どのように「感じられる」ものでなくてはならないのか？　あなたが生み出したさまざまなアイデアを、この視点から比較対照することによって、ユニコーン級のアイデアを選ぶのだ。

Think Bigger ではアイデアを生み出す前に、当事者にそれをどう「感じて」もらいたいかを考える。なぜなら当事者の望みを洗い出すことで、アイデア出しのプロセスとそれらを選ぶプロセスで、「何を重視すべきか」がはっきりするからだ。

第三の眼

3つめのツールは**「第三の眼」テスト**だ。あなたは新しいアイデアをひらめいたとき、つまり心の眼でそれを「見た」とき、アイデアが完成したと思うかもしれない。だがあなたが見ているものは、この時点ではまだ、あなたの頭が生み出した幻想でしかない。他人にも同じものが見えるだろうか？

第三の眼テストでは、4種類のフィードバック手法を用いて、アイデアがあなたの狙った通りの効果を上げられるのか、実行に移す価値があるのかどうかを判断する。

第2部ではこの3つのツールを、6つのステップに沿って説明していく。第三の眼テストを使うのはステップ6だ。これが、アイデアを実行に移す前の最終ステップになる。

それでは、Think Bigger の旅を続けるとしよう。

THINK BIGGER

第 2 部

PART 2

第3章

ステップ1　課題を選ぶ

あなたの解決したい課題は何か？

「解決すべき正しい課題」を選ぶ

アインシュタインはかつてこう言った。「問題を解決する時間が1時間あったら、問題を考えるのに55分、解決策を考えるのに5分費やしたい」と。

これが、Think Biggerの出発点となる。あなたはこの本を手に取ったとき、すでに解決したい課題が念頭にあったかもしれない。または、課題がありすぎて、どれを選べばいいのかわからないのかもしれない。Think Biggerの最初のステップは、どちらの場合にも役に立つ。あなたが解決したい、かつ解決できる課題を選ぶのだ。

Think Biggerは「課題」を、自明のものとはみなさない。アインシュタインのように、課題を定義し、定義し直し、さまざまな角度からとらえ、とらえ直すことによって、最も意味があり、解決可能な課題を選ぶ。これは最も時間をかけるべきなのに、最も時間がかけられていないプロセスだ。解決すべき正しい課題が見つかれば、成功への布石を敷くことができる。

これを書いている今、世界は深刻なパンデミックの脅威に見舞われている。2022年7月現在、新型コロナウイルスによる死者は全世界で640万人とされる。今も世界はコロナ禍のただ中にあり、被害の全貌はいまだ明らかになっていない。

優秀で探究心旺盛な学生の集まる、権威ある大学の教授として、私は学生が「世界を救いたい」といった立派なことを言うのをしょっちゅう耳にする。新型コロナはそれを実行に移す絶好の機会をもたらした。だが、こんなに複雑な要素が絡む大きな問題に、いったいどこから手をつけたらいいのだろう?

ありがたいことに、勇敢なイノベーターたちが立ち上がり、その方法を示してくれている。どの事例でも、コロナの感染拡大を防いだり、その悪影響に対処したりするために、彼らは自分たちの専門領域の中に、解決すべき小さな課題を見つけた。そうしたイノベーションの1つひとつが、世界を救うのに役立っている。

NASAはなぜ「コロナ患者用人工呼吸器」を開発できたのか

イノベーターの1人を紹介しよう。NASAジェット推進研究所（JPL）のエンジニアであるステイシー・ボーランドは、人工衛星を利用して大気汚染を追跡し、そのデータと地上の人々の健康とを関連づけるミッションに取り組んでいた。しかしコロナですべての滞空ミッションが中止となり、オフィスは閉鎖された。彼女は家に帰ったが、その後もチームと連絡を取り続け、これからどうなるのだろうと落ち着かない数週間を過ごした。

とうとうチームは、ただ悶々とするだけの日々にうんざりし、この状況で自分たちにできることは何だろう、と考え始めた。彼らはエンジニア、複雑な課題を解決するのはお手のものだ。

チームのリーダー、デビッド・バン・ビューレンとロジャー・ギブズの2人は、チームのオンライン会議を毎日開き、「僕らにできることはないか？」と問いかけた。チームは毎日ニュースを読んで、課題をリストアップしていた。

・マスク不足を解決できないか？
・サプライチェーンの混乱を解決できないか？

・人が顔を触らないようにするための仕掛けをつくれないか？
・不足している手指消毒剤に代わるものをつくれないか？

これらはどれも重要で、解決が待たれる課題だ。だがＪＰＬチームは知っていた。成功するには、自分たちの専門知識と、自分たちが入手できるリソースを活用する課題を選ぶことが肝心だと。なにしろ時間が重要だった。

そこで、自分たちが解決できるとわかっている課題だけに絞って考えた。毎日のオンライン会議で、リストを見直した。彼らは、あなたや私が持っているのと変わらない情報をもとにアイデアを出し合った。

ちょうどその頃、人工呼吸器が不足しそうだというニュースが伝えられた。人工呼吸器の不足と医療サプライチェーンの混乱が、集中治療室（ＩＣＵ）のコロナ患者の命を危険にさらす恐れがあった。

バン・ビューレンは、チームの才能を活用すれば、医療の知識はなくてもこの課題を解決できると気がついた。なにしろ彼らは無人ミッションの装置をつくる、宇宙技術者だ。バン・ビューレンは、自分たちが力になれるのはこの課題だと確信し、社内で協力者を募ってチームを組んだ。その１人が、ステイシー・ボーランドだった。

チームは毎日２回会議を開き、自分たちに解決できる有意義な課題に取り組んだ――「人工呼吸器不足を緩和するための装置をつくるには?」

ボーランドは会議の最中や合間に「コロナ患者の命を救うのに必要なのは、人工呼吸器のどの機能だろう?」と考えた。病院で使われる人工呼吸器は、大型で多機能で、したがってとても複雑だ。それらの機能のうち、医師がコロナの治療に必要とするものはどれだろう?もっと少ない部品でつくれないだろうか? 持ち運びやすいものをつくれないか? 仕組みを単純化して、専門家でなくても使えるようにできないか?

チームは医療分野の専門家に相談し、コロナの症例のほとんどで、フル機能の人工呼吸器は必要ないことを知った。

チームは最初の課題を叩き台にして、さらに具体的な課題を考え続けた。コロナ患者の治療に使え、医療従事者に扱いやすく、逼迫《ひっぱく》した医療サプライチェーンに負荷をかけない人工呼吸器をつくるにはどうしたらいいだろう?

チームは使いやすい人工呼吸器の開発計画をただちに立て始めた。ボーランドは、どういう人工呼吸器が必要かを定義するために、設計前にマニュアル(取扱説明書)を書いた。これらの作業はすべて、ウェブ会議ツールのウェブエックスを使ってリモートで行われた。ボーランドのマニュアルは、どの部分がどの機能に対応するかを略図で示したもので、わかりやすく、何語を話す人でも理解できた。

NASAのエンジニアの間で今も語り継がれる、アポロ13号計画の伝説がある。月へ向かう途中で重大な故障が生じ、乗組員は宇宙船内にあるものだけを使って、その場で解決策を講じなくてはならなかった。ボーランドたちＪＰＬチームは、これと同じ精神で課題に臨んだ。混乱したサプライチェーンに負荷をかけずに、確実に手に入るとわかっている部品だけを使おう。

「ＶＩＴＡＬ」と名づけられたＪＰＬチームの人工呼吸器は、チームの既存の製造・商用チャネルを通して得られる部品だけを使って開発された。チームはＮＡＳＡの協力を得て、カリフォルニア工科大学の管轄のもと、（応募があった96社の中から選ばれた）28社のグローバルパートナーにＶＩＴＡＬの製造ライセンスを与え、必要なときに必要な場所で製造できるようにした。ＶＩＴＡＬの試作品はブリーフケース大で、重さは約4・5キログラム、部品の数は、標準的な人工呼吸器の２５００個から２８００個に比べ、わずか４００個である。

チームはコロナ流行初期の感染中心地だったニューヨークのマウント・サイナイ病院で試作品をテストし、医療スタッフの大好評を得た。ＶＩＴＡＬ人工呼吸器は、機能性が高いだけでなく、外観も操作性も病院に違和感なく受け入れられた。小型で持ち運びやすく、いつでもどこでも利用できた。マニュアルはわかりやすく、構造は単純で、ボタンやつまみの数は標準的な人工呼吸器の半分だった。ほとんどの人工呼吸器は、呼吸療法士にしか使用が許されていないが、ＶＩＴＡＬは単純で機能的なため、ＦＤＡ（アメリカ食品医薬品局）は訓

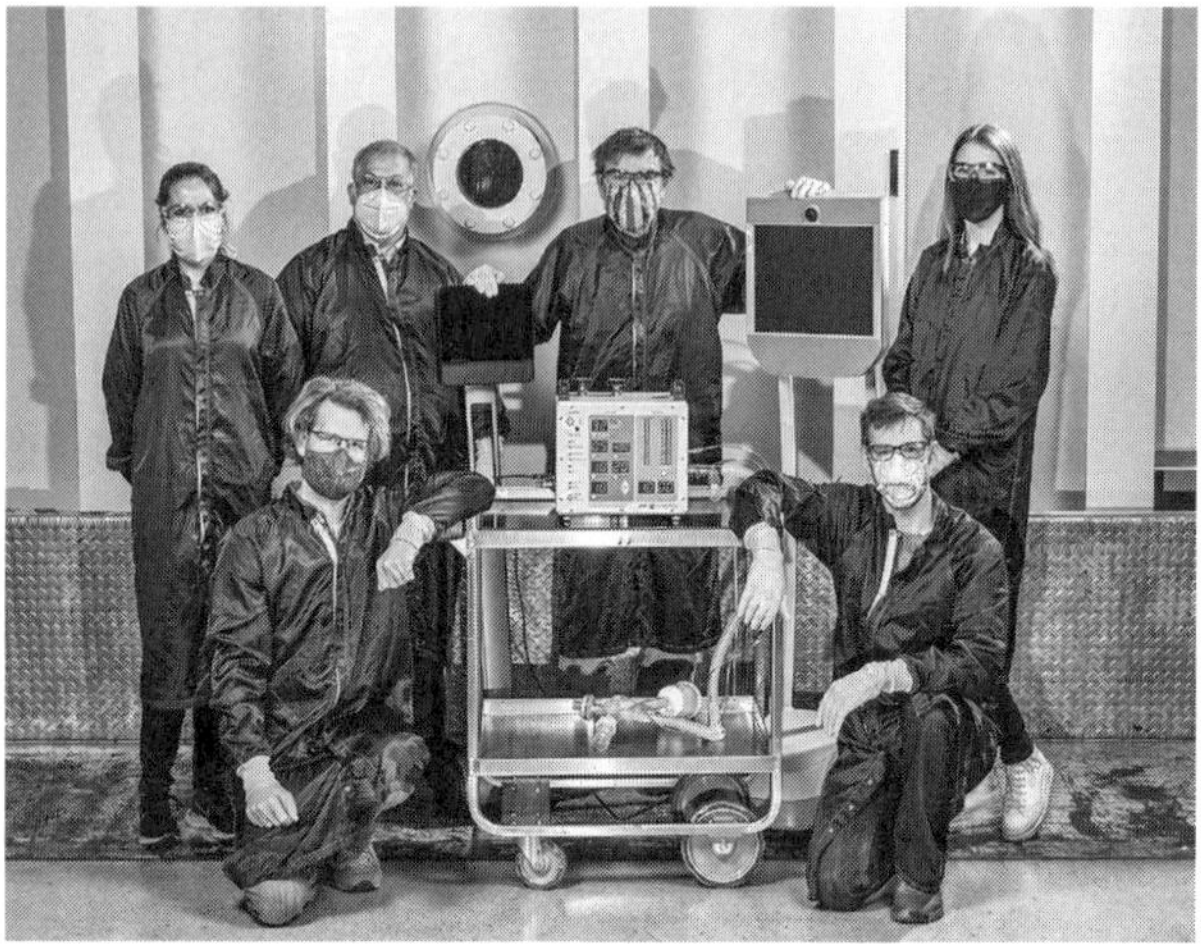

図 3.1　新型コロナ患者用の人工呼吸器（中央）を開発した、NASA ジェット推進研究所（JPL）のチーム。

練を受けたすべての医療従事者に緊急時使用を許可した。標準的な人工呼吸器とＪＰＬの人工呼吸器を、上の写真で比較してほしい。

ボーランドのチームはたった37日間で、Think Biggerのすべてのステップを完了した上で、製品を完成させた。最初の重要なステップとして、「解決すべき正しい課題」を選んだ。彼らが「コロナ」から「人工呼吸器」へ、そして「特定の人工呼吸器」へと、段階を追って課題を絞っていったことに注目してほしい。彼らは本気で取り組めるほど野心的で、それでいて解決策が手に届くほど現実的な課題を見つけた。

これが、世界を変える方法なのだ。

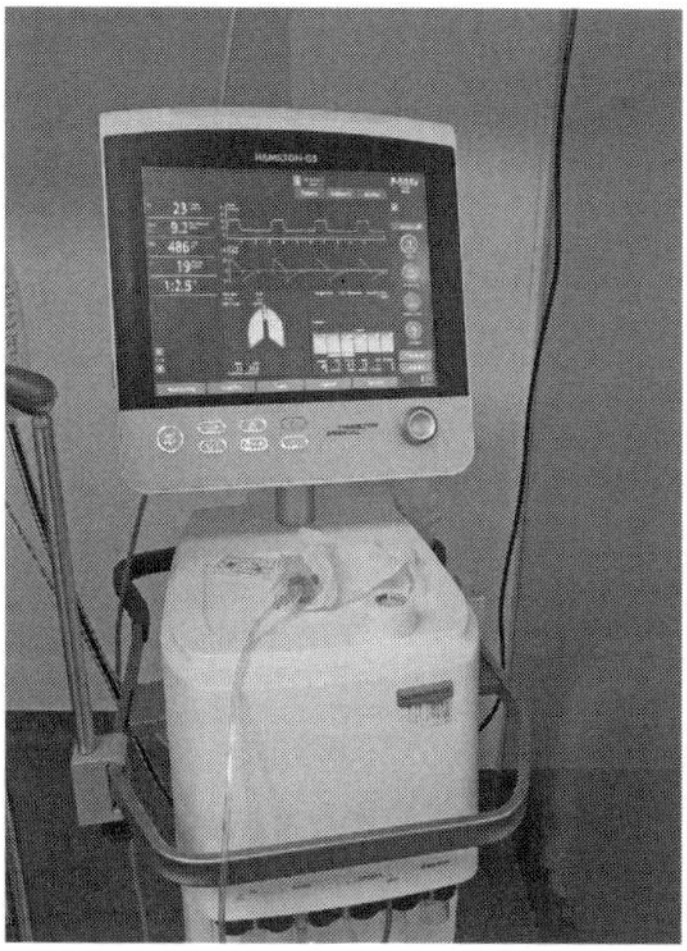

図 3.2　標準的な人工呼吸器。Wikimedia Commons より。

「書く」ことで課題を定義する

アインシュタインの名言をもう１つ。「最大限の努力でぎりぎり達成できるレベルを見きわめる直感を磨かなくてはならない」

このアドバイスは単純でいて、奥深い。能力の限界まで努力するが、それ以上頑張ることはない。そうでなければ失敗する。そしてそのちょうどよい難しさを、何らかの分析の方程式ではなく、「直感」を使って、手探りで見つけなくてはならない。

ＶＩＴＡＬのチームはそれをやった。そしてあなたも本章の Think Bigger のステップ１でそれをやってほしい。

このステップでは、ＪＰＬのチームがやったのと同じ方法で、課題を定義し、定義し直

表 3.1　Think Bigger 選択マップ（ドラフト）

メイン課題					
サブ課題1	X	X	X	X	X
サブ課題2	X	X	X	X	X
サブ課題3	X	X	X	X	X
サブ課題4	X	X	X	X	X
サブ課題5	X	X	X	X	X

すエクササイズを通して、意味があるとともに解決可能な課題を見つけよう。

あなたの定義するメインの課題が、選択マップに書く最初の要素になる（表3・1）。この課題は、最初はドラフト（草案）にすぎない。このあとの5つのステップを行う間に変わりうるし、おそらく変わるだろう。

課題を紙に書き出すことが大切だ。ノーザン・イリノイ大学の言語・識字学際研究センターによれば、私たちは書くことによって、思考を集中させ、整理し、組み立てることを強いられる。書くことは創造的な行為だ。**書き出すことで、実際に思考を生み出す**のだ。いろいろな考えが頭に浮かんでいる場合は、すべてを書き出し、それから自分の書いたものをじっくり読んで、あなたが実際に考えていることを最もよく表すものを選ぼう。

また、解決したい課題がどうしてもまとまらない場合もあるだろう。そんなときは次の思考エクササイズをやるといい。

紙を1枚用意して、次の質問への答えを書いてほしい。それぞれの質問に対し、5〜7個の答えを書こう。このエクササイズを1週間、毎日違う時間にやってみよう。

1. あなたの毎日の生活に起こる、解決したい課題は何だろう？　解決できそうな課題に限定せず、思いつく限り書き出そう。そして1日の終わりに、その日に起こった、最も苛立たしく、最も解決が待たれる課題を選ぼう。くり返し浮上するのはどの課題だろう？　重複または反復する課題があるなら、それが解決すべき課題かもしれない。

2. あなたの関心のあるテーマや、くわしく知りたいテーマは何だろう？　日々の仕事や雑事に追われていると、自分に学ぶ力があることさえ忘れがちだ。あなたが一番関心のあることを書き出そう。関心を見つめることで、情熱を持てる課題や、課題解決を通じて学びたいことが見つかるかもしれない。

3. 毎日の生活であなたが一番大切にしていることは何だろう？　たとえば食事、ペット、1日の終わりによい本を読むこと、など。あなたにとって大切なことに注意を払うと、その時間をもっと充実させる方法を無意識のうちに考えるようになる。何かをやりたいという、強い目的意識を感じたら書き留めよう。そうした瞬間にこそ、あなたにとって一番大事なことが隠れている。

こうして書き出したリスト全体に目を通してみよう。何度も登場する課題があれば、それをくわしく考えよう。リストに書かれた課題や関心、目的が大きすぎると感じたら、その課題の中の小さな一部を考えよう。たとえば、「娯楽」に関心があるなら、大人が団体スポーツを楽しめる機会が限られていることに注目したらどうだろう？　「芸術」に関心があるなら、クラシック音楽をもっと多くの人に楽しんでもらう方法を考えてもいい。仕事上、組織運営に関心があるなら、プロジェクトの作業チームを手助けする方法を考えるのもいいだろう。

リストを眺めるうちに、やる気の持てる課題が浮かび上がってくる。これらを狭めていけば、きっとあなたに解決でき、かつ解決したい課題がまとまるはずだ。

じっくり時間をかけて考え、取り組みたいと思える課題が見つかったら、それを3文以内で説明してみよう。これは課題を特定するための重要な手順だ。頭の中の考えを物理的な紙に書き出すことによって、自分がどんな課題を解決したいのか、なぜ解決したいのかを、よりよく理解できる。書くことで思考が具体化し、解決したい課題が明確になる。このとき、あなたの中に強い感情や意味を呼び起こすような言葉遣いで書いてみよう。そうした言葉で表現することによって、その後のステップでやる気を保ち、有意義な解決策を生み出せる可能性が高まるからだ。

私の教えるThink Bigger講座では、ＭＢＡと工学部の学生がこの手法を使って、ありとあらゆる課題に取り組んでいる。たとえば天然成分１００％で保存がきくスキンクリームや、街並みに溶け込む目立たない仮設足場といった、製品をつくる学生もいる。生ゴミのリサイクルを市の全域に広げることや、外国生まれの移民一世の教育格差の縮小など、社会問題に取り組む学生もいる。中小企業のサイバー攻撃対策や、同じ列車で帰宅する学生をつなぎ、ニューヨークでの安全な移動を支援するアプリなど、最先端技術を利用して課題に取り組む学生もいる。

この時点で、あなたはこう思っているかもしれない。どうして課題をわざわざ考えるのか？　解決すべき課題なんかなくても、イノベーションは自然に起こるものだろう？　課題を決めてしまうと、思考が制約される。制約なしで、自由に考えた方がいいんじゃないの？　無謀なアイデアこそが創造的なアイデアだ。大志を抱け、不可能を可能にせよ。そうだろう？

そうではない。

たしかに、発明家が課題を解決しようとせずに生み出した発明品はたくさんある。そして、それらは失敗する。誰もほしがらないからだ。発明品は機能するかもしれない。だが「新規かつ有用なもの」という、イノベーションの定義を思い出してほしい。**誰も使いたがらない**

ものは、イノベーションではないのだ。そして**「課題」とは、「誰かがほしがっているが、手に入らずに苦労しているもの」を指す**。とはいえ、新型コロナ患者用の人工呼吸器のような、命に関わる課題である必要はない。ナンシー・ジョンソンは、アイスクリームを安くつくるという課題を解決した。解決してくれて本当によかった。

「課題の定義」を怠らない

オハイオ州立大学の経営学者ポール・ナットが、過去20年間に358社の企業が下した事業上の意思決定を調べたところ、そのうちの半数が、間違った課題を解決しようとしたせいで失敗していることがわかった。なかでも多かった間違いは、解決策を押・し・つ・け・ることだった。たとえば、「この新技術をどう活用すべきか？」など。技術は課題を解決するためにあるのだから、課題を定義することが先に来るべきなのに。

これは本当によくある間違いだ。課題はわかりきっていると考えてしまう。課題を考えて時間を無駄にしたくない、時間が何より大切だ、だからすぐに解決策を生み出そう、と。

ではちょっと想像してほしい。あなたは大人数のチーム、たとえば6人の同僚と会議室に集められて、会社が抱えている、ある課題の解決策を考えるというタスクを与えられた。さて全員が共通認識を持っているだろうか？

　こんなとき、毎日一緒にお昼を食べる同僚や、会議を仕切る上司が、あなたと同じように課題をとらえていると思い込むことが多い。会議に出ている全員がまったく同じ考え方をしている。なにしろ全員が同じ会社で働き、毎日顔を合わせ、自社の事業の落とし穴も理解しているのだから、と。

　そこでただちに取りかかる。上司に与えられたタスクを簡単な会議でさっさと片づけよう。どんどんアイデアを出し、気分は最高、手応え十分だ。だがそのとき上司が首をひねり、われに返って、ホワイトボードに書き殴られたアイデアを眺め、「あれ、何を解決しようとしていたんだっけ？」とつぶやく。実は全員にそれほどのコンセンサスがなく、課題は思っていたよりずっと複雑だった……。

　現実には、全員が共通認識を持っていることなどありえない。多様な視点や意見を持つ人々が、まったく同じように課題を定義しているはずがないのだ。

　この現象は企業アドバイザーのトーマス・ウェデル＝ウェデルスボルグの研究でも報告されている。１０６人の経営幹部を対象とする調査で、半数の人が、課題だと思っていたことを解決しようとして多大な時間と労力を費やしたあげく、本当の課題が別にあったことに気づいた経験があった。つまりナットとウェデル＝ウェデルスボルグの結論は同じだ——**人は課題を定義するステップを怠り、解決策に飛びつくことが多い。そしてたいていの場合、失**

敗する。

「全員が同じ課題を同じように理解している」と想定する方法が成功するのは、単純な課題、または個人的な課題に取り組む場合に限られる。こと複雑な課題に関しては、正しい課題を正しいレベルで特定しなければ、混乱し、労力を無駄にし、不本意な結果に終わるのは目に見えている。

チームで正しい解決策を見つけるための出発点として、まずは部屋にいる全員に、1人ずつ順番に課題を説明してもらおう。そうすれば、1人ひとりがどんなふうに課題を定義し、とらえているのかを、最初から全員が理解できる。課題がいかに複雑かを肝に銘じながら、全員で解決に取り組める課題を一緒に定義することから始めよう。

あなたは「知ってるつもり」になっている

課題定義のプロセスで意見の食い違いが生じがちな原因の1つに、実際以上に知識があると思い込んでしまう人間の傾向がある。心理学者のフィリップ・ファーンバックとスティーブン・スローマンは、これを「**知識の錯覚効果**」と名づけた。

人は自分の知識を過大評価する一方で、ものごとの複雑さを過小評価しがちだ。たとえば友人に水洗トイレの仕組みを説明してもらうと、「レバーを回すとバルブが開いて、タンク内の水が排出されるんでしょう?」と答えるかもしれない。また、同僚に電子レンジの仕組みを知っているかと聞けば、「もちろん」と言うかもしれない。だが、仕組みを図に描いてくわしく説明してほしいと頼むと、2人とも説明できない可能性が高い。

知識の錯覚効果に影響されるのは、単純なものの理解だけではない。この錯覚は、雪の結晶から、電子レンジ、経済政策、果ては地球温暖化まで、ほぼすべてのものに対する私たちの考え方に直接影響をおよぼしている。そしてもちろん、集団もこの錯覚をまぬがれない。錯覚に惑わされた多くの人が一緒に課題の解決に取り組むのだから、課題がまったく解決されなかったとしても驚きはない。

Think Biggerでは、まるまる1つのステップを使って、「**意味があるほどには大きいが、解決できるほどには小さい課題**」を特定する。またその課題は、それに関わる全員が理解し、解決したいと思うものでなくてはならない。このステップはとても重要だ。課題の解決に進む前に、十分な時間と労力をかけ、何度も書き直し、じっくり考えて、課題を適切に定義することが絶対的に欠かせない。

課題を「ＨＯＷ？」で言い換える

あなたのリストの中から解決したい課題を1つ選んだら、それを「ＨＯＷ（どうするか）？」の問いのかたちに書き換えてほしい。

たとえばあなたの課題が、「今年度中に事業を10％成長させること」だったとしよう。これを「事業を成長させるには？」と書き直そう。それが今年度であれ来年度であれ、9％であれ11％であれ、あなたが考えなくてはならないのはこの問いなのだ。いつ、どれだけが実現可能かは、解決策が決まればおのずとわかる。その時点になって初めて、「この解決策を実行に移せば、今後9カ月間で事業を15％成長させることができる」などと言えるようになる。こうした詳細は、実行計画に書く内容だ。そこにどうやって到達するかを考える、課題解決のプロセスとは関係ない。

ここではいろいろな答えを許容する、柔軟で「開いた」言葉遣いをしてほしい。課題にたった1つの答えを埋め込んでしまうのは、よくある間違いだ。たとえば、「食品ロスを減らすモバイルアプリをつくるには？」など。これでは答えがモバイルアプリだと決めつけている。だからこう言い換えてみよう。「食品ロスを減らすには？」

私のThink Bigger講座でも、受講生の平均51％が、解決策はアプリだというアイデアに飛びつく。たしかにアプリは最終的な解決策の一部になる可能性が高いが、それが課題を解決するとは限らないし、解決策に含まれない可能性さえある。だから、最初から解決策にアプリを結びつけてはいけない。

「閉じた」質問は、課題にたった1つの「正しい」答えがあると仮定して、創造性を阻害する。「開いた」質問は、創造的な解決策の幅を広げる。課題を狭めるときも、開いた問いで表してほしい。

VITALの開発チームは、「コロナ」という広い課題の中の狭い課題を選んだ。だが彼らは、「NASAの技術を使って人工呼吸器をつくるには？」とは考えなかった。解決策を開いたままにしておいた。そして最終的な解決策では、NASAの技術は使わなかった。NASAの膨大なサプライチェーンから調達できる単純な部品を使った。

こうして、「HOW?」の開いた問いを決めたら、それが広すぎないか、狭すぎないかをテストしよう。逆ピラミッドをイメージしてほしい。最上部の一番広い階層にはとても大きな課題があり、底辺の一番狭い階層にはとても小さな課題がある。中間にはいくつもの段階がある。このピラミッドを上り下りして、課題を広げたり狭めたりしながら、正しい階層を探すのだ。

これを「**階層分析**」と名づけた。階層を上げると課題が広くなり、階層を下げると課題は狭くなる。課題の階層を上げると、解決したときにより大きなインパクトを与えることができるが、その分解決は難しくなる。階層を下げればインパクトは小さくなるが、より解決しやすい。あなたのモチベーションも、階層の上げ下げとともに変化する。大きなインパクトを与えたいのはやまやまだが、解決不能と判明すればやる気は失われる。階層をＵＰ／ＤＯＷＮして、モチベーションが最大になるレベルを探そう。それがあなたの解決すべき課題だ。この階層を、あなたの**スイートスポット**と呼ぼう。

課題の階層を上げ下げして「スイートスポット」を探す：階層分析

記入前の階層分析表を見てほしい（表３・２）。まず中央にドラフト課題を書く。そこから階層をＵＰ／ＤＯＷＮして、スイートスポットを見つけていこう。

チームでやる場合は、まず１人ひとりが別々にこの作業をやってほしい。それから全員が表を持ち寄って、１つの表にまとめる。同じドラフト課題でも、上げ下げすると人によってまったく違う課題になることに気づくだろう。

たとえば、チームの課題が、「世界の飢餓をなくすには？」だったとする。誰かが階層を下げて、「途上国の飢餓をなくすには？」と書く。すると別の誰かも階層を下げて「先進国の貧しい人々の飢餓をなくすには？」と書く。こうした細部が重要だということがわかるだ

表 3.2　階層分析表（記入前）

階層ＵＰ：	
階層ＵＰ：	
ドラフト課題：	
階層ＤＯＷＮ：	
階層ＤＯＷＮ：	

表 3.3　階層分析（例 1）

階層ＵＰ：	環境に害をなすあらゆるものを減らすには？
階層ＵＰ：	あらゆる汚染を減らすには？
ドラフト課題：	**プラスチック汚染を減らすには？**
階層ＤＯＷＮ：	使い捨てレジ袋を減らすには？
階層ＤＯＷＮ：	この地域の使い捨てレジ袋を減らすには？

表 3.4　階層分析（例 2）

階層ＵＰ：	あらゆる非生分解性物質を置き換えるには？
階層ＵＰ：	プラスチックを生分解性物質に置き換えるには？
ドラフト課題：	**プラスチック汚染を減らすには？**
階層ＤＯＷＮ：	国内のプラスチック汚染を減らすには？
階層ＤＯＷＮ：	この市のプラスチック汚染を減らすには？

ろう。これらの2つの課題は、まったく異なる解決策を探すことになるからだ。

表3・3と3・4に、階層分析の例を挙げた。階層のＵＰ／ＤＯＷＮが、課題を定義する際の重要な決定になることに注目してほしい。

階層を上げ下げしているうちに、課題をまったく違う方法でとらえ直したくなるかもしれない。それはよいことだ。ちょうどよい課題が見つかるまで、課題に取り組むさまざまな方法を模索し、検討していこう。

この段階を省略して、最初

に思いついた課題に飛びつくと、あとあと厄介な問題が持ち上がる。チームでやる場合は、そうした問題が衝突や行き詰まりを招くかもしれない。だから恐れずに、最初にじっくり率直に話し合い、チームの１人ひとりが自分の階層分析とその根拠を説明する機会を設けよう。全員が課題解決にやる気と興味と熱意を持ち続けられる、スイートスポットを探すことがとても大切だ。

スイートスポットが見つかったら、最後の確認をする。次の２つの問いに答えてほしい。

1. 自分はこの課題を実際に解決できるだろうか？
2. 自分はこの課題を本気で解決したいのか？

答えがイエスなら、先へ進む準備ができた。

まず「小さな課題」を「１つ」解決する

大きく考えるためには、小さく考えることから始めなくてはいけない。弱気に聞こえるかもしれないが、これは私がこの分野での数十年の個人的体験から学んだ経験則だ。

一般に、階層分析のスタート地点は高すぎることが多い。あるいは、野心的な課題を解決できないことを恐れて、低すぎる地点から始めることもある。だが Think Bigger をスケールアップ（規模を拡大）するコツは、**まず1つの課題を解決すること**だ。その結果をもとに、どれくらいインパクトを拡大できるかを判断するのだ。

ＶＩＴＡＬのチームはとても高い地点（コロナ危機）から始めて、とても低い地点（専門家でなくても使える簡単な人工呼吸器）に落ち着いた。そしてその解決策は、安価で簡単に製造・使用できたため、世界中に広まった。実際に製作してみるまでは、チームの誰もＶＩＴＡＬ人工呼吸器の将来性を予測できなかった。

キング牧師

次は、本当に大きな課題を考えてみよう——「アメリカの人種差別と隔離をなくすには？」マーティン・ルーサー・キング牧師は、かつて演説でこう語った。「私には夢がある　私の４人の幼い子どもたちが　いつか肌の色によってではなく　人格そのものによって評価される国で暮らすという夢が」

キング牧師がこのとき思い描いたのは、人種がもはや問題にならない国である。これはとても大きく遠い夢で、彼自身は達成できなかった。彼が成し遂げたのは、人種差別を禁止する、１９６４年公民権法の実現に向けた運動を主導することだった。そしてこれは本当に大きな快挙だった。

どうやってこれを成し遂げたのだろう？

キング牧師は小さいことから始めた。アラバマ州モントゴメリー市のバス・ボイコット運動だ。キング牧師の呼びかけのもと、モントゴメリーの黒人住民——とくに有名な1人が、黒人専用座席への移動を拒否して投獄されたローザ・パークス——は、インドのマハトマ・ガンディーの非暴力・非服従運動に倣って、人種分離された市営バスへの乗車をボイコットした。これが市の財政を直撃し、人種隔離は違憲との判決を勝ち取った。

そこで南部キリスト教指導者会議はボイコットを組織化し、南部全体で何度もくり返した。学生非暴力調整委員会が率いる数千人の大学生や高校生は、飲食店の白人専用カウンターなど、有色人種が立ち入り禁止の場所で座り込みの抗議を行い、警察に逮捕された。

このすべてが大衆運動に発展し、そしてあの日あの場所に25万人が集まって、キング牧師の偉大な演説を聞いたのだ。これは当時、アメリカ史上最大の集会だった。

ネットフリックス

今度は打って変わって、一見ありきたりな課題を考えてみよう。「自宅での映画鑑賞をもっと手軽にするには？」

これはネットフリックス共同創業者のリード・ヘイスティングスが解決しようとした課題

だ。彼がこの課題に直面したのは、レンタルしたビデオ（ちなみに「アポロ13」だった）の返却が遅れて、40ドルもの延滞料金を課されたときだった。ビデオ店に車で向かう途中スポーツジムを通り過ぎたとき、「ジムには誰も延滞料金を払わないのに」とヘイスティングスは思った。ジムの料金は月額定額制で、料金を払えば何回でも好きなだけ通える。レンタルビデオでも同じことができないだろうか？

ヘイスティングスはちょうど創業したソフトウェア会社を売却したところで、課題を考えるための時間とお金がたっぷりあった。時あたかもネット通販が普及し始めた頃で――アマゾンはすでにこの分野の雄だった――実店舗を持たなければ固定費を削減できるのではないかと思いついた。代わりに、郵送でレンタルしたらどうだろう？　折しもＤＶＤがビデオテープに取って代わろうとしていた。試しにＤＶＤを１枚買って、自分宛てに郵送してみると、まったく無傷で届いた。

ヘンリー・フォードと同様、ヘイスティングスがＤＶＤという新しいテクノロジーを利用したのは、それが手近にあったからではない。それが彼の課題の一部（人々の家に映画を無事届けること）を解決するのに気づいたからだ。

かくしてネットフリックス帝国が誕生した。ネットフリックスは２００２年にＩＰＯ（新規株式公開）で８２５０万ドルの資金を調達し、私が最後に調べたときの時価総額は８４８億２０００万ドルを超えていた。ネットフリックスはハリウッドの大手映画会社の最強のライバルでもある。2022年現在、ネットフリックス・スタジオは8作品でアカデミー賞にノミネートされた実績を誇る。

とはいえ、ここで注目してほしいのはその成功ではない。ネットフリックスにも浮き沈みはあった。むしろ重要なのは、ヘイスティングスが段階を踏んで体系的に、課題解決に取り組んだことだ。突き詰めてみれば、ネットフリックスの成功の源泉は、収益や会員基盤ではなかった。事業領域（ビデオレンタル）に革命を起こし、新しい方法（ストリーミング）を開拓し、市場を（しばらくの間）支配した、ヘイスティングスの手腕にあった。そして**彼は、「延滞料金」という小さな課題を解決して初めて、「自宅での映画鑑賞をもっと手軽に、もっと安くするには？」という、さらに大きな課題の解決に着手することができた**。この最初の小さな課題を解決しなければ、より大きな課題を到底解決できなかっただろう。

私が言いたいのは、志を低くせよということではない。キング牧師は、人種が問題にならない国という夢を諦めることはなかった。だが彼は、まず小さな課題を解決することによって、大きな目的に向かって前進する方法を見出したのだ。

その課題を本当に解決したいのか：情熱テスト

アイデアや問題、正したい不正には、燃える心で挑まなくてはならない。初めにそれだけの熱意がなければ、やり遂げられるはずがない。

――スティーブ・ジョブズ（アップル共同創業者）

おのれの欲望に忠実になるのが魂の務めだ。魂は主《あるじ》である情熱に身を委ねなくてはならない。

――レベッカ・ウェスト（作家）

Think Bigger の手法を用いれば、あなたが持っていることさえ知らなかった情熱をかなえることができる。仕事や生活に追われていると、情熱など頭から抜け落ちてしまう。だが本当はいろいろな情熱を持っているはずだ。情熱は１つだけではないし、最初に頭に浮かぶものだけでもない。

もしステイシー・ボーランドがコロナ禍の前に、「人工呼吸器をつくりたいか？」と聞かれたら、人工衛星のプロジェクトで手一杯だと答えたかもしれない。だが、目の前の仕事から一歩引いて考えていたら、答えは「イエス」だったかもしれない。彼女はコロナ禍の前もエンジニアだった。そしてこの課題はとても興味深く、解く価値のあるパズルだった。

人生の紆余曲折をすべて予見することはできない。あなたが今後いつ、どんな情熱を持つかを、前もって確実に知ることはできない。

この人間に関する基本的真実を踏まえて、Think Bigger のステップ1では、次の「**情熱テスト**」をやる。情熱テストは、「これは自分が当面かなりの時間をかけて取り組みたい課題なのか？」という問いに答えるためのツールだ。

説明しよう。

まず、解決したい課題が見つかったら、それを3分から5分で説明する練習をしてほしい。課題を説明する文章（定義文）を紙に書き出し、何度も声に出して読んで、記憶にしっかり刻みつけよう。それから「巡業」に出て、25人に聞いてもらおう。友人や家族、同僚、たまたま居合わせた他人などをつかまえて、課題を説明しよう。そして、この課題について考えたことがあるか、この課題の解決を望んでいる人が誰かいるかと聞いてみよう。

25人に説明すれば、あなた自身がその課題にどういう気持ちを持っているかがはっきりする。あなたは誰かに説明するたび、わくわくしただろうか？　それともくり返すうちに、嫌になっただろうか？

このテストを終えて、解決意欲が高まったかもしれない。また、人の反応や意見を取り入れて、課題の定義文を手直ししたかもしれない。それはまったく問題ない。手直しした定義文を読んでみて、本当に解決したいとまだ思えるだろうか？

ここで階層分析に戻って、階層をUP／DOWNして、もっとやる気の持てる課題や、解決しやすい課題を探してもいい。また、この後のステップでも、定義を修正したら、必ず情熱テストを（簡略版でもよいから）やってほしい。情熱テストのあとで気乗りがしなくなったら、その課題はやめて、あなたの望みや関心にもっと合った課題を探そう。

もう1つ、ステイシー・ボーランドからのアドバイスだ。JPLチームは毎日呪文のように課題を唱えていた。そうすることで意欲と集中を保ち、チーム一丸となって課題に取り組むことができたそうだ。この活動に参加して広い世界に貢献する機会に恵まれたことを、全員が光栄に思ったという。

情熱テストの原案は、私の博士課程学生のカール・ブレイン・ホートンが考案したエクササイズだ。Think Bigger 講座の受講生は、まるまるひと学期を費やして課題の解決に取り組むことになる。そのため、その課題が本当に情熱を持てるものなのかどうかを、受講生が事前に判断できるツールが必要だと、私たちは考えた。それに、ただ「この課題に情熱を持っているか？」と自問するだけでは十分でないこともわかっていた。情熱は移ろいゆくものなのだ。

受講生が熱狂する「イノベーション商談会」

代わりに私たちが用意したのは、学生たちが「コロンビア・ビジネススクールで一番楽しい日の1つ」と絶賛する1日がかりのイベント、その名も「イノベーション商談会」だ。

この日、MBAと工学部の学生約100人が、解決したい課題を持って教室に集まる。そしてその後の2時間をかけて、こんなエクササイズをする。3人ずつのチームに分かれて、それぞれの人が自分のアイデアを残りの2人に1分以内に売り込む。どんな課題を解決したいのか、なぜそれが重要だと思うのかを説明する。これを、メンバーを変えてどんどんくり返すのだ。

少人数のチームだから、2時間の制限時間内に、各人が20回から40回ほど課題を説明することになる。あなたが2時間もの間、課題を売り込み続けるところを想像してほしい。きっとうんざりするか、やる気がみなぎるかのどちらかだろう。

このセッションを始める前に、全員に次のアンケートに答えてもらう。

・あなたが解決したい課題は何ですか？　下に売り込み文句を書いて下さい。

・7段階評価で、1が「まったく情熱を感じない」、7が「強い情熱を感じる」だとすると、あなたが今課題に感じている情熱はどれくらいですか？

アンケートに記入し終えたら、説明合戦の始まりだ！　学生たちがアイデアをお互いに売り込むと、部屋はハチの巣をつついたような大騒ぎになる。

売り込みセッションが終わると、もう一度アンケートに答えてもらう。

・7段階評価で、1が「まったく情熱を感じない」、7が「強い情熱を感じる」だとすると、あなたが今課題に感じている情熱はどれくらいですか？
・セッションの間に、売り込み文句を何回修正しましたか？（Think Bigger で言えば、階層のUP／DOWNを何回行ったか）
・あなたが解決したい課題は何ですか？　改めて売り込み文句を書いて下さい。

学生は教室に入ってきたときと、出ていくときに売り込み文句を書くことで、2時間の間にそれがどれだけ変化したかを意識する。私たちはさらに、自然言語処理（NLP）という技術を用いて、学生が売り込み文句に加えた言語変化を解析し、定量化した。言語分析の結果を図3・3に示した。

あなたはこう思っているかもしれない。何かに本当に情熱を感じているなら、信念を曲げ

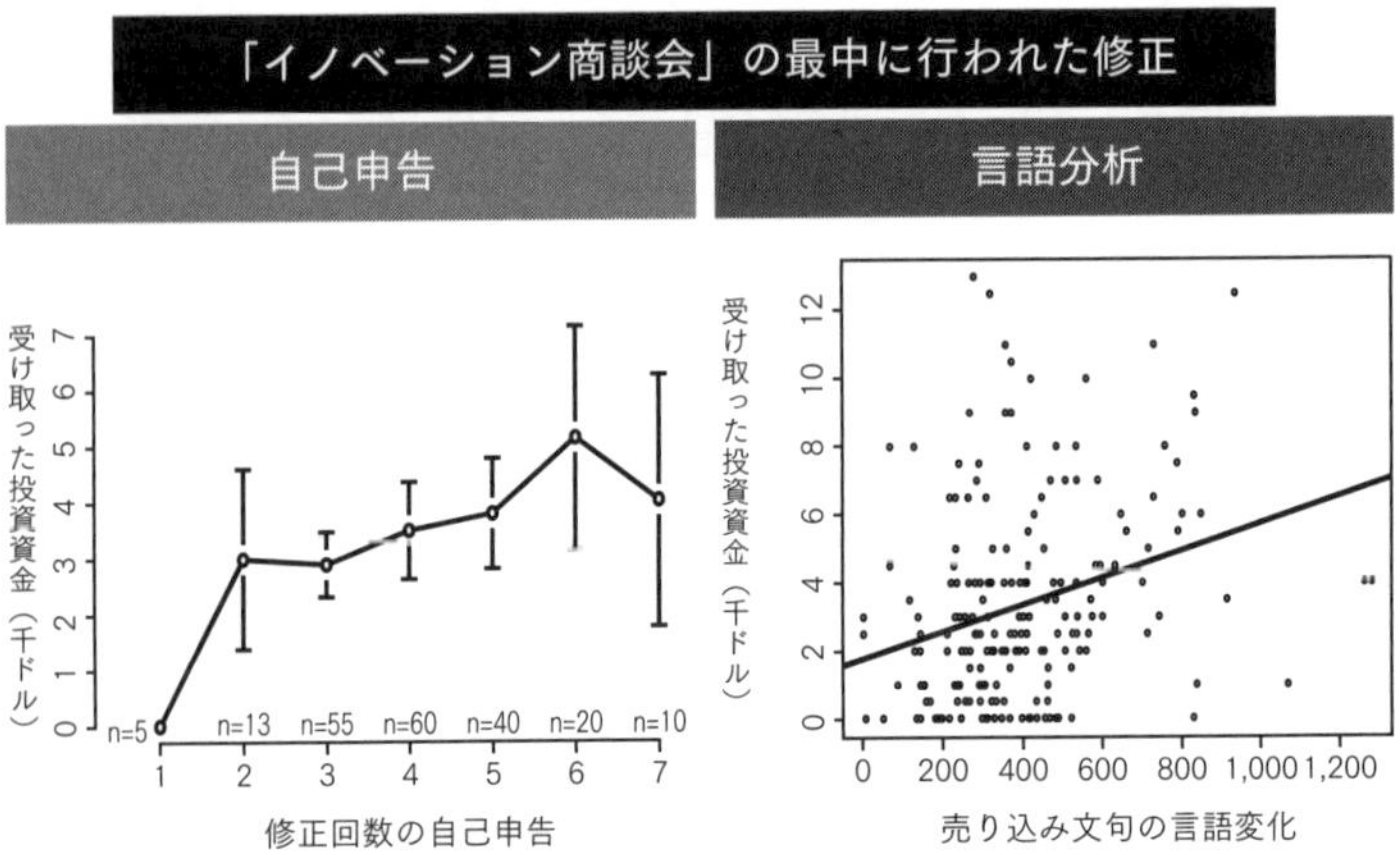

図 3.3 「情熱テスト」のデータ比較

たりしないだろう？　アイデアの中身がそんなに変わるはずがない、と。

だが私はその反対だと思う。何かを本気で考えるためには、柔軟性を持って、それをいろいろな方法でとらえ、とらえ直すことが欠かせない。**課題を何度も定義し直すことでこそ、それを本当の意味で理解し、価値あるものを生み出すのに必要な知的、精神的エネルギーを費やす意欲が自分にあるかどうかを判断できる**のだ。

ここで「イノベーション商談会」の仕組みを捕捉しておこう。これは一見、普通のアイデア紹介セッションと変わらないように見える。だがこれにちょっとしたひねりを加えると、学生の目の色が変わる。このセッションでは参加者全員が、自分の「投資先」を3人選び、3色の紙でつくったオリジナルの「通貨」を投資先に渡すのだ。ピンクの紙をもらった人は300ドル、オレンジの人は500ドル、緑の人は1000ドルの資金を受け取ったことになる。ただし、自分の課題には投資できず、売り込みを聞いた課題にしか投資できない。授業の終わりに集計して、最高額の資金を集めた勝者を決定する。

私はこのエクササイズを長年やっているが、学生たちは毎年とても楽しんでいる。学びが多かった、わくわくした、新しい人々に出会えた、とうれしそうに報告してくれる。自分は内向的だと思っている学生でさえ、楽しめたと言っている!

ここ数年で興味深い発見がいくつもあった。それを紹介しよう。

1. 学生の20%近くが、MBAや工学部の仲間に2時間ノンストップで売り込んだあとで、課題への情熱が薄れたと答える。
2. 学生の35%が、イノベーション商談会で情熱が高まったと答える学生は、同級生から受け取る投資額が、平均的な学生の4倍に上る。平均的な学生が受け取る投資額は1150ドル、これに対して「情熱が高まった」かつ「売り込み文句を修正した」学生が受け取る投資額は4882ドルである。
3. イノベーション商談会の間に売り込み文句を修正する。

イノベーション商談会は企業経営者にとっても、社内のイノベーションを促すツールになるのではないだろうか？　どんな会社にも山のように課題がある。だが、どの課題を選ぶべきだろう？　社員が意欲的に取り組むのはどの課題なのか？

企業では毎年、経営幹部が集まって会社の方針を話し合うことが通例になっている。こうした会議の最初に、会社の将来に役立つ、簡単だが奥深いエクササイズをやったらどうだろう？　ＣＥＯがこう要請する。「わが社が直面している課題の中で、解決すれば収益を大きく改善できるものを書き出して下さい。どういう課題なのか、なぜそれが重要なのかを説明してほしいのです」。そして学生のイノベーション商談会と同様、幹部が３人１組になって、順にアイデアの売り込みをする。そして、やはり全員が、会社の将来に大きく貢献しそうな「投資先」を選ぶのだ。

経営陣がこの簡単なエクササイズを通して、組織のあらゆるレベルの課題についてどんなに多くのことを学べるか、想像するだけでわくわくしてしまう！　最も投資資金を集めた課題はどれだろう？　同じような言い回しで表現される、複数の課題がないだろうか？　会社の収益を大きく左右する課題はどれだろう？

イノベーション商談会は、新たな気づきや刺激を得る機会になる。意味のある課題を明るみに出し、それをくり返し定義し直すことによって、解決に値する課題を見つけることができるはずだ。

ビオンテックとファイザーの課題解決

パンデミックの間に現れた多くの英雄たちの物語が語られている。現場の最前線で戦う医療従事者や、食料品店の店員、ワクチンを開発した科学者、等々。コロナワクチンとその有効率の物語は、ワクチン開発に関わったそれぞれの科学者たちの物語として語ることもできる。ビオンテックのカタリン・カリコ博士、ペンシルベニア大学のドリュー・ワイスマン博士、ファイザーのフィリップ・ドーミツァー博士、モデルナのハミルトン・ベネット博士。

だが、彼らの物語はどれも、パズルの1つのピースから始まる。

物語の発端は2018年、ウール・シャヒンとエズレム・テュレジの夫妻が創業した、ビオンテックというドイツの小さなバイオテクノロジー企業が、ファイザーとの共同開発を始めたときにさかのぼる。

ビオンテックの強みは、創業者たちの慧眼《けいがん》にあった。彼らは生化学者のカタリン・カリコとドリュー・ワイスマンによる、mRNA（メッセンジャーRNA）技術の利用に関する画期的研究の価値にいち早く気づいたのだ〔カリコとワイスマンの2人はこの研究によって、2023年ノーベル生理学・医学賞を受賞した〕。それまでこの技術は、がん治療やジカウイルス感染症予防の治験に使われていたが、まだ研究開発段階にあり、実用化には至っていなかった。ビオンテックの数人の科学者チームは、ファイザーとの提携のおかげで、mRNAを用いるインフルエンザワクチンの開発に着手することができた。mRNAワクチンは、従来の抗原ベースのワクチンに比べ、インフルエンザウイルスの変異に対応しやすいという強みがあった。

この技術の実現はまだ遠い夢だと思われていたが、中国・武漢市で謎の呼吸器疾患の集団発生が報告された2019年12月、事態は一変する。

世界が注視するなか、SARSコロナウイルス2型（新型コロナウイルス）は、最初はゆっくりと着実に、そしてその後爆発的に蔓延《まんえん》した。2020年1月、中国疾病管理予防センターは、ウイルスのゲノム情報を共有するGISAIDデータベースにCOVID-19（新型コロナウイルス）のゲノム配列を登録する。そのわずか2カ月後、新型コロナウイルス感染症はパンデミックと宣言された。症状の有無にかかわらず、人から人へと感染するリスクが非常に高いことが確認されたのだ。

ワクチン開発は時間との戦いになった。ウイルス抗原を使った従来型ワクチンでは、開発が間に合わない。アメリカの衛生当局は開発の加速化と大規模治験の実施、緊急使用の許可、量産体制の整備を早急に進めて、全世界にワクチンを供給する必要があると発表した。

ビオンテックの創業者ウールとエズレムの2人は、ビオンテックが世界を救える千載一遇《せんざいいちぐう》のチャンスが来たことを知った。そこで彼らはファイザーのウイルスワクチン開発を統括していた副社長のフィリップ・ドーミツァーに、ビオンテックとファイザーの共同開発を、インフルエンザワクチンから新型コロナワクチンにシフトしようと掛け合った。
ドーミツァー博士の承認のもと、ビオンテックのチームはｍＲＮＡ技術の真の力を引き出して、新型コロナウイルスの遺伝子配列を用いた新型ワクチンを開発するための取り組みを開始した。

ビオンテックとファイザーの科学者の当初のドラフト課題は、（過去にジカウイルスで成功したように）「実験室の制御された条件下で有効なｍＲＮＡワクチンをつくるには？」だった。しかし状況が一変したため、彼らは新しい課題の特定に奔走した。今や彼らの課題はこう変わった。「大規模な組織的取り組みにより、世界中の多様な人々への安全性と有効性が確認された数十億回分のｍＲＮＡワクチンを供給して、世界を救うには？」。大胆な賭けだったかもしれない。だがファイザーとビオンテックは、早急に解決策を見つけるために必要な技術がｍＲＮＡであることを知っていた。

私はドーミツァー博士に電話で話を聞くことができた。
「ｍＲＮＡの力を存分に引き出せるという保証はありませんでした。インフルエンザワクチンと同等の、60％程度の有効率を期待していました。賭けでしたが、リスクを冒《おか》す価値は十分ありましたよ。確実性を確保するために、科学者と治験参加者には頑張ってもらいました」

彼はこう結んだ。「ワクチン開発が失敗するのは、効果が得られないからとは限りません。開発の中止や打ち切り、予算削減といった理由も多いのですよ。今回ばかりは失敗のリスクを冒すわけにはいきませんでした」

ファイザーとビオンテックの科学者は、新型コロナウイルスのｍＲＮＡの指示によって、（ウイルスベースではなく）タンパク質ベースの独自のワクチン抗原を体内で生成できることを発見した。ファイザーのＣＥＯアルバート・ブーラは、可能な限り迅速で効率的なワクチン開発をあと押しするために、ドーミツァー博士率いるチームに青天井の予算を与えた。

ほどなくして、アメリカ政府はワクチン開発を加速させるための官民パートナーシップ、「ワープスピード作戦」を発足させた。政府のもと、アメリカ食品医薬品局（ＦＤＡ）、世界保健機関（ＷＨＯ）、アメリカ疾病医管理予防センター（ＣＤＣ）などが連携して、180億ドルもの予算を投入し、開発にインセンティブを与えた。

ファイザーは投資家の資金だけでワクチン開発をまかなったが、アメリカ政府がワープスピード作戦によって構築し、推進した協力体制にも大いに助けられた。

ファイザーとビオンテックの物語は、たんなる解決策の発見という以上の意味を持つようになった。今やこの物語は、人々が政府や巨大組織、国などの垣根を越えて、一丸となって世界に貢献した、歴史上の希有な瞬間を象徴するものとなっている。

2020年半ば頃、ファイザーのチームは試作ワクチンを治験する前段階に入った。チームは治験を進めながら、メンバーで役割を分担するために、当初の課題を小さなサブ課題に分解した。サブ課題には、たとえば次のようなものがあった。

・ワクチンの適切な抗原と適切な種類のRNAを選ぶには？
・ワクチンの安全性と効果を記録的な短期間で検証するには？
・小規模な治験用の試作ロットでしか製造されたことのないワクチンを、世界中に行き渡るほど量産するには？
・マイナス90℃からマイナス60℃までの超低温で保存されなくてはならないワクチンを輸送するには？

これらの必要を確実に満たすために、ドーミツァーは毎朝と毎夕に全部門の責任者を集めて、取り組んでいる課題とそのサブ課題を復唱させた。最も多くのアイデアが生まれたのが、この毎日の会議だったという。会議でアイデアや意見を全員で共有、確認したおかげで、チームは――当初期待された60％をはるかに上回る――有効率95％のワクチンを、たった248日間で製造することができたのだ。

ファイザーのmRNAワクチンは、21世紀最大の発明の1つとして歴史に刻まれるだろう。それはどこからどう見ても大成功だった。

この成功は起こるべくして起こったと言う人もいる。なにしろ開発には青天井の資金と人的資源が充てられたのだから。しかし、莫大なリソースが費やされながら、適切な解決策が得られないままになっている問題が、世の中に多くあることを忘れてはならない。

ファイザーとビオンテックによる、新型コロナウイルスｍＲＮＡワクチン開発の究極の教訓は、**解決にかかわる全当事者が理解できる方法で課題を定義すれば、有効な解決策を生み出す可能性が飛躍的に高まる**ということだ。

あなたが誰で、大小どんな課題を抱えているのであれ、それを解決するための第一歩は、あなた自身とほかの人たちが目的をはっきり理解できるような方法で、課題を定義することから始まる。このプロセスを通じて、「何のためにやるのか？」とくり返し自問すれば、解決しようとしている課題をどう定義し、どう説明すべきかが見えてくるはずだ。

第4章

ステップ2 課題を分解する

あなたの課題を構成する「サブ課題」は何か？

選択マップにはあなたのメイン課題と、それを分解したサブ課題を書く。それらの課題を1つひとつじっくり吟味しよう。あなたが本当に解決したい課題は、実は選択マップの最上部に書かれたメイン課題ではなく、サブ課題のどれかだと気づくかもしれない。課題が大きすぎたり、曖昧《あいまい》すぎたりすることはよくある。課題を分解することによってこそ、解決したい具体的な課題がはっきりする。

「バスケットボール」はこうして生まれた

1891年、31歳のジェームズ・ネイスミスは、マサチューセッツ州のスプリングフィールド大学で体育を教えていた。1年のうちの3カ月は、屋外でアメフトや野球、ラクロス、ラグビー、サッカーなどの競技ができた。だが長く暗い冬の間は体育館で単調な運動をするしかなかったため、学生は退屈して落ち着きがなくなり、荒れることもあった。ネイスミスは上司から、学生のための新しい競技を考えてほしいと頼まれた。

ネイスミスは同僚の教師たちと一緒に課題を分解した。この新しい競技は、次の4つのサブ課題を解決するものでなくてはならない。

1. 広い屋外競技場ではなく、屋内空間でできるもの
2. 学生の心身の健康を保ち、飽きさせないように、屋外競技並みのスピードと運動量、スキル、複雑さが求められるもの
3. 柔らかい地面ではなく硬い床に倒れても怪我をしないように、激しい接触や衝突のないもの
4. 限られた空間で大勢の学生が一度にチームでできるもの

ネイスミスは新しいチーム競技を考案するために、既存の屋外競技のさまざまな要素を検討した。ラクロスやサッカーは、チームで丸いボールをパスし合って相手のゴールに入れるが、ボールを手で触《さわ》れない。ラグビーとフットボールも、ボールをパスし合うが、手を使う。

サッカーは、相手を押したりぶつかったりすると反則を取られ、相手チームにフリーキックが与えられる。

この時点で、パズルのほとんどのピースがそろった。選手がボールを手でパスし合ってゴールに入れ、相手のプレーを妨害すると反則になってペナルティが課されるチーム競技だ。

だが、どんなゴールにすればいいのだろう？　ラグビーやフットボールのゴールはライン（線）だが、狭い室内での競技には簡単すぎる。サッカーとラクロスのゴールはネットだが、それでは大きすぎる。ネットをただ小さくすればいいのだろうか？

パズルの最後のピースは、ネイスミスが子どもの頃に遊んだ、「岩の上のアヒル」という的《まと》当てゲームからやってきた。子どもが2つのチームに分かれ、各チームがアヒルに見立てた大きな石を岩の上に置いて、敵のアヒルに小石を投げて岩から落とす遊びだ。ネイスミスはアヒルの代わりに桃のカゴを、体育館の壁の高い場所に釘で打ちつけ、石の代わりにサッカーボールを使った（図4・1）。

こうして生まれた競技が「バスケットボール」である。

本章では、あなたが定義したばかりの課題に、このアプローチで取り組んでいこう。ネイスミスと同様、メイン課題を解決するという全体的な目的を念頭に、それをサブ課題に分解

図 4.1　カゴとボールを抱えるジェームズ・ネイスミス。Wikimedia Commons より。

するのだ。なぜ分解することが重要なのか、分解しないとどうなるのか、なぜこのステップがただの分析ではなく、それ自体創造的なプロセスなのかを、これから説明していく。

（ちなみに、ネイスミスがほかの球技の由来を知っていたのか、それらからヒントを得たのかどうかは、今となってはわからない。だが、古代中央アメリカに、現代のバスケットボールにそっくりな球技がある。壁の高い場所に輪を垂直に取りつけて、下からボールを投げ入れるというものだ。ネイスミスはこれを知っていたかもしれないし、知らなかったかもしれない。あるいは、この中米の球技をもとにして別の球技が生まれ、それが何世紀もあとにネイスミスにヒントを与えたのかもしれない。だがどちらにしても、創造的な突破口を開いた要素は変わらない。）

表 4.1　Think Bigger 選択マップ（ドラフト）

メイン課題					
サブ課題 1	X	X	X	X	X
サブ課題 2	X	X	X	X	X
サブ課題 3	X	X	X	X	X
サブ課題 4	X	X	X	X	X
サブ課題 5	X	X	X	X	X

選択マップをつくろう

第2章で取り上げたように、心理学者のジョージ・ミラーは、人間が短期的に記憶できる項目の数が「7個プラスマイナス2個」だということを示した。ネイスミスのサブ課題の数は、それよりやや少ない4個だった。

私自身は、サブ課題の数が5個を超えないようにしている。鉄則というほどではないが、そうすると経験上うまくいくことが多い。サブ課題が多すぎると、すべてのサブ課題を一度に理解し、それらを解決するアイデアを考えるのが大変になりすぎるからだ。

選択マップの最上段にメイン課題（ドラフト）を書いたら、次はサブ課題を書き込む時間だ（表4・1）。

ちなみに、このマップは就活のエントリーシートやローン申請書のような記入用紙ではない。**選択マップはあなたの頭の中にある、変わりゆく未知の土地の地図だ。**これからいろいろな発見をしたり、方向転換したりするたびに、変更したルートを記録していこう。

あなたの選択はマップ上に示され、あなたはそれを指針にして、目的地に到達するまでさらに選択を続けていく。

サブ課題とは何だろう？　簡単に言えば、大きなパズルの1つのピースだ。**それぞれのピースを解決すると、それらが一体となってメイン課題を解決する。**

のちのステップ4（第6章）では、それぞれのサブ課題について、いつか誰かがどこかの領域でその課題をある程度解決した先行事例を探して、同じ行のマスに書き込んでいく（表4・1のX）。たとえばバルトルディの場合なら古代エジプトの墓の彫像が、ニュートンならケプラーの法則が、そうした先行事例にあたる。マスに書き込まれた先行事例が、あなたの最終的な解決策をつくる要素になる。したがってサブ課題を、これらの要素を探すための手引きだと考えてほしい。

課題の分解などさっさとすませたい、サブ課題は考えるまでもなく明らかだ、と思うかもしれない。だがメインの課題を定義するときと同じで、それは大きな間違いだ。このステップをじっくり慎重に行えば行うほど、よい結果が得られる。だから急いではいけない。時間をかけて、もっと深く、そしてもっと大きく考えよう。

Think Biggerは既存の「課題分解」手法と何が違うのか

課題を分解するのは今に始まった方法ではないし、そのための手法もすでにいろいろ開発されている。

たとえばマッキンゼーのコンサルタント、バーバラ・ミントが古代ギリシアの哲学者アリストテレスにヒントを得て考案した、「**MECE**（ミーシー）」という有名な概念がある。課題の全貌をとらえるために、「互いに重複せず（Mutually Exclusive）」、「全体として漏れがない（Comprehensively Exhaustive）」ように課題を分解する、という方法だ。

エンジニアは「**根本原因分析**」によって、課題の症状を深く掘り下げ、真の原因を特定する。

ハーバード大学の経営学者、マイケル・ポーターの「**ファイブフォース分析**」は、業界の競争要因を分解して、自社戦略の競争優位を見きわめる。

「**SWOT分析**」は、自社の置かれた現状を、強み（Strengths）、弱み（Weaknesses）、機会（Opportunities）、脅威（Threats）の4つの要素に分解する。

マーケティング担当者は、マーケティング戦略を製品（Product）、価格（Price）、立地（Place）、宣伝（Promotion）の「**4つのP**」に分解して考える。

課題を分解する手法は、ほかにもたくさんある。

Think Bigger ではなぜ「サブ」課題を選ぶのだろう?

なぜならこの段階までに、すでにメインの課題を選んでいるからだ。MECEなどのほかの課題分解手法は、もっと早い段階に行われる。これらはひとことで言うと、課題を「探す」ための手法、状況を分析して解決すべき課題を特定するための方法である。

Think Bigger では、課題はもう特定した。本章のステップ2で、それを分解するというわけだ。

Think Bigger のステップ1を行う前に、こうしたほかの手法を使うのはかまわない。だがいったん課題を決定したら、これらの手法は先行事例を探すのには役立たない。選択マップを見れば、こうした手法を使ってもマップを埋められないのは一目瞭然だ。

根本原因分析の限界

具体的に説明するために、根本原因分析の実例を見てみよう。次の事例は、ウィキペディアの記事から取ったものだ。

機械が止まった。なぜ止まったのか？　負荷がかかってヒューズが切れたからだ。

なぜ負荷がかかったのか？　軸受け部の潤滑が不十分だからだ。

なぜ潤滑が不十分なのか？　潤滑ポンプのくみ上げが十分ではないからだ。

なぜくみ上げが十分ではないのか？　ポンプの軸が摩耗《まもう》しているからだ。

なぜ摩耗したのか？　切り粉が潤滑油に混入したからだ。

根本原因：切り粉。この原因を取り除けば、その後の一連のトラブルをすべて予防できる。

だが不完全な根本原因分析によって、ヒューズや軸受け部、潤滑ポンプなどを交換しても、問題の再発は防げない。


単純明快だろう？　ところが、ウィキペディアの例はさらに続く。

切り粉の混入を防ぐための濾過器《ろか》がないことを考えると、真の根本原因は設計にあるのかもしれない。あるいは濾過器はあるが、定期点検が行われていないせいで目詰まりしたのかもしれない。その場合の根本原因は、メンテナンスの問題になる。

結局、切り粉は根本原因ではなかった！　切り粉がポンプに混入した経緯を調べるために、課題をさらにさかのぼらなくてはならない。

ウィキペディアの例はまだまだ続けることができる。潤滑ポンプに濾過器がついていなければ、または専門スタッフによるメンテナンスが行われていなければ、そこで再び「なぜ?」を問い直すことになる。課題をさらにさかのぼり、原因の深掘りをする。最終的に、ポンプの設計や、保守要員のスケジュール調整や配置、研修などにかかわる、労働問題に行き着くかもしれない。だがそこで終わりにしていいのだろうか? いったいどこまでさかのぼればいいのだろう?

ウィキペディアの記事を書いた人は、潤滑ポンプの分析で終わりにした。そして、濾過器のメンテナンスを行うか、濾過器がない場合はそれを設置することによって、課題を解決した。めでたしめでたし! これらはれっきとした解決策だ。だが、根本原因分析のおかげで発見できたわけではない。解決策を生み出したのは根本原因分析ではなく、エンジニアの経験だった。エンジニアは、濾過器の課題が簡単に解決できることと、それ以上課題をさかのぼる必要がないことを、経験上知っていた。

根本原因分析は、課題の根本原因が小さく、すぐに解決できることを前提としている。だから、機械のような単純な自立型のシステムを調べるのに適している。

だが現実には、「根本原因」を突き止められるとは限らない。原因が大きすぎたり、解決不能ないくつもの原因が絡み合っていたりすることが多い。

根本原因分析は、扱いやすい根本原因まで容易にさかのぼれる、技術や機械の課題には有効だ。だが、たとえば「ウェイターの仕事では収入が足りない」のような課題には適さない。この課題の原因は、「シフトを十分に入れていない」ことかもしれず、その場合はシフトを増やす時間がないことが、さらなる原因なのかもしれない。また別の原因として、不況や、労働者を過小評価する社会のせいで、食事客のチップが少ないことが挙げられるかもしれない。その場合は、根本原因分析によって課題が小さくなるどころか、逆に大きくなり、とても手に負えない原因にたどり着いてしまう。

ＭＥＣＥの限界

同様に、ＭＥＣＥは一見とても理に適った方法に思える。だが複雑な課題の場合、部分は「互いに重複しない」どころか、複雑に絡まり合っている。そしてさっきの単純な根本原因の例で見たように、どんな課題もさらに深掘りできるから、いつまで経っても「全体として漏れがない」リストにはならない。たとえウェイターがＭＥＣＥに国内経済の課題を含めたとしても、それに影響をおよぼす世界経済の課題を含めなければ、十分とは言えない。リス

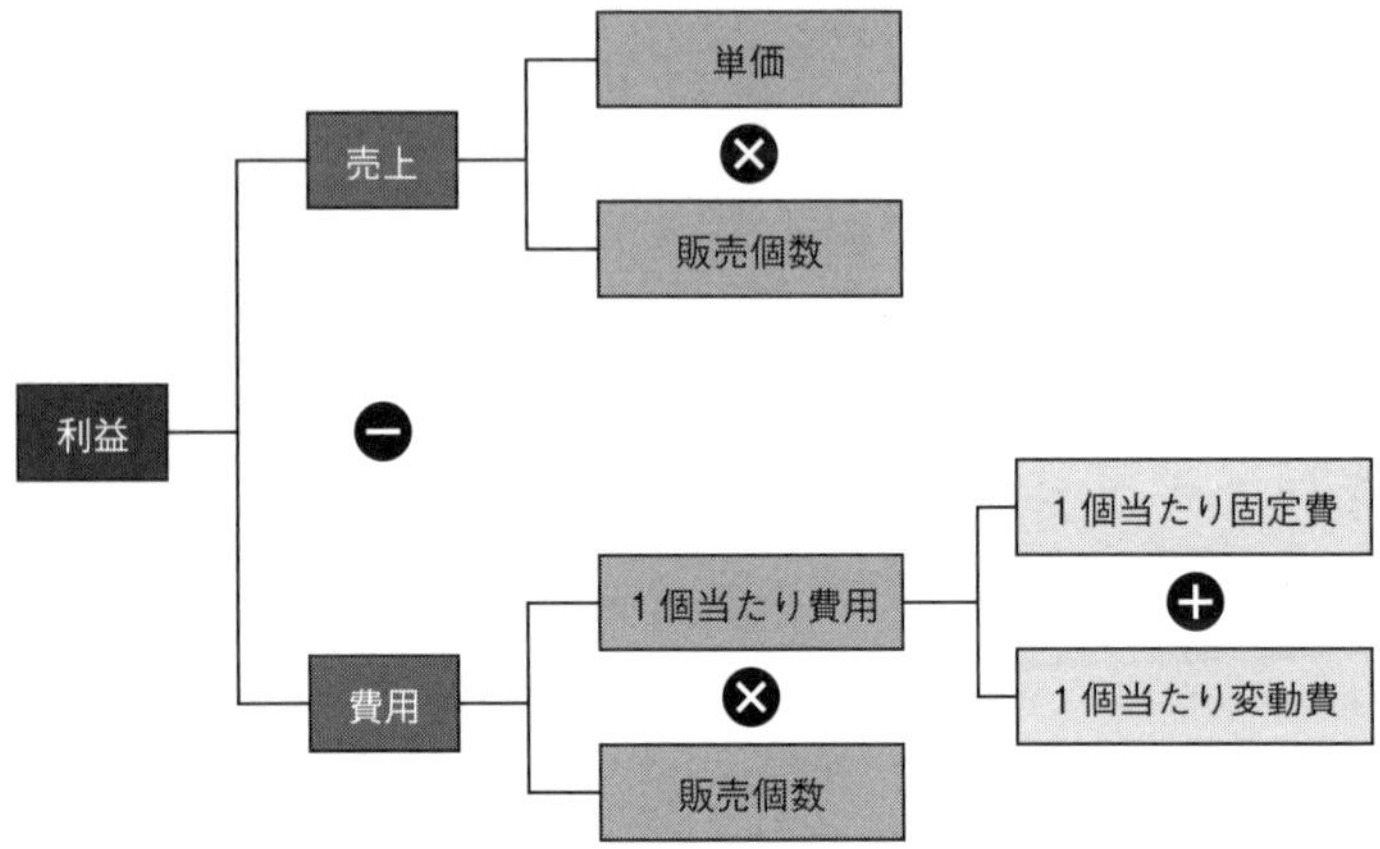

図 4.2　典型的なＭＥＣＥの分解例

トはどんどん長くなり、私たちの能力ではすべての項目をとうてい解決できなくなる。

図4・2は、典型的なMECE分解の事例だ。

この図は一見とても合理的に思える。だがこれは課題を分解しているのではない。課題ではなく、状況を説明している。それにこれはただの計算式だ。計算の答えは……「利益」だって？　これは課題を見つける方法であって、分解する方法ではない。数字を式に入れれば、たとえば「自社製品の単価は競合よりずっと高い」ことが判明するかもしれない。

さあ課題が見つかった！　おめでとう。これを選択マップの最上段に書いたら、サブ課題に分解する時間だ。

ここまでで挙げたほかの状況分析の手法を使うときも、そのあとで必ずThink Biggerを最初からやってほしい。そうした手法が、取り組むべき課題を洗い出すのに役立つのなら、使ってかまわない。だが課題が見つかったからと言って、Think Biggerのステップ1を飛ばしてはいけない。たとえば第2章で説明したデザイン思考には、3つの段階（分析、発想、実行）がある。最初（分析）と最後（実行）の段階については、デザイン思考の方法で問題ない。だが発想に関しては、必ずThink Biggerを行ってほしい。いま取り上げたさまざまな手法は、主に分析段階で行うものだ。その段階が終わったら、続いてThink Biggerをやろう。

イノベーションの「発端」は凡庸

ビジネスの成功、とくに大成功の物語は、ありふれたおとぎ話のように語られることが多い。ある朝起業家が目を覚ますと、業界に革命を起こすすばらしいアイデアが頭に浮かんだ。血のにじむような努力をして実現をめざし、とうとうやり遂げた、と。

そうした成功物語が現実とかけ離れていることがわかっていても、おとぎ話は語られ続ける。「1人の天才が1つのアイデアで一夜にして世界を変える」という物語には、ロマンがあるからだ。

実際には、**どんなにすばらしいイノベーションであっても、その生まれ方はずっと凡庸だ。**

ここまで取り上げた、史上最高のアイデアの数々で見てきたように、成功するイノベーションを生み出す構造は、目を見張るようなものではない。**重要なのは、課題を選び、それを理解するためのプロセスだ。**そのことを忘れないでほしい。

ジェフ・ベゾスはいかにアマゾンを思いついたか

もっとよい物語を紹介しよう。

1994年、ジェフ・ベゾスはヘッジファンドでアナリストをしていた。大学でコンピュータ科学を学び、テクノロジーに関心のあったベゾスは、インターネットと呼ばれる、新しい急成長中のネットワークにビジネスの可能性をかぎ取った。彼が最初に考えた課題は、「インターネットを通じてお金を稼ぐには？」である。

数カ月かけていろいろなアイデアを出し、それぞれの実現可能性を検証した。1つめのアイデアは、広告を収益源とする無料の電子メールサービスだった。次に、インターネットで株式を売買できるサービスを検討した。だがどちらのアイデアにも、リスクを取って起業するほどの確信が持てなかった。

最終的に、とくに頭に残ったものが1つあった。インターネットを通じて消費者に直接商品を販売する、というアイデアだ。

これを実現するためには、インターネット上に中心的な市場を築き、多様な企業と消費者をつなぐ仲介者になる方法を考える必要がある。ベゾスにはイノベーションの課題を選ぶ際のカギとなる、野心的なビジョンがあった。そして、事業を拡大する前に課題を分解したことが、そのビジョンの実現に役立った。

彼が考えた重要なサブ課題は、「インターネット通販は安全性と利便性、信頼性が高く、割高でないことを、消費者にわかってもらうには？」だった。消費者の安心を得るには、何を売るのがいいだろう？

ベゾスはネット通販向きの商品分類を20種類ほどリストアップした。アパレル、音楽、ソフトウェア、オフィス用品、そして……本。彼は次の基準をもとに、それらの適応性を評価した。

1．保存が利くか？　安全に郵送できるか？
2．品質や性能が一貫しているか、つまり消費者にとってはどの店で買ってもまったく同じか？
3．十分な利益が出るほど安価か？　安く仕入れて安く配送できるか？

本はこれらの基準を軽くクリアした。そのうえ、大手出版社が刊行する全タイトルを保管する、大手の出版取次（卸売業者）が2社あり、簡単に利用することができた。従来型書店はせいぜい数千タイトルの在庫しかリアル店舗に置けず、品ぞろえが限られている。だがこれらの取次と直接取引をすれば、刊行されたすべての本を消費者に提供できる。これは独創的かつ革新的な名案だ！

とはいえ、これを思いついたのはベゾスが最初ではない。オンラインで本を販売する従来型書店はすでにあった。だがこれはベゾスの事前調査でわかったことの1つにすぎない。

ベゾスはこれを知ると、従来型書店のウェブサイトをくわしく調べ、実際に試してみることにした。『アイザック・アシモフのサイバードリーム』（未邦訳）をカリフォルニア州パロアルトの書店のオンラインストアから6ドル4セントで購入し、そのプロセスを徹底的に調べた。本がシアトルに届くまで数週間かかり、そのうえ届いた本はひどく傷んでいた。本の状態はさておき、ベゾスは興奮したに違いない――新しいニーズを、つまり新しいサブ課題を見つけたのだ！

彼が特定したもう1つのサブ課題は、「本拠をどこに置くか？」である。大手取次は2社とも西海岸のオレゴン州に拠点を持っていたから、その近くで起業するのが理に適っていた。ベゾスはその南のカリフォルニア州を検討したが、税法上の魅力が薄かった。これに対し、すぐ北のワシントン州には州所得税がなかった。そして両親も住んでいた。ここに引っ越せば、本が集まるオレゴン州に近いし、実家のガレージを本拠にできる。

1994年末までにベゾスは決断を下していた。ニューヨークでの仕事を辞め、妻と車で大陸を横断してワシントン州シアトルに向かった。同年11月、ベゾスはAmazon.comのURLを登録し、数カ月後にオンライン書店を立ち上げる。顧客から本の注文が入ると、ベゾスはオレゴンの取次から定価の半額でそれを仕入れた。1、2日後に本が郵送されてくると、包装し直して顧客に発送し、小さな利益を得た。

アマゾンがこのシステムをほかの商品にも広げて、現在の「エブリシングストア（何でも買える店）」になるまでには、数年を要した。だがベゾスは、Think Biggerのいくつかの重要原則がはっきり表れた手法でイノベーションに取り組み、成功への布石を敷いた。

第一に、インターネットでものを売るという、野心的なアイデアに着手した。

第二に、階層を上げ下げできる課題を見つけた。

第三に、他社の取り組みを調べ、それらのどこがなぜ、うまくいっていないのかを研究して、自分に解決できる課題を特定した。

第四に、コンピュータ科学や金融、営業など、多様な分野のアイデアを組み合わせて、新しいビジネスモデルを開発した。

あとから考えれば、課題を分解するのは当たり前に思えるかもしれない。解決策から逆算して考えれば、それが課題のどの部分を解決したかがすぐわかる。

だが、手探りで解決策を見つけるのは本当に難しい。その証拠に、当時アマゾンに似た企業がたくさん生まれていたわけではなかった。だがネイスミスやベゾスなどのイノベーターが示すように、それは困難な取り組みだが、大きな実を結ぶことがあるのだ。

課題をサブ課題に分解する手間を取らずに、いきなり解決策を探せば、スピードは速まるが、質が低下する。課題を分解する方法は、人によってまったく違う。**分解それ自体がアイデア創出の行為であり、サブ課題を見れば、その人が課題を解決するカギだと信じている要素がわかる。**日常生活の平凡な課題であっても、最初に思ったよりずっと複雑な場合がある。課題分解の作業は、思った以上に時間と思考、調査を要する取り組みなのだ。

目の見えない人が旅行を楽しむには：課題分解を実践する

ではここで課題分解を実際にやってみよう。これは、私自身が大人になってからずっと格闘してきた課題だ。「目の見えない人が簡単に休暇の計画を立てられるようにするには?」

あなた自身はきっとこの課題に直面したことはないだろう。参加者がそれぞれの経験をもとにアイデアを出し合うブレインストーミングでは、これが大きなネックになる。

でもThink Biggerでは、経験がなくても大丈夫。解決策はあなたの経験の「外」から得られる。だから、専門家でなくても、新規で有用な解決策を生み出すことができるのだ。だがそのためには、まず課題を分解する方法をしっかり理解しなくてはならない。
私の学生たちが授業中に考えたサブ課題には、こんなものがあった。

・目の見えない人がホテルや旅行のサイトを利用するには？
・宿泊できるホテルを探すには？
・ホテルの客室が視覚障害者に対応しているかどうかを知るには？
・大半の情報源が視覚的な中で、選択肢を調べるには？
・視覚障害者向けのレビューを読むには？
・旅行先が安全な場所かどうかを判断するには？
・ホテルなどがＡＤＡ法（障害をもつ人がアメリカ社会に完全に参加できることを保証する法律）に準拠しているかどうかを調べるには？
・混雑した空港を動き回るには？
・飛行機の搭乗券を読むには？
・機内の便利な座席を確保するには？
・旅行先の雰囲気を知るには？

・視覚以外の感覚で楽しめる旅行先を選ぶには？
・道に迷ったとき目的地にたどり着くには？
・案内人《ガイド》を探すには？
・視覚障害者の仲間や、視覚障害者にやさしい行き先を探すには？
・歩きやすい場所を探すには？
・横断歩道やその他の危険なスポットを安全に移動するには？
・標識や指示を読むには？
・外国の点字は違う文字を使うのか？
・旅行先のバスやタクシーは視覚障害者に利用しやすいか？
・パッケージツアーを利用すると計画を立てやすいが、視覚障害者にも楽しめるアクティビティを提供しているか？
・視覚障害者は健常者に比べて計画や移動、活動に時間がかかるのか？
・介助動物を連れて行けるか？
・視覚障害者の杖を使う場合、どんな問題があるか？
・お得なプランを探したり交渉したりするには？
・自分の選択が正しいかどうかを判断するには？

最初につくるリストは、長ければ長いほどいい。あまり関係がなさそうな課題も含め、思いついたものを残らず書き出そう。消すのはあとでいくらでもできる。

課題が重複したり、内容がなくなってきたりしたら、そこでやめる。そしてリストを見直して、似たような課題はまとめ、重要でない課題は取り除こう。

それが終わったら、今度はリストを見ずに、「記憶に残った課題の中で、一番興味が持てるのはどれだろう?」と考える。

それからもう一度リストを見直し、課題をまとめたり取り除いたりしよう。そしてまた考えよう。これを何度もくり返そう。

最終的に、重要なサブ課題を私たちのマジカルナンバー、5個以内に絞ってほしい。

学生たちが選んだサブ課題のリストはこれだ。

・視覚障害者に対応していない、初めての場所を移動するには?
・ホテルやアクティビティが視覚障害者に対応しているかどうかを確かめるには?
・安全に旅行するには?
・お手頃な料金で旅行するには?
・旅行先が視覚障害者にやさしいかどうかを知るには?

これはとてもよい出発点だ。ではここで少し時間を取って、前に取り上げたほかの分解法を思い出してみよう。このリストは明らかにMECEを満たしていない。互いに重複しているし、全体としても漏れがある。このリストには根本原因も書かれていない。根本原因はもうわかっている。「私が目が見えないこと」だ！ SWOTも、4つのPもないし、ほかの分解法の枠組みにも当てはまらない。**Think Biggerでは、課題によって、またそれを分解する人によって、まったく違うサブ課題ができあがる**のだ。

ではこの短いリストを見て、ちょっと考えてほしい。もしこれらのサブ課題のすべてに答えを出したら、メイン課題を十分解決できたと言えるだろうか？

私が経験上、適切なサブ課題を選べたかどうかの判断基準にしているのは、「これらのサブ課題を一挙に解決するアイデアがあったら、既存の解決策よりかなりよいと言えるか？」である。最終的な解決策は、一見不可能なことを可能に感じさせるものであってほしい。解決策が製品の場合、あなたの考える新しい製品は、すでに市場に出回っているどの製品よりもかなりよいと感じられるものでなくてはならない。

そのためにThink Biggerでは、解決策の分野の経験豊富な専門家に話を聞くことにしている。といっても、専門家に解決策をブレインストーミングしてもらうのではない。あなたが課題を分解した方法について、意見を求めるのだ。

専門家が説明できるのは、なぜその課題が存在するのか、ほかの人が過去にどんな方法で解決を試みたか、その課題に対処するためのアイデアや活動、ツールがすでに存在するのか、といったことだ。

この事例なら、教育専門家や権利擁護団体、視覚障害者のための政策立案者などに話を聞きたい。ネットで少し調べたところ、アメリカの視覚障害者のための二大権利擁護団体、全米視覚障害者連合とアメリカ視覚障害者協議会のサイトが見つかった。これらのサイトを見るだけで、学生の挙げたサブ課題の大半が重要だということが確かめられた。たとえば既存の視覚障害者支援については、ＡＤＡ法に準拠したアメリカの都市や地域、視覚障害者用の特別なサービス（音声ガイドなど）を提供する博物館や公園等の公共施設が載っている。

さらにネットを検索すると、メニューや標識などを読み上げる、スマートグラスなどの最新技術があることがわかる。

また、ネットで個人の専門家や、視覚障害者組織の職員などを探そう。そして直接メールを送るか、電話をかけよう。専門家はあなたのサブ課題について、進んで意見をくれるはずだ。あなたは頼みごとをするのではなく、彼らの教えを乞うのだ。きっと気をよくして、喜んで時間を取ってくれるだろう。なにしろ彼らは専門分野に情熱を持っているのだから。

専門家とは１対１で話そう。あなたが得たいのは、多様な視点だ。分野内にはもちろんある程度のコンセンサスは存在するが、グループシンク（集団浅慮）を促すような状況は避けたい。また、専門家はあなたの課題の一部の側面について深い知識を持っているが、その知識のせいで理解が狭まっていることも忘れずに。個別に話を聞けば、彼らの先入観や思い込みに気づきやすくなる。

次にユーザー、この事例では視覚障害者からも話を聞こう。専門家とユーザーの間で、複数の視点からものごとをとらえる、「トライアンギュレーション」を行おう。つまり、専門家には「視覚障害者はこう言っていましたが……」と切り出し、ユーザーには「専門家はこう言っていましたが……」と伝えて、それに対する意見を求めるのだ。課題を多面的に深く理解できたと感じられるまで、これをくり返そう。

私は「ユーザー」だから、これらのサブ課題についてお話しできることがある。

視覚障害者向けの団体旅行は存在するが、欠点が2つある。自分でグループを選べないこと、運営者が何かあったときの責任を恐れて、無難な行き先やアクティビティを選びがちなことだ。また、「アイラ」や「ビー・マイ・アイズ」のような、視覚障害者の単独行動を支援するスマートフォンのアプリもあるが、ほかの視覚障害者にお勧めしたいほどには役に立たない。それより、博物館などの音声案内の方がずっとよい。視覚障害者向けにつくられたものも多いし、ガイドは視覚障害者の対応に慣れている。

私の経験から言うと、最も困難なサブ課題は、専門家がめったに触れない点に潜んでいる。

多くのホテルやツアーは、視覚障害者が単独では予約できないのだ。目が見えませんと言ったとたん、無理な注文をつけて予約をやめさせようとしてくる。やはり責任を恐れるからだろう。

なので私は、事前にオーナーや支配人と直接話せる、ブティックホテル〔小規模経営の個性的なホテル〕に泊まることが多い。そしてエレベーターやビーチに近い部屋をお願いする。小型ホテルは一般にサービスが行き届いているから、ホテルのスタッフを雇って、街を案内してもらったり、海で一緒に泳いでもらったりする。そうすれば、地元の人たちと触れ合い、目の見える人がふつうに楽しんでいるのと近い経験ができる。こうした理由から、視覚障害者にはイタリアのサルディーニャ島を強くお勧めする……。

ユーザーと話すときは、こういったくわしい情報を聞き出そう。あなたが知りたいのは、ユーザーが実際にどんな経験をしているのか、それについてどう考え、感じているのかだ。基本的な質問から始めよう。「旅行に行くことはありますか?」「旅行の計画と実行で、とくに簡単なことや難しいことは何ですか?」など。彼らの答えや反応を踏まえて、さらに質問をしよう。専門家と話すときと同じで、解決策を尋ねてはいけない。話をするなかで、きっとよい例を教えてもらえる――私の小型ホテルやサルディーニャ島のように。

また、「誰が」ユーザーなのかを幅広く考えることが大切だ。これについて、ある学生のコメントを紹介しよう。

サブ課題を考えるエクササイズは、とてもためになりました。階層のUP／DOWNをやったあとでも、まだ課題が大きすぎる場合があることがわかったんです。また、課題の分解を通して、潜在的ユーザーを根本的なレベルで特定できました（私たちのチームで言えば、医師、患者、政府、病院経営者です）。このエクササイズはユーザーインタビューの枠組みにもなったし、課題に関する詳細な情報を収集するのにも役立ちました。

視覚障害者の旅行の例で言えば、ユーザーはホテルの支配人かもしれない。彼らは視覚障害者を泊めたことがあるだろうか？　もしあるなら、そのときどんなことがあったのか？　それについてどう感じているのか？　ツアー会社や旅行代理店、タクシー運転手などについても同様だ。１つひとつのサブ課題を見て、視覚障害者以外の誰が、何の活動に関わっているかを考えよう。

そして、専門家と同様、ユーザーも知識や経験に縛られていることを忘れずに。たとえば私は、１人旅をするときにどんな問題にぶつかるか、それについてどう思ったり感じたりしているかを、あなたに伝えることはできる。だが、私にできるのはそれだけだ。私の言うことの一部は、ほかの視覚障害者の意見と重なっているかもしれないが、ユーザーが経験することは、それぞれの人の状況や願望によって異なる。すべてのユーザーに聞き回って課題の全容を知ることはできないから、同じような内容のくり返しになるまでいろんなユーザーにインタビューし続け、新しい情報が得られなくなった時点でおしまいにしよう。

今度は、あなたも外に踏み出してみよう。対象ユーザーのインタビューや観察は、通常の市場調査でも必ず行われる。あなたのインタビューの目的は、「消費者洞察」、すなわちユーザーの動機や本音を聞き出すことにある。なぜこれを得ることが重要かと言えば、普通では思い浮かばないような視点が得られるからだ。そうした視点は、課題の構成要素を分析するのに役に立つ。だから、一般ユーザーから学ぶことを、課題分解のための調査に必ず含めてほしい。

ただし、消費者洞察を知ることと、解決策を考えることを混同してはいけない。ユーザーから問題点を聞き出せば、解決策がおのずと明らかになると思うかもしれない。製品デザインのような小さな課題なら——たとえばティーカップの取っ手が持ちにくいなど——消費者調査だけで事足りるだろう。だがこと複雑な課題に関しては、それだけでは不十分だ。**消費者洞察は課題を理解するうえでたしかに重要だが、解決策を生み出すのには役立たない。**ヘンリー・フォードの課題を考えてみよう。もしフォードが1907年に、「長くて非効率な通勤を改善するためには何が必要ですか?」と対象ユーザーに尋ねていたら、たぶん「もっと速い馬車」という答えが返ってきただろう。

専門家とユーザーは、**課題の「内側」**にいる。それ以外のすべての人がいるのは、**課題の**

ことができる。経験は深みを与えるが、幅を狭める。外部者は深みが足りないが、幅が広い。知識によって思考を限定されないからだ。

そこで、内部者にしたのと同じ質問を、外部者にもぶつけてみよう。馬鹿げた答えや、ありえない答えが返ってくるかもしれないが、ユーザーや専門家にない視点が得られることが多い。

ここでも解決策や助言を求めてはいけない。外部者にできるだけ内部者と同じ立場に立ってもらい、考えを聞いてみるのだ。たとえば、「もしあなたが目が見えなかったら、ふだん車で行く場所にどうやって行きますか？　初めての街をどうやって動き回りますか？　どこを訪れますか？　どんな体験がしたいですか？　もし友人や家族が視覚障害者だったら、休暇を楽しめるようにどんなことをしてあげたいですか？」など。

私自身も、外部者から多くのことを教わっている。香港で知り合ったドキュメンタリー映像作家は、中華スープに使われるフカヒレなどの魚介類の香りや食感を教えてくれた。サルディーニャ島の人は、羊の乳のチーズづくりを体験させてくれ、この島でしか採れないベリーの香りをかがせてくれた。パリの街角のハープ弾きは、私の手を取って、楽器の本体や弦、そして演奏する自分の手に触れさせてくれた。

外部者は、あなたの解決したい課題に思い入れがないから、フラットな目で課題をとらえ「外側」だ。その分野や領域で直接経験を積んでいない人は、先入観にとらわれずに考える

られる。私もこれまでの旅行でとくに楽しかったのは、外部者とふれあったときだ。おかげですばらしい体験をして、新しい友人を得ることができた。何より、課題を多面的に考えるのには外部者の視点がとても役立つことを学んだ。

「分解すること」自体が解決策のヒントをもたらす

さて、こうしてあなたのメイン課題と一連のサブ課題が決まった。

課題に取り組むときにありがちなのが、「解決したい課題は複雑すぎて、既存の解決策やアイデアは存在せず、特別な創造性がなければ解決できない」と思い込んでしまうことだ。

だが驚いてはいけない――**課題を定義し、分解するプロセスそれ自体によって、課題の中にすでに存在する解決策が少しずつ見え始める**のだ。

つまり、Think Bigger のステップ1と2は、見えなかった選択肢（解決策）を見つけるプロセスだと言える。

ただし多くの場合、あなたの課題はまだ複雑なままで、既知の完全な解決策は存在しない。誤解しないでほしいのだが、あなたの課題とそれを分解したサブ課題、この段階で浮かんできたアイデアは、最終的な解決策ではない。このステップでは、解決策がまだないのに、あると思い込まないように気をつけよう。Think Biggerのプロセスを急ぎ、生煮えの解決策で妥協してはいけない！

ステップ2の「やめ時」はいつか

課題を研究し、内部者と外部者の話を聞き、分解をじっくり考えるうちに、おそらく解決策のアイデアがひらめくだろう。これは必ず起こることだ。だがそのひらめきに気を取られたり、このあとのステップを飛ばしたりしてはいけない。結論に飛びつくにはまだ早い。

サブ課題の見直しは、このステップの重要な部分だ。最初に思いついたサブ課題をそのまま受け入れてはいけない。少なくとも一度はリストを書き直そう。調査やインタビューで新しい情報が得られなくなるまで、見直しを続けてほしい。課題を適切なサブ課題に分解し、次のステップに進める準備ができたかどうかを判断する基準を教えよう。私はこれを「**8割テスト**」と名づけた。「サブ課題をすべて解決したら、課題全体の8割以上を解決したことになるだろうか？」

もちろんこの8割というのは、厳密な割合ではなく感覚的な判断にすぎない。ヘンリー・フォードも、車を安くつくるために必要なアイデアを集めたときに、似たような方法を取った。フォードはその後も毎年細かい改良を続けたが、重要なイノベーションについては、あの短いリストで十分だった。

バスケットボールを発明したネイスミスも同じだ。彼もイノベーションの数を絞った。そしてその後長年にわたって、彼やほかの多くの人が小さな改良を重ねたおかげで、バスケットボールは今のかたちになった。

さて、今やあなたの解決したい課題が見つかり、それを約5個の有意義なサブ課題に分解した。過去の成功または失敗した解決策について、わかっていること、わかっていないことをかなりよく理解できた。

これで解決策のアイデアを考える準備が整ったと思うかもしれない。だが慌てて解決策を生み出そうとする前に、一歩引いて立ち止まってほしい。その前に答えを出さなくてはならない、とても重要な問いがある。「あなたはこの課題の解決策に何を望んでいるのだろう?」。そして、「あなたは理想的な解決策として、どういう感じのものを望んでいるのだろう?」

第5章

ステップ3 望みを比較する

おもな意思決定者は何を望んでいるか?

あなたは本当は何を望んでいるのだろう? なぜこの課題を解決しようとしているのだろう? 解決することによって何を得たいのか?

解決したい課題が見つかり、それをサブ課題に分解した今、ちょっと時間を取って、**あなたがこの課題について心の底から望んでいること**を考えてほしい。

ステップ3では、あなたの感情や気持ちを指針にして、解決策を選ぶための基準を決定していこう。このステップでは課題を大局的にとらえることによって、アイデア創出のプロセスで最終的に最も望ましい解決策が得られるようにする。

Think Bigger はほかのイノベーション創出法とは違って、少なくとも3種類の当事者の望みを調べ、特定する。その当事者とは、イノベーションを生み出す「**あなた**」と、イノベーションが対象とする「**ターゲット**」、そして競合や協力者などの「**第三者**」だ。このステッ

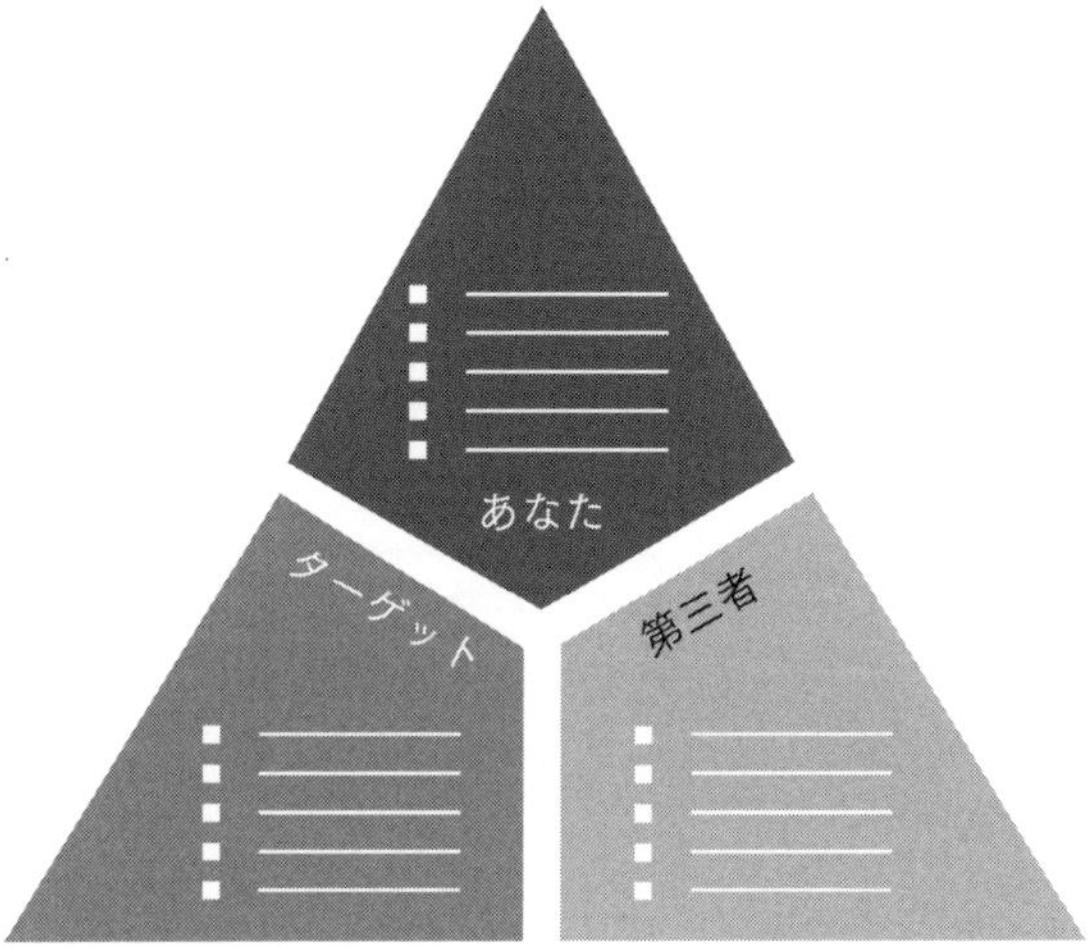

図 5.1　全体像（スコア）

プでは、当事者の望みを、「**全体像**」と呼ぶリストに書き込む（図5・1）。あとのステップでこのリストを見直し、各当事者のそれぞれの望みを検討して、「**全体像スコア**」を作成する。

全体像スコアには、次の3つの役割がある。

1. 課題をよりよく分解するのに役立つ。
2. （ステップ5で）選択マップのアイデアを選ぶ基準になる。
3. （ステップ6で）フィードバックを集める際に、アイデアの背後にある根拠を説明するのに役立つ。

ビル・ゲイツの望みは何か

あなたはたぶん、史上最も成功したイノベーターの1人、ビル・ゲイツの物語を聞いたことがあるだろう。だが第3章の「知識の錯覚効果」で説明したように、あなたはその物語を本当に知っていると言えるだろうか？

あなたの聞いた物語は、よくあるおとぎ話風のストーリーかもしれない。起業家がすばらしいビジョンを思いつき、それを実現するために邁進《まいしん》し、大成功を収めた、と。

これはThink Biggerの手順とは正反対に思えるだろう？　その通り、実際に正反対だ。なぜならこのバージョンのビル・ゲイツ物語はおとぎ話なのだから。実はゲイツもThink Biggerによく似たプロセスを通っている。

これから見ていくビル・ゲイツの事例では、細部ではなく、「望み」に注目しよう。要所要所で、「ビル・ゲイツは何を望んでいるのか？」と考えてほしい。ビル・ゲイツは優れた分析的能力で知られる人だから、こんな問いはそぐわないと思うかもしれない。ソフトウェアは緻密な論理を積み重ねて開発するものだ。感情の絡む、「望み」などとは何の関係もないのでは？　優れた分析的判断を下すためには、感情を排して論理的に考える必要があるのでは？

それは大間違いだ。

あなたがどんな状況にいる誰であれ、**あなたの望みは、あなたが行うすべての決定に影響をおよぼす**。そして、イノベーションを次々と大成功させている、ビル・ゲイツなどの超大物イノベーターも例外ではない。

マイクロソフト創業物語

実際の物語は、ゲイツが育ったシアトルで始まる。ゲイツは高校でコンピュータクラブに入部し、そこで2歳上のポール・アレンと出会った。彼らはこのクラブで、ダートマス大学の2人の教授がコンピュータ教育用に開発した、BASICという簡単な言語でプログラミングを覚えた。さいわい高校には、DEC製の最新のミニコンピュータ、PDPがあり、クラブの部員はこれを使ってBASICでプログラミングしていた。

高校卒業後、アレンは大学を2年で中退し、ボストンのテクノロジー企業ハネウェルに就職してミニコンピュータ用のプログラムを書いていた。ゲイツは同じくボストンのハーバード大学に進学し、アレンと連絡を取り続けていた。

ゲイツが大学2年生だった1974年末、インテルが革新的なマイクロプロセッサ、

図 5.2　ポピュラー・エレクトロニクスに掲載されたアルテア 8800 コンピュータの広告（1975 年）。Wikimedia Commons より。

８０８０《ハチマルハチマル》を発売し、コンピュータ界全体が飛躍的前進を遂げる。ゲイツとアレンはさっそくマニュアルを手に入れ、８０８０用のＢＡＳＩＣを書く方法を考えた。だがチップそのものは、コンピュータ会社にしか販売されていなかったので入手できなかった。そこでアレンはハーバード大学のコンピュータ上で８０８０を模倣するプログラムを書き、２人はこれを使ってＢＡＳＩＣを開発していた。

　翌年１月、ゲイツを訪ねるためにハーバード・スクエアを歩いていたアレンは、街角の売店で売られていた、電子工学雑誌ポピュラー・エレクトロニクスの最新号に目をとめる（図５・２）。表紙には８０８０を搭載した世界初の安価なパーソナルコンピュータ、アルテアが載っていた。

アレンはすぐに雑誌を買い求め、はやる気持ちでゲイツのもとへ急いだ。その記事によれば、アルテアは8080チップを使っていたが、専用のソフトウェアはまだなかった。アルテアを開発、販売する電子機器メーカーのMITSは、アルテアを普及させるために専用の簡単なコンピュータ言語を提供したいと考え、プログラマーに開発を呼びかけていた。かくして熾烈《しれつ》な競争が始まった。のちにMITSは、開発に取り組んでいるという売り込みを50人から受けたと言っている。そしてその中にもちろんアレンとゲイツもいた。

誰がこの競争に勝ったのかは、ご存じの通りだ。

こうして誕生したのが、アレンとゲイツがアルテア用のソフトウェアを開発、販売するために設立した会社、マイクロ－ソフトである（のちにハイフンを省略してマイクロソフトに改称）。

MITSとの契約を勝ち取ると、アレンは仕事を辞め、ゲイツはよく知られているようにハーバードに休学願いを出し、2人はMITS本社があるニューメキシコ州アルバカーキに引っ越した。

ゲイツに「先見の明」はあったのか

当時ビル・ゲイツが何を考えていたのかを見てみよう。彼は著書『ビル・ゲイツ未来を語る』（アスキー）の中でこう述べている。

　ポール・アレンと僕は、初代アルテア・コンピュータの写真を見たとき、きっといろんなアプリケーションが生まれるんだろう、としか思わなかった。アプリケーションが開発されることはわかっていたが、それがどんなものになるのかは見当もつかなかった。もちろん、ＰＣをメインフレームコンピュータの端末として機能させるプログラムなど、予想がつくものはあった。だが表計算ソフトのビジカルクのような、最も重要なアプリケーションは、まったく想定していなかった。

今ではマイクロソフトの成功要因が、ＰＣ上で多様なアプリケーションを動かすことを可能にし、ＰＣをメインフレームコンピュータ（大型コンピュータシステム）の端末としてではなく、それ単体で機能できるようにしたことにあるとわかっている。だがそれはゲイツの構想、少なくとも彼がアルテア用のプログラミング言語の開発に取り組んでいたときに持っていた構想ではなかった。彼はメインフレームを操作する端末用の言語を書いたつもりだった。これが当時の一般的な考えだった。業界全体がＰＣをそのように見ていたし、この技術に飛びついた数千人の「ホビイスト」と呼ばれるコンピュータ愛好家も、同じ考えだった。

ゲイツはアルテアが売れることを望んだ。そうすれば、アルテア用の彼のプログラムも売れるからだ。

だがホビイストたちの考えは違った。彼らはアルテアの使いやすいプログラムを気に入ったが、１つのパソコンや機種でしか使えないことに不満を持っていた。そこで、マイクロソフトのアルテアＢＡＳＩＣの海賊コピーを作成してインストールし、ユーザー同士でソフトウェアを転送できるようにした。そのせいでアルテアの魅力が薄れ、ＭＩＴＳとゲイツの売上は激減してしまった。

ゲイツは逆上し、ホームブリュー・コンピュータクラブ宛てに、のちに広く知られるようになる公開状をしたためた。このクラブはカリフォルニア州メンローパークのホビイストたちの集まりで、影響力の大きい会報を発行していた。

「諸君のほとんどがソフトウェアを盗んでいる」とゲイツは書き、彼が名前を知ったホビイストたちが「最後には敗北するだろう」と強く脅した。そうした海賊行為がコンピュータ業界全体に損害を与えている、とゲイツは糾弾した。ソフトウェアを改良し、ひいては業界全体を改善するために必要な資金を、（ゲイツ自身を含む）専門家から奪っているのだと。

だがホビイストたちはゲイツを無視し、海賊コピーを続けたため、ゲイツはしまいにはさじを投げて、ＢＡＳＩＣプログラムに関わるすべての権利をＭＩＴＳに６５００ドルで売却したいと申し出た。ＭＩＴＳはこれを拒否した。アルテアの売上が落ちていて、その余裕がなかったからとも言われる。

アルテア発売から1年経った１９７６年3月、ＭＩＴＳはアルバカーキで第1回世界アルテア・コンピュータ大会を開催する。満を持して登壇したゲイツは、ユーザーがアルテア以外のＰＣも持ってきていることにすぐに目をとめた。そして彼らの全員が、ゲイツのＢＡＳＩＣを勝手にインストールして、ユーザー同士でプログラムやファイルを交換していた。

ゲイツは当初この事態に腹を立てていた。だからあんな公開状を書いた。ところがその後、彼はとんでもないことに気づいた。自分はこの市場を独占している。すべてのパソコンが自分のプログラムを使用している。これはマイクロソフトにとって悪い話ではない。それどころか、千載一遇のチャンスだ。

ゲイツがよく知られているように大学を中退したのは、このときのことだ。続いて彼は主要なコンピュータ関連のニューズレターに再び公開状を送った。その中で、最初の公開状について謝罪し、自分のソフトを採用してくれたユーザーに感謝を述べ、今後も新しいソフトの開発を続けることを約束した。次にゲイツは、すべての主要コンピューターメーカーとの間で、ＢＡＳＩＣを提供する契約を結んだ。そしてその後、ビジカルクやワードパーフェクト

本づくりで大事にしていること

井上慎平
NewsPicksパブリッシング編集長

1988年生まれ。京都大学総合人間学部卒業。ディスカヴァー・トゥエンティワン、ダイヤモンド社を経てNewsPicksに。担当書に『シン・ニホン』『学力の経済学』『転職の思考法』など。

思えばいつも、「世の中の現実はすでに変わっているのに、システムや価値観が変わっていないために生じるひずみ」を見つけては、本で解消しようとしてきた。与えられた問題をそのままに解くのではなく、その「問題が問題と認識されている構造」にまで立ち返り、新しい問いを届けたい。

富川直泰
NewsPicksパブリッシング副編集長

早川書房および飛鳥新社を経て現職。手がけた本はサンデル『これからの「正義」の話をしよう』、ディアマンディス&コトラー『2030年』、リドレー『繁栄』、近内悠太『世界は贈与でできている』など。

ビッグアイデア・ブック(新しい価値観を提示する本)であること。人間と社会の本質を掴んだ本であること。rational optimism(合理的な楽観主義)がベースにあること。そして、「日本人には書けない本」であること。ぼくが海外の本を紹介し続けているのは、狭い専門分野に閉じこもらず、総合知を駆使して大きなビジョンを示す胆力がそこにあるからです。

中島洋一
NewsPicksパブリッシング編集者
Brand Design 編集長

筑波大学情報学類卒業。幻冬舎、noteを経て現職。担当した主な書籍に、宇田川元一『他者と働く』、石川善樹『フルライフ』、後藤直義&フィル・ウィックハム『ベンチャー・キャピタリスト』など。

真実であること。真実は、たしかに深掘りされた事実(客観的真実)と、感覚や解釈を研ぎ澄ませた事象(主観的真実)から成ります。またおもしろいこと。ビジネス書においては、知的好奇心を刺激することを意識しています。ときに変化の痛みすら伴う深い学びを、快く受け入れ、鮮やかに記憶できるような編集を大切にしています。

的場優季
NewsPicksパブリッシング編集者

英国立イーストアングリア大学国際開発学部卒業。ユーグレナ社でIR・ESG・バングラデシュ事業開発担当を経て現職。担当書に『資本主義の中心で、資本主義を変える』。1994年、神奈川県生まれ。

誰かが生きやすくなると思えること。「気づいたら読んでいる」没入の幸せをつくること。本で世界は変えられるのか。ときどき自問自答します。いや、本で世界は変えられないかもしれない。でも確実に、本で自分の世界は変わっている。『源氏物語』や音楽のように、時の洗礼に耐えうる普遍性を追求してみたい気持ちもあります。

NEWS PICKS
PUBLISHING

大人に、新しい「問い」を。

なぜ、何のために働くのか。

価値を生むことと、お金になることは、イコールではないのか。
1兆円のビジネスを成長させた先に何があるのか。

わかり合えない他人と、どう関わっていけばいいのか。
差別や偏見に、打ち勝つことはできないのか。

すぐ役に立つ最適解。
すごい人が成功した秘訣。

それは今ここで、私が選ぶべき答えなのだろうか。

日々遭遇する「多面的な物事」を、
自分の頭で考えられる大人になっただろうか。

いくつもの問いが駆け巡り、不安をおぼえる。
そしてふと、期待が高まる。

今、私たちに必要なのは、
本質をとらえなおす新しい「問い」だ。

“経済を、もっとおもしろく”するなら、おもしろさの根源を。
“経済情報で、世界を変える”なら、世界の再定義を。

私たちNewsPicksパブリッシングは、
解くべき問いを立てなおし、無数の希望を創り出していきます。

（やそれ以降の無数のソフトウェア）が出現すると、ゲイツはそれらを自社のオペレーティングシステムに次々と統合して、異機種間の互換性を提供したのである。

これがかの有名なビジョナリー、ビル・ゲイツの物語の全貌だ。

だが彼の「先見の明《ビジョン》」とは、正確には何だったのだろう？

コンピュータが小型化、高性能化することを予見したのは、ビル・ゲイツが初めてではない。それはインテル共同創業者ゴードン・ムーアの功績だ。半導体の性能が約2年ごとに倍になるという「ムーアの法則」が発表された1965年、ゲイツはまだ10歳だった。

同様に、世界初のミニコンピュータを開発したのもゲイツではない。彼の共同経営者のアレンは、ハネウェルでミニコンのプログラムを書いていた。

それに、マイクロソフトは世界初のソフトウェア会社でもない。ソフトウェア会社はゲイツが生まれた1955年から存在していた（コンピュータ・ユーセージ・カンパニー［CUC］）。

そのうえ、ソフトウェアがハードウェアとは独立した産業だと考えたのも、ゲイツが最初ではなかった。そう考えたのは、ゲイツのプログラムをコピーして使っていたユーザーだ。当初ゲイツは、自分のプログラムとアルテアを1つのパッケージとみなしていた。だからこの考えに憤慨した。だがゲイツの名誉のために言うと、自分のプログラムが多数の多様なハードウェアに導入されていることが、凶ではなく吉となりうることに、彼は最終的に気づいたのだった。

さて、実際の経緯を理解した今、最初の問いに戻ろう。「ビル・ゲイツの望みは何だったのか？」

高校時代は、「大人になってコンピュータの仕事で大もうけすること」がゲイツの望みだった。20歳までに100万ドル稼ぐ、と豪語していたとも言われる。当時としては珍しいことではなかった。コンピュータの黎明期、多くの若者が一攫千金を夢見た。大学に進むと、ゲイツはアレンとソフトウェア会社を立ち上げたいと考え、アルテアと契約を結んだことでそのチャンスが訪れた。それ以降、ゲイツはアルテアがコンピュータ市場を独占し、それによって自社のソフトウェアが売れることを望むようになった。

だがアルテアは期待したほどの利益をもたらさなかった。たしかにゲイツはよい稼ぎを得て、若くしてコンピュータ業界で重要な位置を占めていた。だがそれでは物足りなかった。アルテアBASICでは、夢見ていたほどの富は得られない。

そこで彼はもう1つの望みである、「大学の学位を得ること」に戻った。

そしてアルテアの大会で、また別の望みに切り換えた。アルテア用のプログラム開発を超える大きなアイデアをひっさげて、コンピュータの世界を席巻する方法を見出したのだ。

この最後の転換をくわしく見てみよう。「アルテアによる市場独占」という、自分の望みだけを考えていたゲイツは、この時初めて「どんなハードウェアでも使えるソフトウェア」という、ユーザーやアルテア以外のハードウェアメーカーの望みに目を向けた。そしてゲイツは、これら2つの当事者の望みを考慮に入れることでこそ、「世界一の大富豪になる」という、彼の紛《まぎ》れもない望みをかなえることができたのだ。

「あなた」「ターゲット」「第三者」の望みを考える

ゲイツと同様、あなたにもいろんな望みがあり、それらは時とともに変わるだろう。あなたは自分にとって重要な課題を、自分の望むような方法で解決したい。だが他人の望みも考慮に入れなくてはならない。そうしなければ、解決策は見つからないか、成功しないだろう。

Think Biggerのステップ3では、あなたが特定し、分解した課題に対して、「**あなた**」と、解決策の「**ターゲット**」、そして最も重要な外部関係者の「**第三者**」の3つの当事者が何を望んでいるのかを考える。ゲイツの例で言えば3つの当事者は、ゲイツ自身、コンピュータユーザー、ハードウェアメーカーだった。

あなたの場合はおそらく、まだそこまではっきり望みを理解していないだろう。だからこ

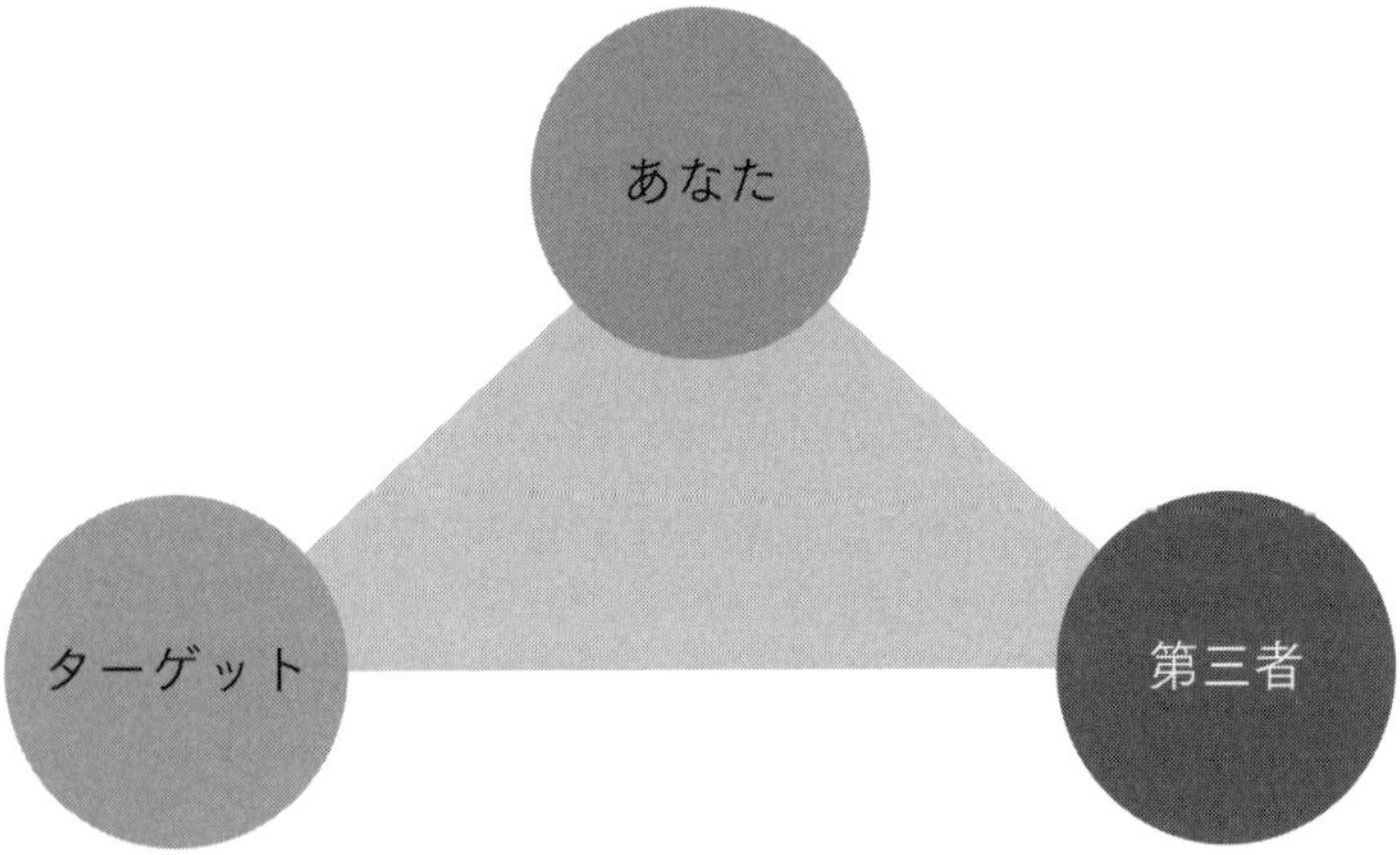

図 5.3　望みの三角形

そThink Biggerでは、望みを考えることにまるまる1つのステップを割り当てている（図5・3）。

あなたの望みは何ですかと聞かれて、特定の目標を挙げる人もいるだろう。たとえば、「ノーベル賞を取りたい」「自分のレストランを開きたい」「35歳までに10億ドル稼ぎたい」など。

だが実は、これらは望みをかなえるための手段でしかない。なぜレストランを開きたいのか？　それによって何らかの望みを満たしたいからだ。もしレストランを開けなかったら、ほかにどんな方法でその望みをかなえられるだろう？

いくら目標をかなえようと努力しても、その根底にある望みを理解していなかったら何

にもならない。

Think Biggerで言えば、同じ課題であっても、それを解決するための方法はさまざまある。あなたは課題が解決に値すると思っているかもしれないが、すべての解決策があなたの望みを満たすわけではない。

こんな経験がないだろうか？　誰かに課題を説明して、それを解決する方法を提案されたとき、「これじゃない」と感じる……。それはなぜかと言えば、課題はあなたの心に訴えるが、解決策が響かないからだ。

Think Biggerでは、重要な課題に時間と労力を費やしたあげく、「これじゃない」解決策ができてしまう事態を避けたい。アルテア大会の前と後のゲイツの状況を思い出そう。あなた自身の望みだけでなく、「ターゲット」と「第三者」の望みにも応える解決策が必要なのだ。

その解決策はどんな「感情」を呼び起こすか

ここでちょっと時間を取って、意思決定をするとき感情がどんな役割を果たしているかを考えよう。

最高の意思決定とは、感情を完全に排除した、純粋に合理的な決定だと思うかもしれない。

だがそれはありえない。感情抜きで決定を下していると思っているなら、それは間違いだ。哲学者のデビッド・ヒュームも言っている。「**理性は情念の奴隷であり、ただ奴隷であるべきである。理性は情念に仕《つか》え、従う以外のどんな役割を主張することもできない**」と。

理性や合理的手法によって課題を解決することはできるが、その課題はいったい何のために解決するのだろう？　もちろん、あなたの望みをかなえるためだ！　そもそもあなたが課題を解決しようとするのも、望みがあるからだ。経済の基本要素の「価格」でさえ、買い手と売り手の望みによって決まる。あなたはジャム1瓶に4ドルを、私は2ドル支払う意思がある。売り手がジャムを3ドルで売ろうとしたら、あなたがそれを買い、私は買わない。なぜか？　あなたは私以上にジャムを手に入れたいと望んでいるからだ。また、2人ともジャムを望んでいなければ、びた一文も払わないだろう。

ここ数十年の研究によって、感情が情報の収集や解釈、処理にさまざまなかたちで影響をおよぼすことが明らかになっている。感情任せに意思決定を下すと、まずい選択をしてしまうことがある。

そこでThink Biggerでは、アイデア創出のプロセスから感情を排除する代わりに、情報収集と選択肢創出のプロセスから「感情の特定」を分離する。具体的に言うと、「**全体像**」というツールを使って、各当事者の率直な望みを、これらのプロセスを行う前に、総合的に理解しておくのだ。そうした望みを判断基準にして、のちのステップで一番よい解決策を選んでいく。

さしあたってここでは感情や望み、欲求、情念などが重要だということを理解しておこう。

「全体像」の三本柱は、「**あなた**」と「**ターゲット**」、「**第三者**」だ。

ここであらためて図5・1を見てほしい。全体像の三角形の上部「あなた」では次の問いを考えよう。「この課題の理想的な解決策ができたら、私はどんな気持ちになりたいだろう?」。注意してほしいのだが、このステップでは具体的な解決策を生み出すことは求めていない。たんに、あなたがこれから考案するすべての解決策が、あなた自身にどんな「感情」を呼び起こすものであってほしいかを考えるだけだ。

全体像スコアの左下「ターゲット」ではこう考えよう。「私はターゲットに解決策をどんなふうに感じてほしいだろう?」。ここでは、あなたの解決策が、ターゲットの個人や集団に直接与える影響について考えてほしい。つまり、今のあなた自身の望み以外にも目を向けるということだ。そのためには、あなたの解決策の対象ユーザーがどういう人たちなのか、彼らの望みがあなたの課題にとってどんな特別な意味を持つのか、彼らがどんな解決策を求めているのかを考えなくてはならない。

全体像スコアの右下「第三者」では、「私は第三者に解決策をどう感じてほしいだろう?」と考える。ここでは、解決策の実現に「手を貸してくれそうな人たち」と「妨げそうな人たち」の、2つの集団を幅広く考えてほしい。あなたのターゲットには、あなたのほかに誰が関心を持っているだろう？　市場にはあなたを妨げる競合がいるだろうか？

すべての第三者の望みを満たすことはできない。たとえば、あなたの協力者と競合の望みの一部は相反するはずだ。ゲイツの事例の第三者である、「アルテア」と「その他のハードウェアメーカー」の望みもかち合っていた。だが、最後になって「これじゃない」解決策ができて慌てないように、この時点で前もって彼らの望みを把握しておくことが大切だ。

「全体像」では三角形の各頂点（当事者）の望みを俯瞰し、このあと説明する「**全体像スコア**」ではそれらの望みを比較対照して、総合的に見て全当事者の望みを最もかなえる選択肢を選ぶ。理想を言えば、解決策によって3つの当事者のすべての望みを同じようにかなえたい。だが現実には、当事者間にも、同じ当事者内にも、相反する望みがある。そのため最後には、あなたが一番喜ばせたい当事者を優先し、その当事者の立場で解決策を選ぶことになる。

全体像スコアを使うのは、第7章で見るステップ5だ。さしあたって今は、課題解決のプロセスに影響を与えそうな当事者の望みを書き出すことに専念しよう。

「顧客第一」ではなく、あなたの望みを第一に考える

すべての当事者の望みを考慮する必要があるが、それでも解決策を生み出すあなたの望みが重要なことに変わりはない。全体像で「あなた」がてっぺんに置かれているのは、そのためだ。

これは、ほかの多くのイノベーション創出法がかかげる「顧客第一」の姿勢とは一線を画している。たとえばデザイン思考では広範な顧客調査によって、顧客の望みを徹底的に理解しようとする。それは必要なことだし、その結果は Think Bigger でも全体像の三角形の一角を占める。

だが**イノベーターであるあなた自身の望みが満たされなければ、解決策は実現しない**。

こんな経験がないだろうか？　ブレインストーミングの結果、解決策が決まったが、一向に実行に移されない。なぜだろう？　それは、解決策が実行者の望みを満たさないために、誰もそれを実行したいと思わないからだ。これは組織で上から課題が与えられたときに起こりがちなことだ。上司が解決策を求める。チームはブレインストーミングをやり、上司を満足させる解決策を考案するが、チームはそれを望んでいない。なのに、誰もそのことを認めようとしない……。

全体像スコアの役割

Think Bigger の「選択マップ」は課題に関する情報と、課題の解決策を生み出すために使う先行事例を記録しておく場所で、いわば情報処理ツールだ。そして2つめのツールの「全体像スコア」は、あなたが作成した「全体像」をもとに、解決策を選ぶ具体的な判断基準となるスコアを算出するためのツールである。「全体像」は各当事者の望みを書き込んだ三角形で、それを「全体像スコア」というツールとして使う。全体像は当事者の動機や好み、感情を特定し、表出する場所になる。

意思決定には感情を持ち込むべきではないと、一般には考えられている。そのため私たちは、何かを決めたり選んだりする過程で、できるだけ感情を抑圧しようとする。だが Think Bigger では感情をあぶり出し、ありのまま受け入れる。なぜなら、そうした**感情は、アイデア創出プロセスの要所要所で実際に役に立つ**からだ。

全体像スコアは、Think Bigger において、「選択肢を選ぶための基準」と、「脱線しないための指針」という、2つの役割を果たす。自分がいま本来の目的から外れているのでは、と不安になったら、こう自問しよう。

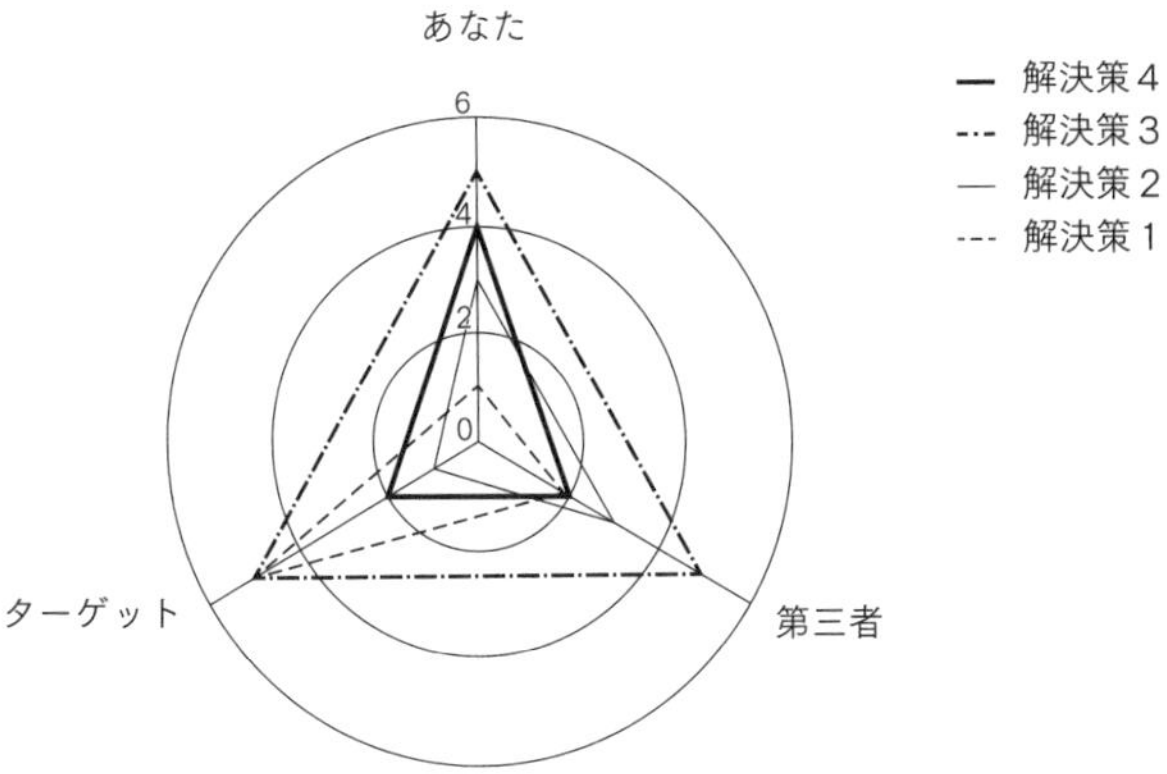

図 5.4　各解決策の全体像スコア

1. 本当に解決したい課題（つまり選択マップの課題）の解決に取り組んでいるか？
2. 自分自身の望みに沿うことをしているか？

全体像スコアを目で見てわかりやすいように図に示したものが、図5・4だ。

意思決定の前に「基準」を決めておく

あなたはこう思っているかもしれない。「望みを洗い出すのはまだ早いのでは？　この段階では課題を理解しただけで、解決策を考案してもいないのに……」と。だが、まさにこのタイミングが、一歩引いて立ち止まり、「もし理想の解決策が見つかったらどんな気持ちになるだろう？」と考えるのにうってつけの機会なのだ。

研究によれば、意思決定をする前に——つまり解決策の選択肢を考案して、それらの比較対照を始める前に——基準を決めておいた方が、優れた決定をすることができる。たとえば管理職を雇う場合、あらかじめ採用基準を決めておくと、基準がない場合に比べて、性別の固定観念にとらわれて採用・不採用を決める可能性が低くなり、実績と適性をもとに決定を下す可能性が高まるという。

自分の「感情」に敏感な投資家ほど成功する

このことは株式の銘柄選別のような、一見分析的なタスクにも当てはまる。2007年の研究は、101人の株式投資家を対象に、投資決定を行う間に経験した感情の浮き沈みを調べた。より激しい感情を認識し、適切に処理した投資家は、感情を押し殺した投資家や、感情の浮き沈みをそれほど感じなかった投資家に比べ、平均してより高い投資成績を上げた。同じ研究で、自分の感情を認識し、くわしく説明することができた投資家は、投資決定における先入観をより効果的にコントロールできたことも示された。

また、エンジェル投資家集団を対象とした別の研究では、いわゆる「勘」と呼ばれる、分析と直感、感情が融合した直感的な投資決定方法を用いたリーダーほど、収益性の高い投資対象をより効果的に予測することができた。

新しい事業上の取り組みには不確実性が伴う。さまざまな利害を調整する必要があるし、感情的につらいと感じることも多いだろう。それを考えれば、感情的知性〔自分や他人の感情とうまくつき合う能力。EQとも〕の高さが大きな武器になるのは明らかだ。

起業の成功を導くカギが感情にあることを示す研究もある。6万5826人の企業経営者を対象とした研究で、一般的な知的能力よりも感情的知性の方が、起業家の成功を予測する有効な判断材料になることが示された。

ビル・ゲイツが自分の望みをつねに意識し、心の奥底の感情に忠実であり続けることによってマイクロソフトを成長させていったように、あなたも自分の望みを指針にして、課題を定義し、定義し直し、解決策を探しながら、アイデアを大きくしていこう。

自分の感情に向き合い、それを意識すれば、自信と力を与えてくれる解決策を選べる可能性が高まる。だからこそ、Think Biggerでは望みを比較することを重視する。このステップであなたやほかの当事者の感情を理解することによって、アイデアの方向性を全体的にとらえることができるのだ。

表 5.1　望みを表す形容詞の例

親しみやすい	上品	きちんとした	タイムリー
軽快	画期的	活気がある	寛容
輝かしい	最新流行	整然とした	統一的
陽気	高潔	社交的	普通ではない
魅力的	インパクトがある	丹念	活き活きした
粋《いき》	革新的	鋭い	由緒ある
くわしい	親切	手軽	哀愁を帯びた
信頼できる	知識豊富	古風	軽妙
優雅	贅沢	荒削り	はつらつとした
泥臭い	忠実	合理的	若々しい
公正	現代的	安全	ひょうきん
高級	神秘的	和やか	熱狂的

全体像を作成する

心の奥底の望みを洗い出すのは簡単なことではない。じっくり時間をかけて行おう。あなたを含む当事者は、「どんな」解決策を望んでいるのだろう？　たとえば上の表に挙げた形容詞が参考になる（表5・1）。

課題を分解したときと同様、まずはそれぞれの当事者について、あなたが思いつく限りの望みを書き出してほしい。次にそれを、3個から5個ずつに絞ろう。

ちなみに、課題を分解した直後のこのタイミングで全体像スコアを作成し始めるのには理由がある。課題を分解してよりよく理解したことによって、あなたは自分の望みに合った解決策を無意識のうちに求め始める。このステップのねらいは、

図 5.5 「マダム X の肖像」。ジョン・シンガー・サージェントによる最終版。Wikimedia Commons より。

そうした望みを意識化することにあるのだ。

「マダムXの肖像」の物語

ニューヨーク・メトロポリタン美術館の展示室771には、エレガントで謎めいた女性の絵が展示されている（図5・5）。

女性の視線は左に向けられ、体も心持ち左向きだ。腿《もも》に置かれた左手が、見る者の目をドレスの細かなひだに引きつける。右手は後方に伸ばされ、テーブルの端をつかんでいる。薄暗い部屋と黒いドレスが、青白い肌を輝かせている。腕と胸元はむき出しで、横顔は三日月を思わせる。

ジョン・シンガー・サージェントの「マ

図 5.6 「マダム X の肖像」のスケッチの１つ。Wikimedia Commons より。

ダムXの肖像」は、西洋美術の最も有名な肖像画に数えられる。この作品のある展示室771は、「大様式の肖像画」と銘打たれている。だがここにはサージェントが描いたマダムXの習作や、初期の鉛筆画（図5・6）、水彩画、油絵、計30点は展示されていない。それに、右腕に滑り落ちた細い肩紐《ひも》も見ることはできない（図5・7）。なぜなら、あまりにも品位に欠けるとして、鑑賞者の顰蹙《ひんしゅく》を買ったからだ。サージェントはのちにその部分を塗りつぶした（図5・8）。

　マダムXのさまざまなバージョンには、サージェントがこのモデルを描く際に考慮した、多様な当事者の「望み」が表れている。

　1883年にこの作品を描き始めたとき、サージェントは27歳という若さで、すでに画家として名をなしていた。彼は職業画家には

図 5.7 「マダム X の肖像」の別の習作。右の肩紐が滑り落ちている。Wikimedia Commons より。

図 5.8 「マダム X の肖像」のさらに別の習作。右の肩紐がない。Wikimedia Commons より。

珍しく、パトロンから依頼を受けずに、みずから企画して絵を描くことがあった。

この絵画のモデルとなったビルジニー・アメリ・アベーニョ・ゴートロー夫人は、パリ社交界の華で、サージェントより3歳下だった。サージェントはこう述べている。「私には彼女の肖像画をぜひとも描きたいという、大きな望みがある。そして、彼女がそれを許すだろうと思われるふしがある。彼女はその美を称える作品を描きたいという、誰かの申し出を待っているのだ」

ゴートロー夫人はたしかに許しを与えた。その理由は私たちには知るよしもない。だが理由が何であれ、サージェントは「第三者」である彼女の望みをかなえることに成功した。

彼の「ターゲット」は美術界であり、ここで大きな問題にぶつかる。滑り落ちた肩紐は大騒動を巻き起こしたのだ。ある批評家は、「ご婦人はもう一押しで落とせそうに見える」と書いている。別の「第三者」である、肖像画を展示したサロンは、非難を受けて作品を取り下げてしまった。サージェントが肩紐を描き直したのはこのときである。

サージェント自身の説明によれば、彼は滑り落ちた肩紐を描くことによって、ゴートロー夫人の「絵にも描けない美しさと、どうしようもない退廃」を作品にとらえるという、自分の別の望みもかなえようとした。

だがターゲット（美術界）と第三者（サロン）を満足させるために、この望みを諦めざるをえなかった。とはいえ、完全に諦めたわけではない――退廃はまだ伝わってくる。

このように、個人表現の最強の砦《とりで》たる芸術においても、職業画家は「全体像スコア」によってバランスを図らなくてはならないのだ。自分の望みだけをかなえていたのでは、パリの美術界から締め出されてキャリアが終わってしまうことを、サージェントは知っていた。

芸術家は思い通りの作品を自由に生み出すことができる。だが、その作品を自分の頭の外の世界に理解してもらうためには、全体像スコアというレンズを通して作品を評価することが欠かせないのである。

次のヒット作をどう生み出すか：当事者の望みを比較する

自分の望みをしっかり意識し、理解すれば、袋小路《ふくろこうじ》を避けやすくなる。これはどんな課題に取り組む際にも役立つことだ。

これから実際にやってみよう。

あなたは実績のあるソングライターで、最新シングルはヒットチャートのトップ100入りを果たした。この勢いを持続させたいと鼻息の荒いレコードレーベルが、プレッシャーをかけてくる。あなたのファンも、キャッチーなメロディと心に響く歌詞を求めている。どうしたら曲づくりで成功し続け、再びヒットを飛ばせるだろう？

この難題を扱いやすくするために、あなたは課題を定義し、2つのサブ課題に分解する。

メイン課題：次の曲をどうするか？

サブ課題：多くの人に刺さるテーマは何か？
　　　　　どんなサウンドや楽器を使うか？

望みを比較するときは、まずあなたが望むことを全部書き出そう。なにしろ自分が望みもしないものは書けやしないのだから。「全体像」のかたちを思い出してほしい。三角形の最上部にあなたの望みを書き出していこう。

あなたの望みのリストは、こんなふうになるかもしれない。

・キャッチーな曲にしたい
・自分の芸風に合った曲にしたい
・比較的簡単にレコーディングできる曲がいい
・過去の作品よりも親しみやすい曲にしたい
・あまりお金をかけずにレコーディングしたい

このリストは、サブ課題とある程度重複するだろう。あるいは望みを考えるうちに、課題の分解をやり直したくなるかもしれない。望みの中の「形容詞」に注目してほしい。そう、これらはあなたが生み出したいアイデアを表しているのだ。

あなたはこう思っているかもしれない。ソングライターはThink Biggerなんかやる必要はない、こういったことをいつも頭の中で自然にやっているのだから、と。その通りだ！ だから。だがアーティストであっても、いつ沸き上がるかもわからない衝動に従うよりも、Think Biggerは脳内で起こる創造的思考のプロセスを、できるだけ忠実に再現する手法なの自分が解決策に何を望むかを明確にした方が、よい作品ができるのは間違いない。

次が、「ターゲット」の望みだ。まず、ターゲットをできるだけ明確にしよう。たとえば、「20代」では曖昧すぎる。21歳と29歳はかなり違う。21歳はクラブでポップな曲を聴きたいが、29歳はバーでロック調の曲を聴きたいかもしれない。ではどうやって適切な対象を選べばいいのだろう？

ターゲットを理解するには、彼ら自身か、彼らをよく知る人にインタビューする必要がある。インタビューの目的は、その後の作業の叩き台になるように、ターゲットがあなたの解決策に望むものを、大きなものから小さなものまですべて洗い出すことにある。

ただし、どんなターゲットにも、ターゲットに属する全集団に共通する望みと、各集団に特有の個別の望みがある。たとえば、サブ課題の「多くの人に刺さるテーマは何か？」を考えてみよう。ターゲットには、明るいラブソングが好きな人もいれば、失恋を乗り越え自分らしさを取り戻す歌を好む人もいるだろう。解決策のすべての選択肢が、ターゲットの全員の望みを満足させるわけではない。

それでも、どういう望みがあるのかを知っておく必要がある。そうすれば、最も多くの当事者の望みをかなえるべきか、あなた自身の望みをかなえるべきかを、戦略的に選択できるからだ。

では、ターゲットの望みをリストアップするための手引きと枠組みをこれから教えよう。ターゲット自身や、ターゲットをよく知る人（たとえば音楽トレンドの専門家など）にインタビューするためには、まず対象を絞る必要がある。どんな課題を解決する場合でも、ターゲットはつねに「人」だ。組織のために課題を解決する場合でもそうだ――その場合は、組織内であなたの解決策を利用する人は誰なのかを考えなくてはならない。

次の切り口でターゲットを分析することは、インタビューに適した対象を選ぶのに役立つ。

・年齢（人の場合）または規模（組織の場合）
・居住地域・都市
・社会経済的状況（年収、学歴、職業、所属団体など）

・ブランドへの愛着／製品の使用状況（購入履歴、ブランド選好度）
・心理学的特性（人格特性、ライフスタイル、政治的思想など）
・その他の重要な特性

さて、ターゲットを絞り込んだら――この事例では、あなたの過去の作品のファンと、最近のファンだとする――ターゲットがあなたの解決策に何を望むのかを考えよう。インタビューでは、次のような質問をするといい。きっとあなた自身の望みを特定するときも、こういったことを考えたはずだ。

・理想的には、この課題の解決策に何を求めますか？
・この解決策によって何を得たいですか（お金、名声、昇進など）？
・長い目で見て、どんな解決策がほしいですか（技術的、安価など）？
・解決策はどう「感じられる」ものであってほしいですか（華々しい、扱いやすいなど）？
・他人にこの解決策をどう思ってほしいですか？
・この課題のどこが一番気になりますか？

ターゲット、この事例ではあなたのファンが何を望んでいるかを考え、それを「全体像」

の「ターゲット」の部分に書き込もう。私の考えた望みのリストはこれだ。あなたのリストと比べてほしい。

・覚えやすくキャッチーな曲
・前のアルバムと同じ路線の曲
・「踊れる」曲
・ほかの好きなアーティストとのコラボ
・オートチューン（音声補正）を使わない曲

ターゲットの望みの中に、あなたの望みと重複するものがあるだろうか？　もしあるなら、それはよい兆候だ！　望みの全貌がまとまってきたということだから。

ターゲットの望みをまとめたら、次は解決策の成功のカギを握るその他の当事者、つまり「第三者」の望みについて考えよう。

この事例で第三者に当たるのは、あなたの所属レーベルや競合アーティスト、音楽批評家かもしれない。レーベルは次作もヒットさせよとプレッシャーをかけてくる。新作があまり「フォークっぽく」ならないように口出しをしたり、過去のヒット作に似た曲を要求したりするかもしれない。ライバルのアーティストは、あなたのスタイルに似たサウンドを試しているかもしれない。批評家は前のアルバムは歌詞が薄っぺらいというレビューを書くかもしれない。

いずれにせよ、イノベーターとしてのあなたの仕事は、あなたの解決策の成功に最も大きな影響を与えうる人たちを特定し、彼らの望みを知ることだ。ターゲットと同様、第三者にもインタビューしたい。インタビュー相手を選ぶ際には、次を考えよう。

・あなた以外の誰が、この課題に関心を持っているか？
・あなた以外の誰が、あなたのターゲットに関心を持っているか？
・誰があなたの解決策の協力者や敵になりうるか？
・彼らはあなたの解決策にどういう影響をおよぼしうるか？
・彼らはあなたの解決策から何を得るのか、失うのか？

ここでは、第三者をあなたの所属レーベルと批評家に絞ろう。担当の制作マネジャーや、プロジェクトリーダー、レーベル所属の市場専門家にインタビューして、次のような質問をするといい。

・どんな解決策を望まないですか？

・どんな解決策を期待していますか？
・私がどんなことをしたら好感／嫌悪感を持ちますか？
・解決策にどんな雰囲気や印象を求めますか（先端的、時代を超えたなど）？
・解決策によって何を得たいですか（お金、名声、昇進など）？
・なぜ私に成功／失敗してほしいのですか？
・なぜこの課題に関心があるのですか？
・私の解決策にどんなことを望みますか？

何人かに望みをくわしく聞いた結果、第三者の望みのリストはこんなふうになるかもしれない。

・レーベル：キャッチーな曲
・レーベル：制作費がかからない曲（ライブ録音ではなく合成音を使うなど）
・レーベル：大ヒットした前のアルバムに似たサウンドの曲
・批評家：もっと深みのある歌詞

すべての望みを、全体像の「第三者」の欄に書き出そう。ここでもやはり、第三者に属する全集団に共通する望みと、各集団の個別の望みがあるはずだ。またこの事例なら、メロディをつくり、歌詞を乗せ、ビートを加えるうちに、いろいろな解決策のアイデアが生まれるだろうが、ここではまだアイデアに飛びつかず、どこかに書き留めておくだけにしよう。

全体像「スコア」をつくるのは第7章で見るステップ5だ。その方法を簡単に説明しておこう。たとえば新曲の候補が3曲できたとする。それぞれの候補曲を聴きながら、その曲が「あなた」と、「ターゲット」のファン、「第三者」のレーベルの1つひとつの望みをかなえるかどうかを考え、かなえる場合はチェックボックスに✓を入れよう。チェックされた数を集計して、各解決策（曲）の当事者ごとのスコアを算出する。

ステップ5では選択マップを使ってたくさんの選択肢を組み立てるが、それらはどれも新規かつ有用で、一見優劣がつかないかもしれない。このとき全体像スコアを使えば、一歩引いて全体を俯瞰し、次の2点を考えることができる——（1）それぞれの解決策は全体としてどの程度望ましいのか、（2）それぞれの解決策でどの当事者を優先するべきか。最終的に、全体像スコアは、あなたが優先したい当事者（1つのこともあれば複数のこともある）に適した解決策を選ぶ助けになるはずだ。

あなたの全体像スコア

こうしてあなたの「全体像」ができあがった。そこにはすべての当事者の望みが書かれ、それぞれの横にチェックボックスがついている。有効な解決策を探すプロセスに関わるすべての当事者の、一致または対立する望みが書かれている。あなたはこのリストをもとに、あなたの解決策の全体像スコアを計算することになる。

望みが一致したり対立したりするのは当たり前のことだ。今の時点では、それらを折り合わせる必要はない。すべての当事者をすべての点で満足させることはできない。だからこそ、解決策を生み出すあなたが、解決策を選択しなくてはならないのだ。

全体像が完成した今、課題の理想的な解決策をつくるために必要なピースを探す準備ができた。次のステップでは、「Think Bigger」の核となるツール、「選択マップ」を作成しよう。

第6章

ステップ4 箱の中と外を探す

「別領域」で過去にうまくいった解決策は何か？

このステップでは、課題とサブ課題が書かれた選択マップに戻ってほしい。ステップ4は、これらのサブ課題を、誰かがいつかどこかである程度解決した、先行事例の戦術を探す時間だ。Think Biggerではこれを「**探索**」と呼んでいる。

まず考えなくてはいけないのは、「どうやって探すのか？」だ。

最近ではグーグルのおかげで、調べものがとても楽になった。ただキーワードを入力するだけで、ほら！　目の前に山のような情報が表示される。ときには条件を絞り込んでも、数百万件の検索結果が得られることがある。

だがThink Biggerでは焦点をさらに絞り込んで、**現実の成功事例**を探す。そのためには、何百万件もの検索結果をしらみつぶしに調べなくてはならないのだろうか？

本章では、ロイド・トロッターという隠れた英雄の助けを借りよう。トロッターは

1990年代末に、アフリカ系アメリカ人として初めてゼネラル・エレクトリック（GE）の役員になった人物だ。

当時GEは世界で最大かつ最も成功した企業で、CEOのジャック・ウェルチは世界一有名なビジネスリーダーとして名を馳せていた。トロッターは製造工程の分野で知られ、その手腕によってGEの工場を効率と継続的改善の優れた手本に変えた。またトロッターは、最初はGEで、のちには実業界全体で、ダイバーシティ推進運動〔多種多様な人材を企業や組織で積極的に活用しようとする運動〕を主導した。

しかし、彼が製造とダイバーシティ推進の両方で用いたメソッドは、あまり知られていない。

ここまで、さまざまなイノベーターが、Think Bigger の多くの原則を意識的、無意識的に用いた実例を見てきた。だが、これらの原則を、誰でも使える明快なメソッドに変えたのは、イノベーションの歴史の中でトロッターが初めてなのだ。アイザック・ニュートンが「巨人の肩の上」に乗ったように、Think Bigger そのものが、とくに異才ロイド・トロッターをはじめとする、偉大な人々の業績や貢献に恩恵を受けている。

私は幸運にも2020年夏に、彼にインタビューする機会に恵まれた。彼の物語を紹介させてほしい。

GEを大改革したロイド・トロッターの物語

トロッターは工具メーカー、クリーブランド・ツイストドリルの見習いとしてキャリアを始めた。同社はトロッターをアフリカ系アメリカ人として初めて正社員に昇格させ、学位取得のためにクリーブランド州立大学の夜間部に派遣した。

この頃、同社の販売代理店でGEの機械が故障し、トロッターがすぐさま解決するというできごとがあった。機械の修理に来たGE社員は、トロッターがすでに不具合を解決していたことに驚嘆し、週1でGEに来て機械を設計し直してくれないかと頼んだ。トロッターは引き受け、8週間後にGEに引き抜かれた。

こうしてトロッターは1970年にGE照明部門の現場修理技術者として働き始め、1990年にはGEインダストリアルのCEOとして、世界中の工場を統括していた。彼によれば、すべては単純な観察から始まったという。

私が管轄の工場を調べ始めた頃は、全世界に60の工場があってね。ほうぼうの工場を訪れるたび、舌を巻いたものだよ。どの工場にも、誰もやっていない画期的な手法を実践する人たちがいたんだ。

そこで私は考えた。社員同士で社内コンサルタントをやったらどうだろう？　ヨーロッパの成功法則（ベストプラクティス）をアメリカへ、メキシコの成功法則をヨーロッパへ移植する方法はないだろうか？　そしてこう思った。それをやるにはルールに基づくプロセスが必要だ、とね。

そのプロセスをつくるために、こんなことをやってみた。全工場の製造部門に「君たちの工場が世界に誇れる点は何か？」と尋ねたんだ。たとえ製造部門全体が世界クラスでなくても、たとえば在庫回転率や資金管理、人材活用など、どこにも負けない点が必ずあるはずだ。

できるだけ単純なやり方にしたかった。「5段階評価の5が『成功法則がある』、1が『まったくの手探り状態』だとして、君たちの工場は何点になるのか？」。在庫管理、サイクルタイム、生産性など、製造の重要分野について、自分たちの工場を採点してもらい、それを私の方で集計した。

こうして生まれたのが、「**トロッター・マトリックス**」だ。1990年代にGEにいた人はみな知っている。

Think Biggerの選択マップは、トロッター・マトリックスを直接継承している。ただし、トロッター・マトリックスが「成功法則を社内全体で共有する」という、たった1つの目的に使われたのに対し、Think Biggerはあらゆる種類の課題を解決するのに使えるという点で違う。

「トロッター・マトリックス」の仕組み

トロッター・マトリックスの仕組みはこうだ。

マトリックスをまとめるために、それぞれの工場の責任者と財務担当者に、自分の工場のいろいろな分野を5段階で評価してもらった。1は、やり方はよく理解しているがうまくいっていない状態、5は最高クラスで、それにかけては世界一を誇れる水準にある状態だ。

そうやって全員に工場を採点してもらってね。それから、工場の財務担当と製造担当を一堂に集めて、点数を発表した。

そこでわかったんだが、ほとんどの連中が自分の工場にやたらと高い点数をつけていたんだ。まあ正直、そうなるだろうとは思っていたがね。

とくに2つの工場、フランスの1つとノースカロライナの1つが、全能の神のような自己評価をしていた。私は言ったよ。なぜそこまで自己評価が高いのかを、全員の前で説明してほしいと。1つめのチームが立ち上がったが、笑っていた。このエクササイズを真面目に受け取っていないのはすぐわかった。

するとつめのチームが立ち上がった。そして担当者がこう言った。「でたらめを書きました。真剣に考えていなかったんです。真面目にやり直したいので、時間をもらえませんか?」と。

そこで、全員で最初からやり直した。みんなが自分に正直になったところで、すべてが始まったんだ。

トロッター・マトリックスが軌道に乗ったのは、全員がその有用性を理解したときである。最初は誰もが、これはただのテストで、点数をもらっておしまいだと思っていた。だがトロッターの考えはまったく違った。彼は長年の間に各地の工場を訪れ、各工場の最高の手法を取り入れ、成功法則を学んでいた。そして会議の参加者全員にも、同じことを組織的にやってほしいと考えたのだ。

何かの分野でスコアが3点以下の工場は、4点か5点の最高評価の工場長に連絡を取る。コーチやメンターになってもらって、やり方を教わるんだ。そうすれば、たいそうな学校に通わなくとも学べるじゃないか。必要なことを学び、臆面もなく盗み、それをするためのコーチまでついているというわけさ。

トロッター・マトリックスは通常業務の一環となった。何かの分野で高スコアの工場は、年度内に低スコアの工場を教える計画を立てなくてはならない。逆もまた同じだ。年度末に全工場が、どの工場に教え、教わったかを報告した。

1年と経たずに成果が表れ、CEOジャック・ウェルチの知るところとなった。

平均2%だった変動費生産性を、6、7カ月で7%まで引き上げた。それがジャック・ウェルチの目にとまった。経営会議で3年計画を立てていたとき、ジャックにずばりこう言われたよ。「ロイド、君たちはいったい何をしているんだ？　何を隠しているんだ？　この改善はどこからきたんだ？」とね。財務チームから上がってきたのは、とんでもない数字、ジャックが長年のキャリアで見たことがないほどの改善だった。

この経営会議のあと、トロッター・マトリックスはGE全体に広まった。そしてジャック・ウェルチはこのマトリックスを秘密兵器にして、24業種・24社からなる高業績のコングロマリットを築き上げたのだ。

コングロマリットは本質的に非効率であり、NBCテレビがGEの医療機器部門と同じ傘下にある意味がない、といった批判が根強くあった。だがトロッターは、この批判が間違っている理由を、それもとても説得力の高い理由を示した。**多種多様な業種が連携すればするほど、お互いから借用できる成功法則の幅が劇的に広がり、よい結果が生まれる。社員全員がともに学び、ともに改善できるのだ。**

ウェルチは世界初の最高学習責任者にスティーブ・カーを任命した。そしてカーはニューヨーク州にあるGEのリーダー養成機関、クロトンビル研修所で、トロッター・マトリックスを経営幹部教育プログラムの柱に据えた。研修を受けに来た新任の幹部は、このマトリックスを使ってGE全体から「臆面もなく盗む」方法を学んだ。またカーはトロッターの報告システムも併せて社内に広め、毎年社内の別の部門から何かを教わり、教えることを、全社員に義務づけた。

トロッターとカーはマトリックスをさらに拡張して、社外の情報源も含めた。たとえばGEの品質管理計画は、元はモトローラが開発したもので、日本のカイゼン〔継続的改善の手法〕からも多くの要素を取り入れている。

他人のアイデアに謙虚になる

トロッターはダイバーシティの推進にもマトリックスを利用した。

ダイバーシティ運動を始めた頃のGEは、まるでお話にならなかった。そしてGEのどこがダメなのかを指摘した記事が、ニューヨーク・タイムズに出た。私はそのインタビューを受けて、少しばかり浮かれてしまってね。当時私は全社的経営評議会のたった1人のアフリカ系アメリカ人だったんだ。

質問に答えてこう言ったよ。「もし私が当社のダイバーシティマネジメントのような方法で事業を運営していたら、とっくの昔にクビになっているでしょう」と。そしてびっくり仰天、その発言が記事になってしまったんだ。

ジャックから電話がかかってきた。「私をクビにするおつもりですか?」と聞いたら、ジャックは「いや、君の言う通りだ。で、これからどうすべきだろうね?」と言うんだ。

私たちはまず、「何をすべきかがわかっていない」ということで意見が一致した。そしてあの頃、アファーマティブアクション(積極的差別是正措置)とダイバーシティの推進に最も熱心と言われていた企業は、3社あった。ゼロックス、IBM、AT&Tだ。

これらの企業に、人事ではなく、一般部署のチームを連れて行った。私が思うに、こういった社会に関わることを人事任せにするのは間違っている。もちろん、人事は手助けすべきだよ。だがこれは経営上の問題なんだ。だから経営上の問題として、私が指揮を執《と》ることにした。チームを連れて3社を訪問し、メモを取り、耳を傾けた。そして学んだ成功法則をまとめて、わが社に受け入れられるようなかたちにしてから、GE文化に取り入れたわけさ。

ここからわかるのは、トロッター・マトリックスが、どんな形式のものであれ、どんな課題に用いるのであれ、謙虚な姿勢から始まるということだ。**自分は答えを知っていると思い込まずに、いつかどこかで誰かが自分よりも優れた方法を考案したかもしれない、と認める。**トロッターも、マトリックスのアイデアが生まれた重要なカギとして、謙虚さを挙げた。

私はね、本当の底辺からスタートしたんだ。毎日手を汚して働いていた。改善のアイデアがあっても、聞いてもらえないことが多かった。この経験から、アイデアはどこで生まれたかにかかわらず尊重されるべきだという信念が生まれ、ますます強くなっていった。

ＧＥはいかに「家電のオンライン販売」を実現したか

トロッターが考案した元のマトリックスは、最上部につねに同じ課題が書かれていた。「工場を改善するには？」。サブ課題は、工場の標準機能だ。そして成功法則の情報源は、トロッターの管轄する全工場だった。彼とカーは、ＧＥ傘下のすべての会社のすべての課題に、このマトリックスを適用した。ロバート・スレーターの『ウェルチの戦略ノート』（日経ＢＰ）にその一例が載っている。

メディカルシステム事業部のサービス担当者は、病院に設置されたＧＥ製のＣＴスキャナを遠隔操作する手法を開発した。不具合が起こりそうになると、オンラインで事前に検知して修理する方法だ。ときには病院のスタッフが問題に気づく前に、修理してしまうことさえあった。

医療システム事業部はこの手法を、ＧＥの航空機エンジン、輸送機器、モーター・産業用システム、電力システムの事業部と共有し、ＧＥの事業全体に進歩をもたらした。今ではこれらの事業部は、飛行中の航空機エンジンや、貨物列車を牽引中の機関車、稼働中の製紙工場、顧客の発電所のタービンの状態を監視することができる。そしてＧＥはこの能力のおかげで、設置された機器の保守管理という、数十億ドル規模のサービス事業を生み出す機会を得ているのだ。

トロッター・マトリックスの威力を余すところなく示すために、もう1つ、2000年代初めの例を紹介しよう。

あるときクロトンビル研修所は、新任の経営幹部のチームに、「GEアプライアンス（家電事業部）がオンライン販売に移行するには？」という課題を与えた。当時GEは、トースターから冷蔵庫までのあらゆる種類の家電を製造していた。そしてアマゾンなどのオンラインストアが急激に売上を伸ばし始めたのを見て、GEは消費者にオンラインで直接家電を販売できないだろうかと考えたのだ。

だが、そう簡単な話ではなかった。GEは家電を量販店に卸し、それらの量販店を通じて消費者に販売していた。GEが家電の直販を始めたら、量販店は怒ってGEを締め出し、競合から家電を仕入れるのではないだろうか？

クロトンビルのチームはこの課題に取り組み、トロッター・マトリックスを作成し始めた（表6・1）。

ドラフト課題は単純だ。「家電の卸売からオンライン販売に移行するには？」。それからその課題を、家電販売に関わる一連の活動に分解した。

表 6.1　トロッター・マトリックス（記入前）

課題（ドラフト）：家電の卸売からオンライン販売に移行するには？								
サブ課題（ドラフト）	ファイナンス	プラスチックス	NBCテレビ	メディカル	パワー	モーゲージ	アプライアンス	…
顧客の特定								
顧客の保持								
顧客与信								
卸売業者の保持								
顧客サービス								
流通								

しつこいようだが、課題とサブ課題は最後の瞬間まで、つまり最適な解決策が見つかるまでは、「ドラフト（草案）」のままだ。トロッター・マトリックスでは、GEの24の事業部、つまりGEファイナンス、GEプラスチックス、NBCテレビ、GEメディカル、GEパワー、GEモーゲージ、GEアプライアンス等々を、列見出しにする。なぜなら、そこから成功法則の探索を始めるからだ。

続いて、チームは役割分担と作業の進め方を決めた。誰がどのサブ課題のための探索を行うのか、誰がマトリックスを管理するのか、毎晩集まって進捗を報告するのか、等々。

そしていよいよ、探索の開始だ。クロトンビルにはGEの全事業部のスコアが記録されているから、それを探索の出発点とした。また、チームにはGEのさまざまな事業部の幹部が集まっていたから、手がかりを教え合うことができた。そしてその手がかりをもとに、過去の成功事例の担当者に電話をかけて、具体的な手法を聞き出した。

チームは来る日も来る日も、最終的な解決策を考案するた

表 6.2　トロッター・マトリックス（一部記入）

課題（ドラフト）：家電の卸売からオンライン販売に移行するには？								
サブ課題（ドラフト）	ファイナンス	プラスチックス	NBCテレビ	メディカル	パワー	モーゲージ	アプライアンス	…
顧客の特定	X							
顧客の保持			X		X			
顧客与信								
卸売業者の保持					X			
顧客リービス						X		
流通							X	

めに使える要素（表6・2では「X」と表示）をマトリックスに書き込んでいった。これらの要素も「ドラフト」であって、最終的にどれを使うかはまだわからない。表6・2は一部記入したマトリックスである。

それぞれの「X」の背後には、成功法則の概要と、その仕組み、課題への応用例が書き込まれている。この事例では、チームはものになりそうなアイデアが見つかった時点で、探索を終わりにした。

そのアイデアは、意外な場所からやってきた。

GEファイナンスは、GE社員の福利厚生の一環として、オンラインで金融商品を社員限定で提供していた。これを知ったチームは考えた。「福利厚生の一環として、社員とその家族にGE製家電をオンライン販売したらどうだろう？」

たんなる福利厚生策であれば、量販店の不評を買うこともない。GE社員は30万人いて、家族を含めれば100万人の顧客になる。彼らはもちろん家電を買うだろう。100万人の顧客にオンラインで販売するための技術的詳細を詰めれ

表 6.3　トロッター・マトリックス（最終版：選択マップの形で表したもの）

課題：家電のオンライン販売を始めるには？		
サブ課題	先行事例の戦術	
顧客の特定	ＧＥファイナンス：社員の福利厚生	
顧客の保持	ＮＢＣテレビ：戦術Ａ	ＧＥパワー：戦術Ｂ
顧客与信		
卸売業者の保持	ＧＥパワー：戦術Ｃ	
顧客サービス	ＧＥモーゲージ：戦術Ｄ	
流通	ＧＥアプライアンス：店舗受け取り	

ば、量販店を警戒させることなく、ただちに利益を上げられる。

ここで注目してほしいのは、**チームが元の課題（卸売からオンライン販売への移行）を解決しなかった**ことだ。彼らが解決したのは、縮小版の課題だった。最終的なマトリックス（表６・３）には、縮小版が課題として書かれている。「家電のオンライン販売を始めるには？」が、彼らの解決した課題だ。元の課題全体は解決しなかった――それは問題ない。すべての課題を2週間で解決できるはずがない。2カ月、いや一生かけても解決できない課題もある。それでもトロッター・マトリックスは、課題解決を試みる方法を彼らに教えた。

このアイデアは実際にＧＥで採用された。すばらしい成果が上がったため、ＧＥは数年後に取引先の社員にまで対象を広げ、数百万人の追加顧客という大きな利益の源泉を得た。そのうえ、量販店も喜んでこのアイデアを受け入れ、家電の社内販売特典は、ＧＥが家電部門を売却した２０１６年まで

15年も続いた。

この最後の点について。なぜ量販店は進んで受け入れたのだろう？　解決策にはマトリックス（表6・2）の最後のX、家電事業部の流通に関するアイデアも取り入れられた。そのアイデアとは、「社員はオンラインで購入した品を、GE製家電を販売する量販店で受け取る」である。そうして量販店も利益の分け前にあずかれるようになった。すばらしい！

さてここからは、トロッター・マトリックスとThink Biggerの選択マップの違いを説明したい。

選択マップには、固定した列はない。なぜなら探索をGEの事業部に限定しないからだ（実際にはトロッター・マトリックスも、情報源を社内に限定していたわけではないが、マトリックスには社外の情報源は書かれなかった）。選択マップでは、すべての情報源を同じ場所にまとめて書く。見つけた戦術（成功した先行事例で使われた手法）を、同じ行に並べてどんどん書いていく。家電の事例を選択マップに表すと、最終的に表6・3のようになる。

この事例は、課題も解決策も比較的単純だった。だが選択マップが、これよりずっと複雑な問題にも対応できるのは一目瞭然だ。選択マップには、多種多様な情報源から得た、さまざまな戦術を書くスペースがある。決まった列はないから、「マトリックス（行列）」とは呼ばない。選択マップと名づけたのはそのためだ。一般の地図がいろいろな方向に進む可能性を示すように、選択マップは、課題を解決する戦術のさまざまな組み合わせを示している。

トロッターはあのマトリックスで、イノベーションの方法を考えるための重要なツールとして、「探索」を使う方法をいち早く開拓した。どんな思考も記憶の行為だということを思い出してほしい。脳は複雑な課題を解決するために、記憶の本棚を調べて、パズルの正しいピースを探し当てる。だから探索によって、記憶の本棚に適切なピースを追加していけば、それらを組み合わせて課題を解決できる可能性が高まる。課題が複雑だと、すべての手順や情報を頭の中に入れておけないが、トロッター・マトリックス、そして今や選択マップは、すべてを記録し、把握するのに役立つのだ。

好奇心ドリブンで「領域外」を探す

ロイド・トロッターは、GE全体の効率性を高めるという使命に精魂を傾けていた。トロッターのマトリックスはいろいろな点で画期的だったが、彼のとくに大きな貢献は、多様な背景や視点、専門知識を持つ人々を一堂に集めて、ともに問題解決に当たらせることにこだわった点にある。そしてこの考え方は、Think Biggerの柱の1つになっている。すなわち、**問題解決のカギを、身近な領域にとらわれずに幅広く探す**ということだ。

身近な世界や専門分野から遠く離れた領域に知識を求めることが、創造性を大いに高めることを示した、最も象徴的な人物は、レオナルド・ダ・ヴィンチだろう。

彼は「モナ・リザ」や「最後の晩餐《ばんさん》」などの有名な絵画を描いただけでなく、膨大な数の先見的で革新的なアイデアをノートに書き留めた。15世紀と16世紀に書かれたこれらの手稿には、近現代のロボットや自動車、ヘリコプター、飛行機、戦車などの前身となる機械の設計図が並んでいる。ダ・ヴィンチの家を訪れると、彼が物理学、化学、解剖学、工学、絵画、彫刻など、さまざまなことを並行して学び続けていたことがわかる。

ダ・ヴィンチはこうした多様な分野を研究しながら、つねにアイデアや素材を基本的な構成要素に分解し、さまざまな領域から知識の断片を集め、それらを組み合わせてイノベーションを生み出す方法を考えていた。彼は分解することを通して、そうした構成要素に手を加え、再び組み合わせれば、新しいものを生み出せることを理解したのだ。

ダ・ヴィンチは、新しいアイデアを生み出すために領域外を探索することの大切さを、史上初めて意識的に認識した人だと私は思っている。公証人の父と農夫の娘の母の間の婚外子として生まれた彼が、生まれつきの天才だったと片づける人もいる。偉大なイノベーターは、人と違っているからこそ、さまざまな分野にわたる知識を持つ博学者になれるのだ、と。

しかし、彼が数々のイノベーションを生み出せたのは、多くの分野に精通していたからではない。新しい知識分野をじっくり開拓し、ほかの人がやらないような方法でものごとを結びつけたからなのだ。

多くの領域にまたがって探索し、先行事例の戦術を収集し、それらを組み合わせて新しいイノベーションを生み出す能力――そして好奇心――が、Think Biggerの柱である。このプロセスこそが、ダ・ヴィンチの真の強みだった。

あなたもダ・ヴィンチのように、好奇心を指針にしよう。ただし、特定分野の専門知識を身につけることと、まったく無関係な分野を好奇心のおもむくまま探索することのバランスを図ることが大事だ。Think Biggerではダ・ヴィンチと同様、ほかの関心分野を探求するのは、解決策に使えそうな仕組みや戦略を探すためだということを忘れずに。

領域内と領域外の探し方：選択マップ

さっきのトロッター・マトリックスの事例は、2種類の戦術を使った。1つは、オンライン販売の家電の受け取りに量販店を利用するという、課題と同じ「家電」の領域から得た、「**領域内**」の戦術。もう1つは、福利厚生の一環として社員だけに家電をオンライン販売するという、課題とは異なる「ファイナンス」の領域から得た、「**領域外**」の戦術だ。

この区別は前にも説明した。ヘンリー・フォードは、オールズモビルの動かないラインの

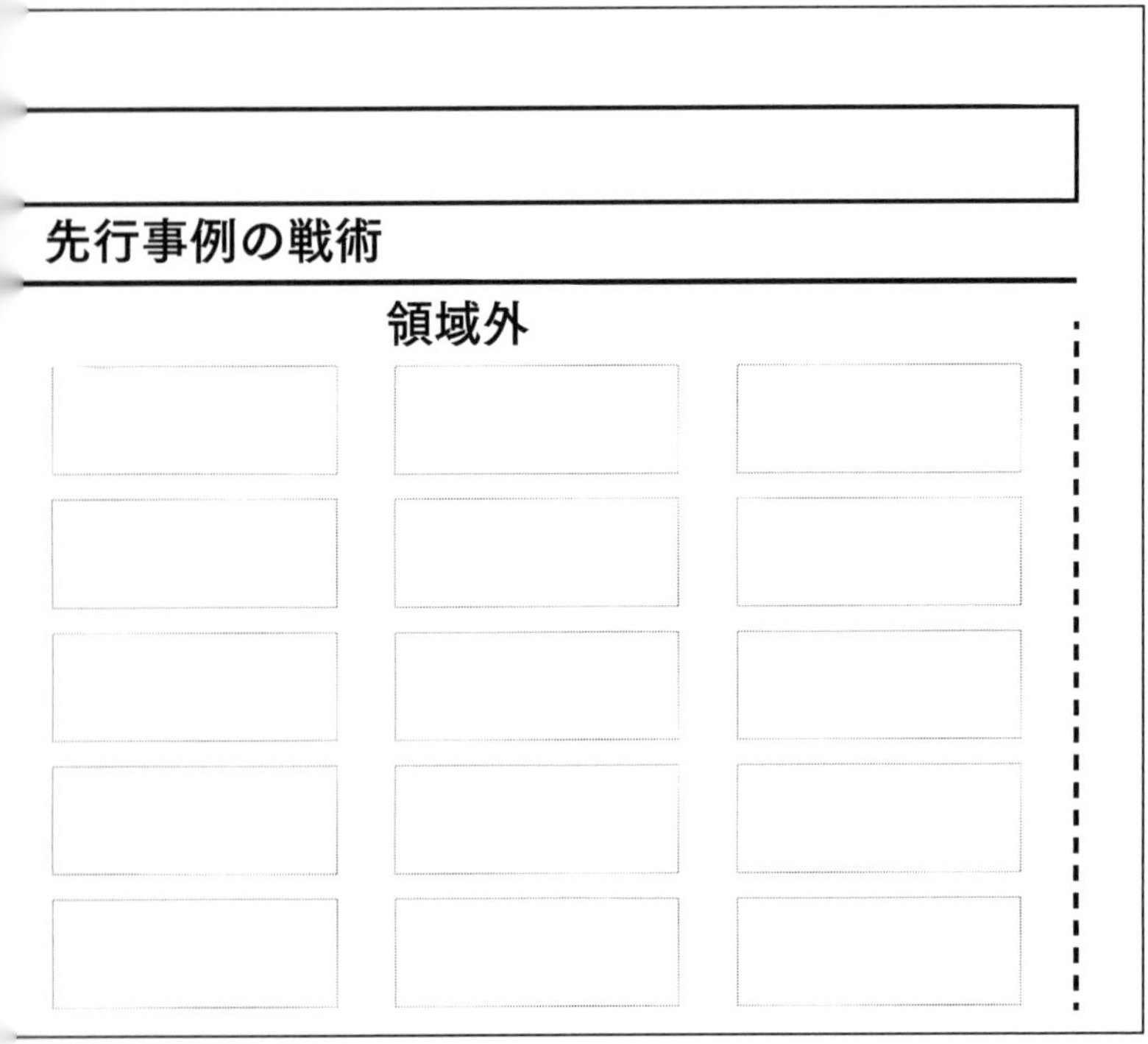

戦術を領域内から、そして食肉処理場の動くラインの戦術を領域外から得た。ネットフリックスのリード・ヘイスティングスにとって、レンタルビデオ店は領域内、ジムの会員は領域外の戦術だった。

Think Biggerでは、これらを明確に区別する。選択マップを見れば、領域内と領域外の両方を探索する必要があることを忘れずにいられる（図6・1）。

選択マップの「領域

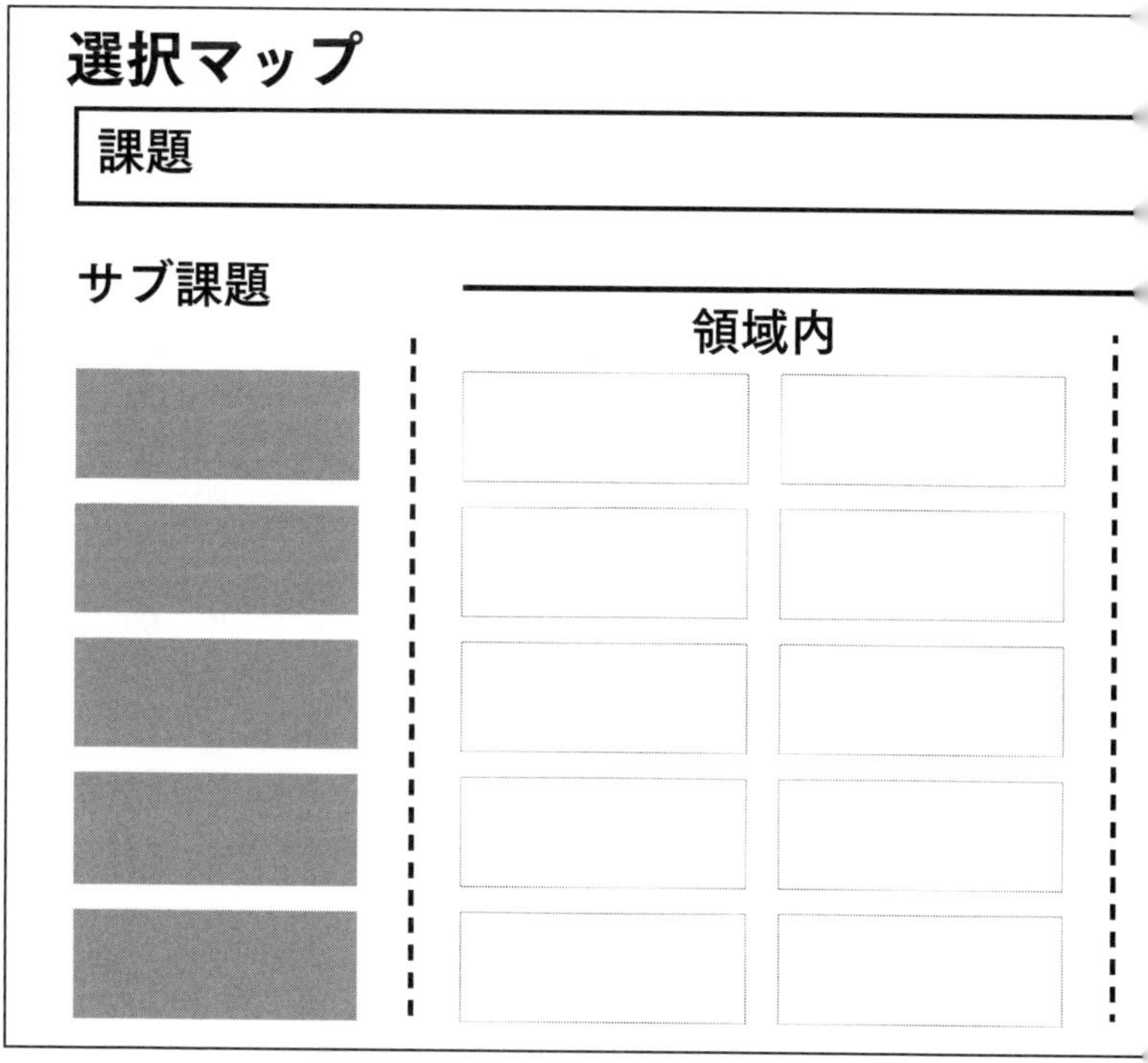

図 6.1　選択マップ

内」と書かれた左の2列には、課題が属する領域内の成功した先行事例の戦術を書いてほしい。たとえばヘンリー・フォードがT型フォードの生産をスピードアップするために使った、領域内の戦術である、オールズモビルの組立ラインのように。この2列は、専門知識が最も必要とされる部分だ。これらの戦術を踏み台にして、領域外でより創造的な解決策を探し、付加価値を高めていく。

この2列の領域内の成功法則という強力な基盤を目安として、右隣の3列の「領域外」に関しても同じくらい有効な戦術を探していこう。そして重要なことに選択マップでは、**領域内よりも、領域外の成功事例を多く集める**ことを推奨している。なぜなら、アイデアを本当の意味で強力にするのは、領域外の多様な戦術だからだ。フォードが用いた、シカゴの食肉処理場の動くラインと、黒いラッカー塗料のジャパニングの領域外戦術が、その好例である。

領域内と領域外の先行事例や戦術を探索する際には、「過去に誰がこのサブ課題を解決しただろう?」と考えよう。つまり、**いつかどこかで誰かがすでに考案した戦術を探す**のだ。「最新」の例を探そうとしないこと。そういった情報を得るのは難しい。「過去」には昨日も含まれる。トロッターは、ゼロックスの最新のダイバーシティ推進計画を調べたつもりだったかもしれないが、彼が実際に得たのは、ゼロックスの過去の取り組みに関する情報だった。だから「他者は何をしているのか?」ではなく、「他者は何をしたのか?」と考えよう。

選択マップの各行のマスに、それぞれのサブ課題のために見つけた戦術を書いていこう。ときにはサブ課題のすべての戦術が領域外になることもあるだろう。それはよいことだ――とくに、メインの課題が、領域内で未知とされる問題の場合は。だがどのサブ課題も、領域内の戦術だけで終わってしまってはいけない。

くり返すが、すべてのサブ課題で、必ず領域外を探索しよう。それにはもっともな理由がある。**選択マップのねらいは、主に領域外の多様な戦術を活用することによって、より革新**

的な解決策を生み出すことにあるからだ。私のデータ分析により、平均15個以上の領域外戦術（各サブ課題につき戦術が5個として、うち3個以上が領域外戦術）が含まれる選択マップは、その後のステップで仲間や同僚に「非常に創造的」と評価される解決策を生み出す可能性が高いことがわかっている。

領域内の戦術を探すには、その領域の専門家に聞くのが一番だ。ステップ2で課題を分解した際には、あなたの判断や決定に役立つような知識や情報を専門家に求めた。ステップ4では、同じ専門家に領域内の戦術について尋ねよう。ただ前に言ったように、ステップ2の課題分解のインタビューの中で、戦術のアイデアが自然と話題に上ることがある。専門家と連絡を取りにくい場合や、一度しか話を聞けない場合は、1回のインタビューで、ステップ2と4の両方の質問をしてもかまわない。

しかし領域外の探索に関しては、同じ方法で専門家を頼ることはできない。なぜなら、どの領域から戦術が得られるかわからないからだ。領域外の探索方法は、あとでくわしく説明しよう。

選択マップのマスは、マップを扱いやすくするためにわざと小さくしてある。これより大きくすると、マップ全体を一覧できなくなるからだ。マスにはキーワードを書いておけばいい。フォードの場合なら「食肉処理場」、ヘイスティングスなら「ジムの会員」など。

そしてマスの裏に、くわしいメモをつけておく。私はこれを「ミクロメモ」と呼んでいる。

電子スプレッドシートを使えばもっと簡単にできる。ミクロメモには、その戦術で最も重要なポイントを具体的かつ簡潔に書こう。食肉処理場のミクロメモなら、「ラインを動かすことで作業員が動き回る必要がなくなり、製造が加速する」など。ジム会員なら、「月額定額制は利用状況に左右されない安定した収益を生む」など。ミクロメモは、戦術の内容と、解決策にもたらすメリットを明確にする。食肉処理場やスポーツジムそのものを模倣するわけではもちろんないから、その中の「動くライン」や「月額定額制」といった要素を、あなたの解決策に取り入れる可能性があるものとして書いておこう。

これで、選択マップを使って探索を行う方法が大体わかった。効率よく探索するために、見つけた情報を書く場所をしっかり理解しておきたい。

探索を開始する

さて、ここからは探索の開始だ。

まずはロイド・トロッターの重要な方針、他者の成功法則を「臆面もなく盗む」を胸に刻んでおこう。この精神を受け入れ、実践することが何よりも重要なのだ。それをこれから説明する。

その前に、特許権法と著作権法についてひと言。国によって法律は異なるが、法律の範囲内で行動するのが鉄則だ。特許や著作権の使用料を支払えないなら、その戦術は使ってはいけない。とはいえ、実際にはこうした法律で守られた戦術はごくわずかだから、恐れずに幅広く探索しよう。特許や著作権がありそうな場合は、くわしく調べること。

モラルの問題もある。トロッターは「臆面もなく盗め」と教えたが、盗むのは罪ではないのか、と思うかもしれない。だがもちろん、これは言葉のあやにすぎない。本当の盗用は特許法や著作権法によって罰せられる。それ以外に関しては、この方針は「どんどん真似しよう」という姿勢のようなものと考えてほしい。トロッターは倫理的な対処法も示してくれた——「出所を明らかにせよ」。トロッター・マトリックスには、戦術の出所がはっきり記されている。あなたも同じことをしよう。マティスは出所を示し、ピカソは示さなかった。マティスの方がピカソより倫理的だったと言えるだろう。

そして、各戦術のメリットを裏づける、根拠を示すことが重要だ。といっても、戦術の有効性を証明するエビデンスやデータはめったに見つからないから、ほかの指標が必要になる。たとえばヘイスティングスの場合、スポーツジムが月額定額料金から収益の何%を得ているのかを示すデータはなかった。そこで代わりに、「月額定額制は、延滞料金などのペナルティをたしかに減らす」「会費制のジムは多く存在し、利益を上げているように見える」といった、簡易な判断に頼った。

グーグル創業物語

データが豊富なテック業界でも、この手法がよく使われる。

たとえば、検索エンジンのグーグルが誕生したいきさつを考えてみよう。

グーグルの共同創業者ラリー・ペイジとセルゲイ・ブリンは、博士論文の調べものに検索エンジンのアルタビスタを使っていた。アルタビスタは史上初めてウェブクローラというプログラムを使用したエンジンで、すべてのウェブサイトを定期的に巡回してデータを自動的に収集し、検索結果を瞬時に提供した。アルタビスタの最大のライバルだったヤフーは、手作業で1つひとつのページを分類していた。アルタビスタの方が高速だが、検索結果の質が高いヤフーの方が、検索エンジンとしては優れているのだろうか?

グーグルの2人は、「アルタビスタの方が優れている」という自分たちの判断――とユーザーの間で生まれつつあったコンセンサス――に頼った。

彼らが次に利用した戦術は、論文の被引用数だ。学術界では、誰かがあなたの名前を論文の脚注に引用するたび、あなたの著者ランクが上がる。グーグルの2人は、これをウェブサイトに応用した。別のサイトにリンクされればされるほど、あなたのサイトのランクは高くなる。

この方式を導入することによって、彼らはアルタビスタの検索結果を、ランダムな順番ではなく、ランクの高い順に示すことができた。そして彼らはこのとき初めて、全世界に受け入れられる強力な検索エンジンをつくったことに気づいたのだ。それまでは、ただ博士論文に取り組んでいただけだった。

パズルの最後のピースは、お金だ。どうやって利益を上げればいいのか?

ヤフーはネット上のあらゆる情報にアクセスするための玄関口となる、ポータルサイトとして収益を得ていた。同じページで検索エンジンのほか、メールやニュース、ショッピング、天気予報、スポーツなどのコンテンツを提供し、そのページに表示されるバナー広告やポップアップ広告の枠を販売して利益を上げる方法だ。ポータルは便利だが、同じページに多くのコンテンツが詰め込まれているせいで、読み込みが遅くなる。

アルタビスタとグーグルは、ただ検索エンジンを提供するだけで、収益を得ていなかった。バナーやポップアップをページに加えると、検索に時間がかかってしまう。グーグルにとって、ヤフーに対する最大の強みはスピードだったため、ポータルサイトとして収益化する案は論外だった。

そんな折、グーグルの2人はオーバーチュアという検索エンジンに目をとめる。ユーザー数はあまり多くないエンジンだが、検索結果の横に、バナーやポップアップとしてではなく、小さなリストの形式で広告を表示させ、その枠《わく》を販売していた。そしてこれらの広告は、検索スピードを犠牲にしなかった。2人はこの機能をグーグルに組み込み、そうすることによってとうとうヤフーを追い越したのだ。それから20年近く経った今も、検索連動型広告はグーグルの収益の約80％を占めている。

グーグルの創業者たちがオーバーチュアというピースを見つけるまでは、ヤフーが検索エンジンの首位を保っていた。このことは、他者がやっていることの全体ではなく、その一部を探すことの重要性を示している。**アルタビスタはグーグルのパズルの1つのピースを解決し、論文の被引用数が別のピースを、オーバーチュアがさらに別のピースを解決した。**あなたもこのように、見つけた戦術に選択マップに含めるだけの価値があるかどうかを判断しなくてはならない。

有望な戦術が見つかったら、それがあなたのアイデアの成功に役立つかどうかを、専門家に聞こう。グーグルの2人も、そうやってアルタビスタを選んだ。自分たちを含む、この分野の専門家の判断を用いたのだ。

専門家はたいていの場合、喜んで意見をくれるだろう。だが、「ああ、役に立ちますよ」「いいえ、役に立ちません」の答えで会話を終わらせずに、「なぜ」そう考えるのかを聞き出そう。ひとくちに専門家と言っても、専門分野を隅から隅まで知っている人ばかりではない。彼らの説明を聞けば、あなたの尋ねた戦術をどれだけ深く知り、理解しているかがわかる。そして専門家に聞くのは、彼らの領域内の戦術のことだけにしよう。領域外戦術に関しては、それにくわしい専門家に話を聞こう。

「多様性」を成果につなげる

Think Biggerは、**多様性**についても新しい視点を提供する。Think Biggerをチームでやる場合は、多様な背景を持つメンバーが、課題の定義についても、課題を分解する方法についても、多様な意見を持っている。多様性は高ければ高いほどよい。だがその一方で、専門知識も欠かせない。そして現実の世界では、課題の領域で最も経験を積み、最も専門知識が豊富な人が、課題の定義についても分解についても、主導権を握ることが多い。つまり専門性や経験が重視されるあまり、多様性がないがしろにされがちなのだ。それに、差別のせいで十分な経験を積めない人がいることを考えれば、経験豊富な人を優遇することは、差別を助長することになりかねない。

Think Biggerは、条件を公平にすることによって、この問題に対処している。

第一に、チームでThink Biggerをやる場合は、それぞれのステップに最初は1人ひとりが個別に取り組む。そうすることで、アイデアに貢献する機会が、全員に平等に与えられる。

第二に、領域外の探索を重視することで、経験者の強みが相殺《そうさい》される。領域内で経験を積んでいない人ほど、領域外を新鮮な目で探索できるという強みがあるからだ。本書で取り上げる多くの例が示すように、領域外戦術は領域内戦術よりも革新的で、専門家ではない人たちが生み出したものも多い。選択マップを使う探索を「スキル」として身につければ、課題の領域でそれほど経験を積んでいなくても、創造性では優位に立てる。くり返し行ううちに、探索のスキルはどんどん向上する。

最終的な解決策の質は、あなたがマップに書き入れる戦術の質によって決まる。だから選択マップの多様性を高めることをつねに心がけよう。

多様性が組織の創造性やパフォーマンスを高める、という話はよく聞く。国籍や学歴、職業、地域、民族など、どんな側面であれ組織の多様性を高めることが、創造性やパフォーマンスの向上につながることが、過去10年間の多くの研究によって確かめられている。

そうはいっても、多様性を成果につなげることは難しく思える。この困難にも、Think Bigger は対処できる。

心理学者の故キャサリン・フィリップスが画期的な研究で示したように、ただ多様な経歴の人たちを一堂に集めるだけでは、多様性の恩恵は得られない。思考の多様性を成果につなげるには、進んで情報を分かち合い、対立を解消しようという姿勢を全員が持つことが欠かせない。１人ひとりの意見が聞き入れられ、尊重され、理解されることが大切だ。

多様な領域の人たちが、個別に考え、選択マップに領域内外の先行事例や戦術を書き入れることによって、互いに重複しない、多様なアイデアを得ることができる。まず１人ひとりが別々に探索を行い、それから集団で各サブ課題の先行事例や戦術を持ち寄れば、全員がアイデアを――どんなに奇抜で複雑に思えるアイデアであっても――交換しやすくなる。**選択マップは、多様な思考を促し、多様性の力を成果につなげるような集団力学を、自然に、巧みに生み出す**と言えるだろう。

「失敗」から学んではいけない

Think Biggerを学生に教えると、「なぜ失敗事例も調べないんですか？」という質問が必ず飛んでくる。それはもっともな疑問だ。私たちは子どもの頃から親や教師に、「失敗は最高の学び」だと言われ続けてきた。そして大人になってからも、誰かが失敗すると同じ言葉をかける。だがこの言葉の本当のねらいは、くじけないで、自分を責めないで、と慰めることにある。たしかに失敗からは、「完璧な人はいない」という教訓が学べるし、どん底から立ち直れば、困難に立ち向かう力を養えるだろう。

しかし残念ながら、立ち直らない人もたくさんいる。それに考えてみれば、人は失敗したから成長するのではない。失敗に対処することで成長するのだ。失敗そのものから学べるのは、うまくいかない方法だ。もしかしたら、謙虚な心も。もし「失敗は最良の教師」という言葉が本当なら、できるだけ多くのことを学ぶために、できるだけ多くの失敗をすべきだということになる。だが失敗は痛みを伴う。だから覚えている。そして**失敗は最良の教師ではまったくない**のだ。

たとえばあなたがテレビのサバイバル番組に出場して、1カ月間自力で生き延びなくてはならないとしよう。ヘリコプターで森の真ん中に真っ裸で下ろされる。水は豊富にあり、食料源はそこら中に生えているいろいろなキノコだ。

ここに、あなたの生存確率を高めるかもしれない本が2冊ある。1冊は森に生えている500種類の毒キノコの図鑑、もう1冊は10種類の食用キノコの簡単なガイドブック。どちらか1冊しかもらえないとしたら、あなたはどちらを選ぶだろう?

キノコにくわしくなりたいなら、図鑑が役に立つ。だがあなたの目的はまったく違う。サバイバルだ。雨風をしのぐ小屋を建て、火にくべる燃料を探し、火をおこす方法を考え、生き延びるための食料を集めなくてはならない。着るものや、とくに足を保護するものをつくる必要もある。

つまり、あなたは一刻一秒を争う数々のサブ課題を解決しなくてはならない。食用キノコのガイドブックは、サブ課題の1つを解決する。毒キノコ図鑑は、どの課題も解決しない。

そしてあなたは、Think Biggerにこんな疑問を持っているかもしれない。「他人の経験よりも、自分の経験から学ぶのが一番なのでは？　経験は最良の教師と言うじゃないか？」と。

では、もう一度森の例に戻ろう。ただし、今度は本をもらえない。自分の経験から学ぶしかない。あなたは以前食べたようなキノコを見つけ、食べてみる。すると猛烈に具合が悪くなった。

この「経験」から学べることは何だろう？　「そのキノコは食べるな！」だ。そこで別の種類のキノコを食べてみる。また気分が悪くなった。そうやって森中のキノコで試行錯誤をくり返す。

するとその時、あなたは別の出場者に出会う。彼女はあなたの3週間も前から森にいて、22種類のキノコを試した末に、とうとう食べられるものを探し当てたという。

さて、あなたはそのキノコを教えてほしいと懇願するだろうか、それとも「大丈夫、『自分の経験』から学ぶから」と言うだろうか？

経験は最良の教師かもしれないが、一番時間のかかる教師でもある。仲間の出場者から学ぶ方が、食べられるキノコにめぐり会うまで何十種類ものキノコを試し続けるよりずっと速いし、安全だ。

ロイド・トロッターは、たとえ管轄の全工場を数十年自分で運営したとしても、経験を積んだ工場長たちから教わったことのほんの一部分しか学べなかっただろう。またピカソは画家として熟達するために長年努力を重ねたが、アイデア豊富な多くの画家に囲まれていた。彼はほかの芸術家、とくにアフリカの彫刻家のアイデアを借用することによって、飛躍的な革新を遂げた。何年もの経験を重ねてアフリカ美術の技巧を身につける代わりに、アフリカの芸術家を模倣したわけだ。

あなたもThink Biggerの探索で、たくさんのキノコに出くわすだろう。だが選択マップに書いていいのは、食用キノコだけだ。

「試行錯誤」に頼ってはいけない

私がよく受けるもう1つの質問は、「失敗を避けていると、リスクを恐れるようになるのでは？　イノベーションは元来リスクを伴うものだから、失敗を恐れずにチャレンジすべきではないのか？」というものだ。実際シリコンバレーには、「すばやく頻繁に失敗せよ」というアドバイスさえある。新しい試みの1つひとつを実験とみなせば、失敗する実験もあるだろう。

だがThink Biggerは、イノベーションに組織的、体系的に取り組むことによって、失敗の可能性を減らそうとする。

たとえば科学でいう実験には、よい実験もあれば悪い実験もある。そして悪い実験は、できる限り避けたい。

Think Bigger はそれを避ける方法を教える。**試行錯誤に頼ってはいけない。**「500種類のキノコを試す」のは悪い実験だ。よくても非効率で、悪くすれば死んでしまう。これに対しThink Bigger は、成功確率が高い、優れたアイデアを数多く生み出す。こうしたアイデアを実行に移すのも「実験」だが、**過去に成功した戦術という強力な基盤の上に立っているから、成功確率は高い。**

一般に、スタートアップの9割は倒産すると言われる。**失敗したアイデアを知ることは参考にはなるが、それを選択マップに入れてはいけない。実験が失敗しない確率を高めなくてはならないからだ。**アイザック・ニュートンが土台としたのは、失敗した実験ではなく、先人たちの業績だった。

過去の成功物語の一部をただ模倣するだけでは、成功は保証されない。ネットフリックスの立ち上げは実験だったが、手堅い戦術を元にしていた。科学者は実験を「実行」することより、それを「設計」することに多くの時間をかけている。失敗を恐れてはいけないが、失敗を求めるのも間違いだ。Think Bigger では実験の成功確率を高めるために、手堅い要素を使ってアイデアを築いていこう。

戦略的に模倣する

くり返しになるが、トロッターに倣って「臆面もなく盗む」の精神で探索しよう。ここからはネガティブな意味合いを和らげるために、「**戦略的模倣**」と言い換えることにする。耳慣れない言葉かもしれないが、実はあなたは生まれてからずっと、話す言葉に始まり、すべてを「戦略的模倣」してきた。あなたは母国語を発明しただろうか？　まさか。誰かの真似をしたのだ！　あなたが知っているほとんどのことについても同じだ。

「模倣は最大の賛辞」ということわざもある。私たちはどんな形態であれ、模倣によって、文化や規範、社会通念を獲得し、伝える。

だがときには、模倣によって惑わされることもある。このことは、人間の幼児と、最も人間に近い類人猿ボノボとの比較研究でも示されている。

実験者が部屋の中で箱を持って立っているところを想像してほしい。そこにボノボが長い手を地面につけて、目を光らせながら入ってくる。

実験者はまず、おやつが中に入った箱をボノボに見せる。そして、手や腕でおかしな動きをしてから、箱を開けてボノボにおやつを渡す。そしてもう一度、空中に丸を書いたり線を引いたりといった、意味のない激しいジェスチャーをする。ボノボは立ったまま興味津々《しんしん》で実験者を見つめ、おやつをもらうのをじっと待っている。

次に、人間の4歳児のマイケルに同じことをする。同じ実験者が同じ箱を持ち、中に入ったおやつをマイケルに見せる。そしてボノボに見せたのと同じ、空中に丸や線を書くジェスチャーをしてから、おやつを渡す。実験者はジェスチャーを何度もくり返し、マイケルはそれを見つめ、そのたびにおやつをもらう。

その後、実験者は箱を置いて部屋を出て行く。マイケルが部屋に戻され、箱を見る。中におやつは入っているだろうか？　マイケルは箱に近づくと、実験者が前にやったジェスチャーを真似して空中に丸や線を書き、それから箱を開けておやつを取り出した。

次に実験者は、箱が真ん中に置かれた空の部屋にボノボを戻す。ボノボは箱に近づき、さっさと箱を開け、おやつを取り出して食べた。

人間の幼児のマイケルは、おやつを得るために不要なジェスチャーを模倣した。ボノボはそれをしなかった。だからといって、ボノボが人間の幼児よりも賢いというわけではない。人間はときに模倣しすぎてしまうということだ。

模倣する必要のない要素もある。ただ箱を開ければいい。

これまで取り上げた事例に戻って、イノベーターたちが模倣しなかった要素を見てみよう。たとえばバター攪拌機には、長い木の棒がついていた。ナンシー・ジョンソンはその要素を取り入れなかった。食肉処理場の作業員は白衣を着ていたが、ヘンリー・フォードはそれを模倣しなかった。ピカソは彫刻家にはならず、アフリカ美術から角張った顔だけを取り入れた。イノベーションの歴史は、そうした例にあふれている。

模倣に罪悪感を持つ人もいる。模倣は盗みだという考えもある。たしかに特定の種類の盗用は法で制限されているし、そうあるべきだ。

だが創造は模倣を伴うことが多い。また人は模倣するとき、過去の成功事例の最も重要な要素を抽出するために、それを戦略的に再現することもある。たとえばスティーブン・キング（と息子のジョー・ヒル）などの高名な作家も、書けないスランプに陥ると、ほかの作家の文章を書き写している。多くの作家がひらめきを得るために——そして1文字も書けないまま白紙のページとにらめっこするという、作家が最も恐れる事態を避けるために——いつもと違う文体やリズムで書いてみる。

部分的模倣を理解しないことは、イノベーションの妨げになる。あなたもこんな経験がないだろうか？　上司に「Y社のAの技術を取り入れましょう」と進言すると、「うちはY社とは違う」とか、「前にAを試したがうまくいかなかった」などとはねつけられる。だが後者の場合はもしかすると、Y社のAとBとCを試した、つまり模倣しすぎて、Aだけを試したことはないのかもしれない。

成功事例を分解して必要な部分だけを抽出するのは、とても難しいスキルだが、何度も繰り返し訓練するうちに身につけることができる。私たちは成功事例を見ると、すべてを模倣するか、まったく模倣しないかの両極端になることが多い。だがあなたが本当にほしいのは、成功の決め手となった特定の戦術、核心部分だ。**課題を解決するためには、成功事例全体ではなく、成功した戦術を模倣しよう。**実際、私が教えるThink Biggerの学生プロジェクトから得たデータによれば、戦略的模倣を重視する学生が生み出した解決策は、業界のリーダーや同級生によって、より新規かつ有用と評価されることが多いのだ。

なぜ「古いアイデア」を使うのか

あなたはこんな疑問を持っているかもしれない。なぜ選択マップに古いアイデアなんかを詰め込むのか？　創造性やイノベーションは未来のための新しいものであって、過去とは無縁だろう？と。

まあまあ、そう焦らずに。たとえばこんな例を考えてみよう。

ある会社が、健康づくりに役立つ新しいスマホアプリを開発することを決め、アイデアをクラウドソーシングで公募することにした。誰でも、何個でもアイデアを投稿できる。投稿されたアイデアはデータベースに入り、投稿者たちによって評価される。

あなたは使いやすく斬新で魅力的なアプリを考えようとする。そこでちょっとリサーチをしてから、アイデアの説明を入力し始める。普通の使いやすいアプリだが、従来のヘルストラッカーにはない、新しい機能があることを強調する。説明文を書き終え、データベースに投稿する。

それからあなたはほかの人が投稿したアイデアを見てみる。そしてそれぞれのアイデアを、独創的か、購買意欲をそそるか、収益性が期待できるか、わかりやすいか、の点で評価する。

そのうちにあなたは、アイデアに2種類あることに気づく。1つは、既存のアプリに少し手を加えたようなもの。実用的だが、新鮮味はない。2つめはその逆で、スマホでは使えない技術や、まだ存在さえしない技術を使った、斬新すぎて実用性に乏しいものだ。

そしていろいろなアイデアを見るうちに、もう1種類あることに気づく。「実用的だが新しくないもの」と「新しいが実現不可能なもの」の中間のアイデアだ。

あなたはこれら3種類のアイデアを評価して、点数を提出する。すべての評価が集計された。

さて、3種類の中で一番評価が高いのはどれだろう?

実は、結果はもう出ている。

私の同僚のオリビエ・トビアとオデッド・ネッツァーは、2000人超の実験参加者から4000超のアイデアを収集し、巧妙な言語分析ツールを使って、アイデアの新規性（目新しさ）を分析した。たとえば、「健康」と「運動」を組み合わせたアイデアを分析すると、その組み合わせがほかのアイデアでどれくらいの頻度で使われているかがわかる。アイデアの説明文に、ほかの説明文に類似した組み合わせが多く含まれていればいるほど、そのアイデアは新規性が低いと評価される。だが、たとえば「健康」と「スカイダイビング」など、ほかのアイデアにない組み合わせが含まれていれば、新規性が高いと評価される。

実験参加者は自分のアイデアの説明文を提出し、その後お互いのアイデアの「創造性」を評価した。

では、参加者によって最も創造性が高いと評価されたアイデアは、「最も新規性が高い」「最も新規性が低い」「その中間」の3種類のうちのどれだっただろう？

トビアとネッツァーはこう報告している。「**アイデアに含まれる『原材料』の組み合わせにおいて、親近性（なじみ深さ）と新規性（目新しさ）のバランスが取れたアイデアは、より創造的と評価される**」

前に見たことがあるものは「親近性」がある。Think Biggerでは、これは「先行事例」に当たる。課題を創造的な方法で解決するには、親近性のある古いピースを新規な方法で組み合わせることが欠かせない。1秒前でも過去は過去だ。あなたのアイデアの原材料は、過去に存在したものだろうか？　もしそうでなければ、成功するイノベーションの重要な要素にはなりえない。

「問い方」が大事：「汎用検索」「部分検索」「並行検索」

では、探索のやり方に話を戻そう。

あなたは古今東西の人間の経験という海で釣りをしている。網は持っていない。戦術を1つひとつ探し、銛《もり》で突いて捕ろうとする。いったいどこから手をつけたらいいのだろう？

前に、領域内の戦術を探すには、専門家に聞くのが一番だと説明した。だが、専門領域のすべてに精通している専門家はいないし、すべての専門家をインタビューすることもできない。だから、あなたの主な情報源は、文献や資料、記事などになるはずだ。図書館司書も大きな助けになるが、あなたはおそらくほとんどの戦術を、今や史上最大の図書館となった、グーグルで探すことになるだろう。

そしてこのとき、**あなたの「問い」が、探索結果の質を左右する**。

領域内の戦術については、トロッターがやったように、成功事例や成功法則を探そう。GEが傘下の24業種から集めた成功法則の一覧表は、領域外戦術の宝庫だった。

残念ながらグーグルは、トロッターのような一覧表をつくってくれない。今私がグーグルで「ベストプラクティス　新商品　マーケティング」と入れて検索すると、10億件以上の結果がヒットした（英語）。最初の数十件をざっと見たが、戦術は1つも見当たらない。ほとんどが、誰かが何かをベストプラクティスだと考えている、という意見にすぎず、それらを信じるべき根拠はない。「戦術Xは、Y社がZの結果を得るのに役立った」という実例をたった1つ探すのにも、調べまくらなくてはならない。

ここで注意してほしいのは、**「ただの戦術」と「成功事例の戦術」の区別**だ。GEでは、ただ戦術があると言っても、信じてもらえない。トロッターは各部門のスコアの裏づけを取った。専門家をインタビューするときは、この区別が重要だ。「Zを実現する最高の方法はXだ」と専門家が言ったら、その実例を挙げてもらおう。そうした裏づけのないものはただの意見であって、戦術とは言えないからだ。

グーグル検索で一番よい方法は、まずあなたのサブ課題に合った用語を使って検索することだ。これを専門家のインタビューと並行してやろう。

グーグルが生まれるはるか前に、フォードはこう自問した。「ほかの自動車メーカーはどうやって製造時間を短縮しているのか？」。そしてオールズモビルの組立ラインという、領域内の先行事例を見つけた。フォードはまた、「他業界はどうやって製造時間を短縮しているのか？」と自問し、食肉処理場の動く組立ラインという、領域外戦術の金脈を掘り当てた。

あなたもグーグルを使って同じことをしよう。まずサブ課題を、その領域で用いられる用語を使って検索する。次にそれをあらゆる分野に当てはまる、一般的な問いに言い換えて検索するのだ。

たとえばあなたの課題が「タクシーのサービス向上を図るには？」で、サブ課題の1つが「タクシーの利用料金をより安くするには？」だったとする。領域内戦術を探すには、タクシーに似た交通手段がこの課題を解決した事例を検索するといい。領域外戦術については、領域の縛りを取り払う。つまり、サブ課題の領域の部分を空白にして、「［　］の利用料金をより安くするには？」と書き換え、その空白部分に、特定の領域に限定されない、一般的な用語を書き入れるのだ。

これを「**汎用検索**」と呼ぼう。たとえば「比較的安価なサービスの利用料金をより安くするには？」など。こうすれば、選択肢の幅がぐんと広がる。

選択マップに慣れた人は、「**汎用検索**」「**部分検索**」「**並行検索**」の3種類の方法を駆使して、領域外を探索する。

いったん慣れてしまえば、よい例をたくさん発掘できるようになる。そしてよい例が見つかれば見つかるほど、よいものを選び取ることができる。ここでは「多すぎて選べない」ジレンマに陥ることもない。なぜなら、戦術は一度にたくさん見つかるのではなく、1つひとつ順に見つかるからだ。

とはいえ、よい戦術を見つけたら、有望な候補としてどんどんリストアップしていこう。そのあとでリストに戻って、それぞれの戦術をくわしく調べよう。時間をかけてよいものだけを厳選しよう。選択マップに書くのは、選りすぐりの最強の戦術に限ろう。

「箱」の外を探すには、文字通りほかの箱の中に入ってしまうのが一番だ。領域といってもいろいろなレベルがあるから、完全に入らずに、部分的に入ることもできる。これを「**部分検索**」と呼ぼう。たとえば「個人交通手段の利用料金をより安くするには？」など。この領域は、タクシー業界よりは幅広いが、まだ交通手段のうちだ。

また別の方法として、まずサブ課題を領域に縛られないかたちに変えてから、それをまったく別の領域に当てはめることもできる。たとえば、まず汎用的な「比較的安価なサービスの利用料金をより安くするには？」のかたちに変え、それから比較的安価なサービスの具体例を考える。これを「**並行探索**」と呼ぼう。たとえばコインランドリー、喫茶店、イヌの散歩代行、引っ越しトラック、ケーブルテレビ等々。そしてそれらを1つひとつ検索する。「コインランドリーはどうやって比較的安価にサービスを提供しているのか？」など〔アイエンガー教授はグーグルと併行して、ChatGPTなどの生成AIを探索に使うことも勧めている。この種の問いに対する回答を得る方法としてお勧めである〕。

3種類の領域外検索の例をいくつか見てみよう。

サブ課題：算数嫌いの子どもをやる気にさせるには？
汎用検索：子どもの学習意欲を高めるには？
部分検索：子どもに楽しくないことをやらせるには？
並行検索：子どもに体によいものを食べさせるには？
子どもに毎日歯磨きをさせるには？
博物館や図書館はどうやって子どもを静かにさせているのか？
子どもに家事をさせるには？

サブ課題：移植用臓器を効率的に輸送するには？
汎用検索：壊れやすいものを効率的に輸送するには？
部分検索：繊細な取り扱いを必要とする医療用品を効率的に輸送するには？
並行検索：食品会社はどうやって生鮮食料品を輸送しているのか？
ガラス彫刻を最速で送るには？
パティシエはどうやってウェディングケーキをホテルに運ぶのか？

サブ課題：当社の食品が健康的であることを顧客に信頼してもらうには？
汎用検索：信頼を得るには？

部分検索：顧客から信頼を得るには？

並行検索：銀行はどうやって顧客から信頼を得ているのか？

自動車販売員はどうやって顧客から信頼を得ているのか？

整体師はどうやって顧客を安心させ、信頼を得ているのか？

最も信頼されているスカイダイビングの会社は何という会社で、どんな努力をしているのか？


領域外探索のもう少しくわしい例を挙げよう。

たとえば私のメイン課題が、「地下鉄の快適性を高めるには？」だったとしよう。地下鉄では電車が来るまで待たされることが多い。そこでサブ課題の１つに、「待つことの苦痛を和らげるには？」を選ぶ。汎用検索で、待つ人全般を考える。部分検索で、飛行機やフェリーなどの乗り物を待つ人について調べる。並行検索で、乗り物以外で人を待たせる場所について考える。

並行検索で、ディズニーワールドを見つけたとしよう。ディズニーで列に並ぶ人は、アトラクションにちなんだ双方向ゲームやアクティビティを楽しめる。ディズニーはその他、事前に発券しておくことで通常より短い待ち時間でアトラクションを利用できる「ファストパス」や団体窓口、シングルライダー（１人乗り）のライン、それにおもしろ鏡などを用意している。また家電量販店のベストバイでは、来店客を一列に並ばせるから、どのレジが進みが速いのかと気を揉《も》む必要もないし、不満も出ない。高級スーパーのホールフーズは、列の種類を色分けしている、等々。

Think Bigger の探索には、かなりの労力がかかる。だがものごとの仕組みに関心のある人にとっては、わくわくする時間になるだろう。前にも述べたように、すべての創造的な人に共通する唯一の特徴は、好奇心の高さだ。創造性の高い人は、Think Bigger の探索を楽しめること間違いない。

「アイデアワーキング」で専門家を頼る

グーグル、図書館、その他の文献や資料の情報源。これらはどれも探索に欠かせない。だが本章でまず専門家へのインタビューの手法を説明したのは、人間が機械にはけっしてできない方法でものごとを理解しているからだ。

そこでここからは、専門家を通して戦術を探す方法をさらに紹介したい。相談相手の輪を大きく広げる手法だ。

グーグルや図書館などで得た情報に専門家の連絡先が載っていれば、直接コンタクトすることができる。また、すでに関連分野の専門家を知っている場合もあるだろう。

そこからさらに多くの専門家を探す手法として、「**アイデアワーキング**」をお勧めしたい。あなたはこれまでネットワーキング（人脈づくり）の大切さを、耳にタコができるほど聞かされてきたはずだ。できるだけ多くの人と知り合うために、会議に参加し、委員会に名を連ね、イベントに出席し、趣味を始め、エレベーターで乗り合わせた人に話しかけよう。次に出会う人が、運命の人になるかもしれない、と。

この手法の背後にあるのは「数打ちゃ当たる」戦法、つまり多くの人に出会えば出会うほど、役に立つ人を見つけられる、という考え方だ。SNSを利用すれば、さらに簡単に知り合いを増やすことができる。ほとんどの人は、ネットワーキングを宝くじのようなものだと思っている。宝くじを買い続ければ、いつか大当たりするかもしれない。

ネットワーキングの目的は、ネットワークを広げることにある。これに対し**アイデアワーキングは、アイデアを広げることをねらう**。ネットワーキングのコツは、すばやく相手の人となりを知ることだが、アイデアワーキングでは、人となりを知る必要は一切ない。ずばり本題から始めて、あなたの課題に役立つことを聞き出したい。

これから出会う関係者全員を専門家とみなし、ここまで説明したルールに沿って話を聞こう。課題解決についての意見は求めない。あなたのサブ課題を過去に解決した戦術について尋ねよう。

アイデアワーキングのコツは、会話の締めくくり方にある。「大変助かりました。あまりお時間を取らせるのは申し訳ないので、私の課題について、ほかに話を聞かせて下さる方を紹介してもらえませんか?」と頼んでみよう。10人紹介してもらえるかもしれないし、ゼロかもしれない。3人をめざそう。そしてそれらの人たちに連絡を取ろう。戦術について尋ね、同じ方法で会話を終え、さらに3人紹介してもらおう。3人が9人になり、9人が27人になる。そして戦術のリストもどんどん長くなっていく。

ネットワーキングとアイデアワーキングの違いを理解できただろうか? ネットワーキングが、多数の質の低い会話を伴うのに対し、アイデアワーキングでは、少数の質の高い会話を交わす。1000人以上のネットワークを持っていると豪語する人もいるが、アイデアワーキングではどんなサブ課題についても27人を超える専門家に話を聞くことはほぼない。それ以上増えると、専門家が挙げる戦術が重複し始めるからだ。新しい戦術が得られなくなった時点が、アイデアワーキングのやめ時だ。

また、専門家と連絡を取り合う期間の違いにも注目してほしい。ネットワーキングでは、その期間は「無期限」だ。将来連絡を取る必要が生じるかもしれないから、できるだけ多くの相手をいつまでもリストにとどめておきたい。だがアイデアワーキングでは、専門家と話すのは一度きりだ。もちろん例外はあって、専門家がとくに親身になってくれたり、あなたの課題に興味を持ってくれたりする場合は、あとで思いついたアイデアについて意見を求めてもかまわない。

たとえばサブ課題が5つある場合、それぞれのサブ課題のアイデアワーキングを並行して始めよう。サブ課題は互いに絡み合っているから、尋ねる内容が重複することもあるだろう。それはまったく問題ない。専門家が時間の余裕があり、関連する知識を持っている場合は、同じ専門家に別のサブ課題に関する質問をしてもいいだろう。

ネットワーキングとアイデアワーキングの違いは、もう1つある。あなたにとって、どちらがやりやすいだろう？　ビジネススクールに行く目的によく挙げられるのが、人脈づくりだが、私の教え子の大半が、人脈づくりがうまくいっていないと感じている。授業で「ネットワーキングが得意な人は？」と聞いても、ほとんど手が挙がらない。自分を売り込むのが苦痛で、人をだましているような気分になる、と悩んでいる。内向的な人はネットワーキングを拷問《ごうもん》のように感じる。

授業でアイデアワーキングを説明すると、あちこちからホッとしたようなため息が漏れる。私がこれを説明するのは、選択マップの探索を開始する直前だ。そしてその後の数週間というもの、学生が引きも切らずに私のところにやってきて、アイデアワーキングを始めました、教えてくれてありがとう、と打ち明けてくれる。

学生は、普通のネットワーキングでもこの手法を使っているという。勤め先や出身大学、ペットなどのありきたりの雑談をする代わりに、自分の抱えている課題を簡単に説明し、何かうまい方法を知りませんかと尋ねるのだ。たとえ具体的な成果に結びつかなくても、会話のタネとしてずっと面白いし、普通のネットワーキングよりもよい人と知り合うことができる。

「交流のない相手」とコラボするとよいアウトプットが生まれる

ネットワークは社会科学の主要な研究分野になっている。ネットワークは、「強い紐帯《ちゅうたい》」と「弱い紐帯」の2種類に区別できる。強い紐帯はしょっちゅう連絡を取り合う相手、弱い紐帯はめったに交流しない知り合いを指す。

アイデアワーキングは、弱い紐帯をつくる取り組みだ。社会学者マーク・グラノベッターの有名な研究によると、強い紐帯で結ばれた人々は環境が似通っているために、同じような知識を持っていることが多いのに対し、**弱い紐帯からは、より目新しく価値の高い知識が得られる**という。

グラノベッター以降の多くの研究によって、弱い紐帯の強みが裏づけられている。

2007年のリー・フレミング、サンチャゴ・ミンゴ、デビッド・チェンによる研究は、1人以上の人と共同で特許を取得した3万5000人の発明家のデータを収集して、強い紐帯（過去に共同で特許を取得したことのある集団）と弱い紐帯（初めて共同で特許を取得した集団）に分類し、弱い紐帯が生み出す特許の方が数が多く、創造性も高い（まったく、またはほとんど類がない）ことを示した。

弱い紐帯の例をもう1つ紹介しよう。ジュゼッペ・ベッペ・ソダ、ピア・ビットリオ・マヌッチ、ロナルド・S・バートは、イギリスの長寿SFテレビドラマ「ドクター・フー」の各エピソードの制作者と監督、脚本家のリストを分析した。制作者はエピソードの監督を連続して担当することが多かったが、監督と脚本家はそうではなかった。ソダらは独自開発した指標を使って、各エピソードの創造性を評価し、それらを担当した制作者と監督、脚本家が過去に組んだことがあるかどうかを調べた。結果はどうだったか？　過去に組んだことのない、弱い紐帯のチームほど、創造性の高いエピソードを生み出していた。

これらを踏まえると、**弱い紐帯が領域外の戦術を生み出しやすい**ことがわかる。

またこのことも、多様性を成果につなげるためのヒントになる。強い紐帯は、主に家族や友人、同僚などだから、一般に弱い紐帯よりも多様性に乏しい。アイデアワーキングは、多様性の高いつながりを求める理由となり、手段となる。**人は生来、異質な相手とのコミュニケーションが苦手だが、アイデアワーキングをやればすぐに打ち解けられる。**

見ず知らずの専門家に連絡を取る場合でも、課題の質問をすれば緊張がほぐれる。あなたは専門家と友だちになろうとしているのではないし、彼らを自分のネットワークに加えようとしているのでもない。彼らを課題の領域の専門家として仰ぎ、興味深い知的な質問をしているのだ。ほとんどの人は気をよくして、喜んで話をしてくれるだろう。多様な専門家と話せば話すほど、領域外の戦術がたくさん見つかり、創造性の高い解決策を生み出せるようになる。

発明家になったハリウッド女優

Think Biggerでいう「専門家」とは、あなたの課題やサブ課題の分野で豊富な経験を積んだ人のことだ。

もしかするとあなたは、あなたの課題の分野の一部（または全部）で門外漢かもしれない。何も知らない自分が、専門家さえ解決していない課題に取り組むのは畏《おそ》れ多い、と思う人もいるだろう。

だが本書でもこれまで初心者による数々のイノベーションを紹介してきた。ナンシー・ジョンソンは機械工でも技術者でもなかったし、NASAジェット推進研究所のチームは人工呼吸器については素人だった。

さらに驚くべき例を紹介しよう。往年のハリウッドスター、ヘディ・ラマーの物語だ。

ウィーンのユダヤ人の家庭に生まれたラマーは、18歳でオーストリアの映画スターとなった。6年後にアメリカの映画製作会社ＭＧＭが彼女を見出し、「世界で最も美しい女性」としてハリウッドで売り出した。時は１９３８年、ラマーはたちまちハリウッドを代表するスターにのし上がる。

そのかたわら、彼女は暇さえあれば発明のアイデアを考えていた。新型の交通信号機や、水に溶かして炭酸水をつくる錠剤なども、ラマーの発明である。

変わり者の大富豪ハワード・ヒューズから資金援助を取りつけると、彼女は撮影現場をはじめ、どこに行くにも簡易実験室と研究助手を連れて行くようになった。

オーストリア生まれのユダヤ人としてヨーロッパの政局に通じていたラマーは、戦争の足音をひしひしと感じ、開戦の可能性をつねに意識していた。果たして第二次世界大戦が勃発し、アメリカはたちまちＵボートの脅威に見舞われる。北大西洋を哨戒《しょうかい》して連合国の船舶を攻撃する、ドイツ海軍の潜水艦だ。

アメリカの支援がなければヨーロッパはナチスの手に落ち、そしてアメリカが次なる標的になるだろう。そこでラマーは発明の才を活かして、Ｕボートという課題の解決に乗り出した。

Uボートの脅威を阻止するのは至難の業《わざ》だった。潜水艦を攻撃する魚雷の無線誘導システムは、通信妨害に遭いやすかったからだ。連合軍が魚雷を発射したとたん、Uボートは魚雷の制御信号を傍受し、同じ周波数の強力な信号で妨害して、魚雷の向きを逸らした。

1939年、ラジオメーカーのフィルコが、ラジオの無線リモートコントローラを発売する。ラマーはこれを利用すれば、妨害を受けにくい無線誘導システムを開発できるのではと考えた。フィルコ製のリモコンは、15センチメートル角の立方体に黒電話のようなダイヤルがついていて、希望の周波数の番号をダイヤルで入力する。この仕組みを使って、魚雷を発射した直後に、制御信号の周波数を切り換えたらどうだろう？　切り替わった周波数をドイツ軍が特定する前に、魚雷は命中するはずだ。

ラマーはこのアイデアを、自動演奏ピアノから得た。自動演奏ピアノは、鍵盤に対応した穴の空いた厚いロール紙（ピアノロール）が自動で回転して、鍵盤を鳴らしていく。これと同じような仕組みで、魚雷に送る電波の周波数を切り換えられないだろうか？　魚雷に簡単なモーターを仕込み、自動ピアノのようにロールを回転させたらどうだろう？

ラマーはピアノをたしなみ、友人のジョージ・アンタイルとピアノの連弾をすることがあった。アンタイルは「音楽の悪童」を自称する作曲家で、交響曲「バレエ・メカニック」で音楽界に衝撃を与えた人物だ。同期させた自動ピアノ16台と、グランドピアノ2台、電子ベル、木琴、バスドラム、サイレン、そして飛行機のプロペラ3つを総動員して演奏するという、奇想天外な作品である。

ラマーがアンタイルと一緒にピアノの前に座っていたとき、ひらめきの瞬間が訪れた。アンタイルが鍵盤を叩くと、ラマーが同じメロディを転調してくり返し、そしてアンタイルがまた調《キー》を変える。彼女は叫んだ。「ねえ、ピアノで会話をしているみたいね、話題がどんどん変わっていくの！」

この瞬間、彼女はサブ課題を領域の外に引っ張り出した。「ピアノのキーを切り換えるように、魚雷の周波数を自動的に切り換えるには？」

ラマーとアンタイルは、穴の空いたロール紙を回転させて次々と周波数を切り換える、携帯型の無線リモコンを完成させた。ピアノの88の鍵盤にちなんで、88種の周波数を切り換えることができた。2人はこの装置で、「秘密通信システム」に関する特許（米国特許番号：US2292387A）を取得した。

悲しいかな、アメリカ軍はこの発明を棚上げにした。軍では専門の科学者が多様な問題の解決に取り組んでおり、外部の発明を積極的に取り入れる姿勢に欠けていた。弱い紐帯と強い紐帯を思い出してほしい。強い紐帯で結ばれた集団は排他的になりやすいのだ。

だが20年後のキューバミサイル危機（核戦争の一歩手前まで切迫した、1962年の米ソ衝突事件）で、ついにラマーらの「周波数ホッピングシステム」がアメリカ軍の魚雷に導入される。この技術はのちにWi－FiやBluetooth、GPS、コードレスホン、携帯電話などのワイヤレス技術の基礎となった。そして2014年、ラマーはアンタイルとともに没後長い年月を経て、全米発明家殿堂入りを果たしたのである。

この物語を紹介したのは、**専門家ではない部外者であっても、発明品を生み出せるほどの知識を学べる**ことを示したかったからだ。ヘディ・ラマーの発明は、Think Bigger のステップに沿っていた。たとえあなたが専門家でなかったとしても、きっとできるはずだ。

第7章

ステップ5 選択マップ
戦術の「組み合わせ」を何度も試そう

戦術の中から「最強のコンビ」を選ぶ

ルイ・ジョーダンは、1940年代から50年代を代表するミュージシャンの1人で、ヒット曲を連発したことから、「ジュークボックス王」の異名を取っていた。彼の代表曲の1つに、「ビーンズ・アンド・コーンブレッド」がある。ケンカをしていた豆とトウモロコシパンが、実はとても気が合うことに気づいた、という歌だ。

仲よくやろうぜ
ウィンナーソーセージとザワークラウトのように

ホットドッグとマスタード
姉妹と兄弟
ソーセージとポテトサラダ
イチゴとショートケーキ
コンビーフとキャベツ
レバーとタマネギ
小豆と米
ベーグルとサーモン
サワークリームとビスケット
パンとバター
ホットケーキとシロップのようにさ……

ルイ・ジョーダンは最強のコンビを見つける達人だった。そしてあなたも本章のステップ5でそれをめざそう——あなたの見つけた戦術の中から、最強コンビを選ぶのだ。

ジョーダンの曲の、最初はそりが合わなかった豆とトウモロコシパンのように、あなたの戦術の組み合わせも、最初はうまくいかないように思えるかもしれない。だが**最も創造性の高い解決策は、最初は関連性が見えず、あとになってつながりに気づくような組み合わせか**

ら生まれることがほとんどだ。ヘディ・ラマーの頭の中にあった、ラジオのリモコンとピアノロールのように。

Think Bigger のロードマップ（60〜61ページの図1・18）をもう一度見てほしい。６つのステップは一直線には進まない。図中の曲がった矢印は、ステップの間で行きつ戻りつする必要があることを示している。とくに、選択マップを作成し、解決策がかたちになり始めるこの段階がそうだ。

このことは、本書で取り上げる事例では見えにくい。発明家がどの段階に何を考えていたかが、完全にはわかってはいないからだ。だが人は１日に１０００個以上のことを考えると言われるし、Think Bigger のたった１つのステップにさえ、数千個の思考や判断が求められる。

今やあなたは、かなり複雑な課題をしっかり理解している。「全体像」をとらえ、あなた自身を含む当事者の望みを把握している。そして探索や経験をもとに、一連の戦術を見つけた。これからそれらの戦術をいろいろな方法で組み合わせて、有効な組み合わせを見つけていく。一見、とても簡単そうに思える！　だがその道のりが、あとづけの物語ほど順調に進まないことも、私たちは知っている。

「大きな」アイデアというものは、人間離れした英雄によって推進されるのだろうと思われがちだ。だがくわしく調べてみれば、**どんなに偉大な人物のどんなに偉大なアイデアも、実**

はほかのイノベーションとまったく同じ方法で生み出されたことがわかる。**課題を定義し、分解し、戦術を徹底的に探し、それらを新規かつ有用な方法で組み合わせて、課題の当事者にとって意味のある解決策を生み出し、実行に移した**のだ。

選択マップのつくり方と使い方を説明するために、正真正銘の大きなアイデアを持っていた人の物語を語ろう。20世紀の偉大な革命家の1人で、ただ存命中に偉業を成し遂げただけでなく、後世に消えることのない足跡を残した人物だ。

これまで取り上げてきた事例とは違って、この物語は科学上の発見や芸術作品、新規事業とは関係がない。ここでは、世界中の人々が、まるで身近なテクノロジーのように、折に触れて利用する「アイデア」を見ていこう。すなわち、市民による非暴力・不服従抵抗の戦略だ。

このアイデアの「父」は、マハトマ・ガンディーである。

非暴力運動の父、ガンディーの物語

マハトマ・ガンディーの物語にはいろいろなバージョンがある。若い頃は引っ込み思案で弁護士としては成功しなかったと伝える物語もあれば、父親や妻との関係に葛藤を抱えていたとする物語もある。彼の因習にとらわれない思考や信念に焦点を当てる物語もある。だが、彼があの「大きなアイデア」を得るために、本書の教える方法に従ったことは間違いない。

ガンディーが市民的不服従の戦略を生み出した方法について、私の考えを語りたい。この物語では、彼の人となりや生涯ではなく、彼がこの大きな考えを生み出すために組み合わせたピースだけに注目しよう。

ガンディーが解決しようとした課題は、「インド国民が大英帝国の支配から独立を勝ち取る手助けをするには？」である。

彼のサブ課題は何だったか？　彼には解決すべき重要な課題が3つあった。

サブ課題1：支配された人々が暴力を使わずに強国イギリスに立ち向かうには？

サブ課題2：宗教やカースト、言語、地理によって分断された人々を団結させるには？

サブ課題3：インド古来の慣習にとらわれた人々に新しい考えを支持してもらうには？

イギリスの婦人参政権運動

サブ課題1の解決策は、立ち向かう相手である当のイギリスから発想を得た。

ガンディーは当時住んでいた南アフリカでみずから設立した、ナタール・インド人会議〔南アフリカのインド人に対する差別と戦うための組織〕の指導者として、1906年にロンドンを訪れ、そ

図 7.1　左：プラカードを持つクリスタベル・パンクハースト（右の女性。エメリン・パンクハーストの娘）と別の婦人参政権活動家。右：選挙権を求める抗議活動で逮捕される女性。

こでエメリン・パンクハースト率いる婦人参政権運動を目の当たりにする。新世代の女性たちが、婦人参政権という大義に注目と共感を集めるために、過激な抗議活動によりわざと逮捕されるという組織的運動を展開していたのだ。女性たちの主な戦術は、当局によって違法と認定されたデモ行進と、世間の同情を引くためのハンガーストライキだった。

　イギリスの婦人参政権論者の活動を観察したガンディーは１９０６年、南アフリカでみずから発行する週刊紙インディアン・オピニオンに、有名な記事を発表する。「今日彼女らは国中の笑い者にされており、支持者はわずかしかいない。だがそれでもひるむことなく、断固として大義を追求している。いつか必ずや成功し、支持を得ることだろう。その理由は単純に、行動は言葉に勝るからだ」

ガンディーはインドの男性に、イギリスの女性の「男気《おとこぎ》」を見倣いたまえと焚《た》きつけた。そして、パンクハーストの用いた戦略を取り入れ、さらに発展させて、市民的不服従の哲学と手法として昇華させた。これらは今日、ガンディー的手法として知られている。

トルストイのコミューン

サブ課題2については、ガンディーはロシアの文豪、レフ・トルストイに目を向けた。トルストイは貴族の生まれだが、晩年は家族の領地で無階級社会の実現を目指した。「万人の完全なる平等」という彼の思想に共鳴した信奉者たちは、生活と労働をともにする場として、トルストイ主義運動のコミューンを各地に設置した。

ガンディーも「トルストイ農場」と名づけた同様のコミューンを南アフリカで立ち上げた。そしてここを拠点として、平等な生活を実践しながら、人々に彼の手法を教えたうえで、さまざまな抗議活動を行い、逮捕されるように仕向ける運動を展開したのである。

市民的不服従運動は、警察や怒れる群衆の暴力を招き、また抗議者自身も反撃したい衝動に駆られることが多い。そのため、まずは訓練を行い、ガンディーの不服従の哲学と手法を徹底的に教え込む必要があった。

図 7.2　レフ・トルストイ。自身の領地近くの森にて。

図 7.3　南アフリカの「トルストイ農場」。後に「アーシュラム」（修行所）と改称。

図 7.4　左：弁護士の身なりをした若き日のガンディー。中央：農民の身なりである白の作業着を着た、トルストイ農場時代のガンディー。右：「聖者」の身なりをしたガンディー。

古代インドの聖者信仰

サブ課題3では、ガンディーは古代インドの聖者信仰の伝統を利用した。インドのあらゆる宗教が聖者を認めている。

ガンディーは聖者の話し方や、振る舞い、装いを身につけた。この変遷は彼の身なりによく表れている（図7・4）。婦人参政権運動を初めて知った頃のガンディーは、イギリスの弁護士の装いに身に包んでいる（左）。トルストイ農場を設立した頃は、インドの農民風の身なりをしている（中央）。トルストイ自身も、無階級のコミューンではロシアの農民のような服を着ていた（図7・2）。ガンディーはその後トルストイ農場を、聖者の修行所を意味する「アーシュラム」と改称し、白い腰布を巻いて裸の上半身に白い布をまとう、インドの聖者の出で立ちをするようになった（右）。

そして最後に、彼は市民的不服従に代わる新しい言葉をつくった。ヒンディー語で「真理」を意味する「サティヤ」と、「堅持する」を意味する「アーグラハ」を組み合わせた、「サティヤーグラハ」である。ガンディーは、サティヤーグラハの思想と手法をインド全土に広める聖者になったのだ。

ガンディーは東洋と西洋の両方から、まったく異質な戦術を集め、それらをインドの文化や言語、地理、宗教にとらわれない方法で組み合わせた。そうして、すべてのサブ課題を網羅する大きな運動を巻き起こし、最終的にメイン課題を解決したのである。

市民による非暴力・不服従抵抗は、「大きい」、強力なアイデアだ。それは全世界に広まり、正義を求める世界中の人々の常套手段となった。その最も有名な例は１９６０年のアメリカの市民権運動だが、今も人々はさまざまな社会的問題を解決するために、この手法を用いている。

創造性の王、アンリ・ポアンカレ

第１章で紹介した、フランスの偉大な博学者アンリ・ポアンカレの名言を思い出してほしい。「発明とは、無益な組み合わせを排除して、ほんのわずかしかない有用な組み合わせをつくることである。発明とは見抜くことであり、選択することなのだ」

彼がこの言葉を記したのは、よく知られているように、１９１３年の著書『科学と方法』の中だ。ポアンカレはさらにこう続けている。「選ばれた組み合わせのうちの最も実り多いものは、いくつかのかけ離れた分野から得た要素の組み合わせであることが多い。と言っても、できる限りかけ離れたものを組み合わせさえすれば、発明になるということではない。そのようにしてつくられた組み合わせの大多数は、まったく無益だろう。だがその中には、ごくまれにだが、最も実り多いものがたしかに存在するのである」

ポアンカレのこの名言は、領域外戦術を重視するThink Biggerにお墨つきを与えてくれる。ポアンカレは「かけ離れた」要素を組み合わせる能力によって、最も創造的なノーベル賞非受賞者になった。１８８２年から１９１２年に死去するまでの30年間に、高度な数学の公式を導き、それらを驚くほど多様な分野の問題に適用した。天体力学、流体力学、光学、電力、電信、弾性論、熱力学、量子力学、重力、相対性原理、宇宙論、位相幾何学、整数論、電磁気学、微分方程式、代数幾何学、等々。

ポアンカレに影響を受けたアインシュタイン

ポアンカレ自身はノーベル賞を受賞しなかったが、彼の研究は人類史上最も偉大な科学者の1人、アルベルト・アインシュタインをノーベル賞受賞へと導いた。

アインシュタインはベルンのスイス特許局で技官として働いていたとき、ありとあらゆる発明の提案書を読んで過ごした。そして空いた時間にはポアンカレの論文を読み、日記に称賛の言葉を記している。「ポアンカレはその著書で、「日常的経験と科学的概念の関係についての」真理を見抜いた」

アインシュタインはポアンカレから、関心分野にとらわれずに探索し、見知らぬ世界に触れることのすばらしさを学んだ。歴史家や科学者が指摘するように、アインシュタインは技官として、砂利《じゃり》の分別機や電動タイプライターなどの特許出願を審査し、また彼自身も冷蔵システムや音響再生システム、自動カメラなど、50以上の特許を申請した。

こうした発明を行い、数多くの発明に触れたことが、特殊相対性理論のあの強力な思考実験の呼び水となったのだ。彼は「アインシュタインの奇跡の年」と呼ばれる１９０５年に発表したある論文の中で、ベルンの特許局のことを「（みずからの）最も美しいアイデアを温めた、世俗的な修道院」と称している。

選択マップを見渡そう

さて、今やあなたの課題と、それを分解したサブ課題、領域内外の最高の戦術がそろった。これらが、課題の解決策を生み出すためにあなたが使う材料だ。

典型的な選択マップを使う場合、理論上は5の5乗の3125通りもの創造的な組み合わせをつくれる計算になる。まず各行から1つずつ戦術を選び、計5つの戦術（各サブ課題につき1つ）を頭の中で並べて、これらをどう組み合わせたら解決策ができるかを考えよう。

第2章で取り上げた、ノーベル賞受賞者エリック・カンデルの研究を思い出してほしい。人間の脳は、情報の断片が詰まった本棚が並ぶ、巨大な図書館のような仕組みになっていて、さまざまな本棚から情報の断片を取ってきて、思考を形成する。こうした情報の断片は、ほぼ無限の方法で組み合わせ、組み合わせ直すことができる。

選択マップは、材料となる情報を一覧できる表にあえてまとめているから、戦術をどう組み合わせるかをじっくり検討できる。そう、戦術を頭の中から取り出しやすくしているのだ。そして、頭の中に戦術を並べてこう考えてほしい。「何が思い浮かぶだろう？　これらのピースをつなぎ合わせたら何を生み出せるだろう？」

選択マップを使えば、必然的に「有用」かつ「新規」な組み合わせを生み出すことができる。ここに書かれているのは、あなたのどれかのサブ課題に解決策を提供する、多様な領域から集めた選りすぐりの戦術だけだ。これらを使うことで、「有用」と「新規」の2つの条件を満たす組み合わせができる。

とはいえ、そうして生み出すすべての組み合わせが、同じくらい優れているわけではない。よい組み合わせもあれば、そうでないものもある。その優劣を判断する基準となるのが、「全体像スコア」なのだ。できあがった組み合わせを比較対照して、全体像の望みをどれが多くかなえるかを考えよう。

本当によいアイデアを生み出そうとすると、いろいろな段階で行き詰まるものだ。あなたは立ちはだかる壁を何とかして乗り越える方法を考えなくてはならない。

Think Biggerはほかのイノベーション創出法と違って、壁を打開するために、ただ心をさまよわせたり、気晴らしをしたりすることだけに頼らない。記憶の本棚からランダムにピースが取り出され、組み合わせられるのを、ただ待っているだけではない。選択マップには、必要な情報がすべてそろっている。組み合わせに必要なすべてのピースを一覧できるから、行き詰まったときや、検討中の組み合わせがうまくいきそうにないときは、同じ選択マップから別の組み合わせを選び直して、「これらのピースをうまく組み合わせるにはどうしたらいいだろう?」と考えるだけでいいのだ。

急いで生み出したアイデアの価値は低い

選択マッピング（選択マップを使って戦術を組み合わせること）では、最初に思いついた、よさそうに思えるアイデアに焦って飛びつかないようにしよう。ブレインストーミングに慣れている人は、Think Bigger は時間がかかりすぎると感じているかもしれない。だがブレインストーミングは、経験の範囲内の課題にすばやく解決策を見つけるのにはよいが、創造的な答えを見つけるのには適していない。

アメリカ大学バスケットボールの伝説的コーチ、ジョン・ウッデンは、かつて選手をこう諭《さと》した。「急げ、だが慌てるな」

Think Bigger も、急ぐことはできる。時間を捻出して、各ステップを正しく進めよう。だが慌ててはいけない、つまり、焦っていい加減に取り組んではいけない。

とくに選択マッピングではそれを胸に刻んでほしい。課題、サブ課題、戦術、全体像――必要な要素はすべてそろっている。だからさっさと解決策を見つけたくなる気持ちはわかる。だが、**慌てて生み出された解決策が創造性に欠ける**ことを、「学習＋記憶」の研究は示している。当たり前ではない組み合わせを見つけるには、時間が必要なのだ。

最初に思いついた明白な解決策に飛びつかずに、粘り強く考えることの大切さを示すエクササイズをやってみよう。私はこれを数千人の学生と数百回やっている。

鉛筆と紙を用意して。まず、頭の中に「爪楊枝《つまようじ》」を思い浮かべよう。

ではこれから2分かけて、爪楊枝の使い方をできるだけたくさん書き出してほしい。

用意、はじめ。


2分経った、はいそこまで！

できあがったリストに、「リスト1」と書いておこう。

同じことをもう1回くり返してほしい。また2分かけて、爪楊枝の使い方のリストをつくろう。

用意、はじめ。


2分経った、はい終わり！

これを「リスト2」としよう。

3度目の正直というから、もう1回やろう。2分かけて、爪楊枝の使い方をどんどん書いてほしい。

用意、はじめ。

2分終了、はい鉛筆を置いて！

これが「リスト3」だ。

これでおしまい、3回で十分だ。

では、それぞれのリストに何個アイデアがあるか、数えてほしい。

あなたがほとんどの人と同じなら、リスト1と2の方が数が多いだろう。

次に、それぞれのリストを見て、よいアイデア、つまり新規かつ有用なアイデアにマルをつけてほしい。

では質問だ。「マルが一番多いのは、どのリストだろう？」

1回めのラウンドでは、おそらくありきたりなアイデア、爪楊枝のよくある使い方を書いたのではないだろうか。2回めのラウンドでは、たぶんちょっと行き詰まって、爪楊枝のまったく新しい使い方を考えるために、少し頭をひねったかもしれない。

そして3回めをやれと言われたとき、きっとあなたは内心「えー、また？」と思ったはずだ。ところがびっくり、追い込まれたときが一番よいアイデアをひねり出せたのだ。

ほとんどの人は、マルをつけたよいアイデアが一番多いのはリスト3、マルが一番少ないのはリスト1だ。

ラウンドを経るたびに、アイデアの質が上がっていくことに注目してほしい。アイデアの数が一番多いのは最初のリストだが、最高のアイデアの数が一番多いのは最後のリストなのだ。Think Bigger の授業では、**アイデアの数が減るにつれて、質が高まる**というデータを学生に見せている。

げんなりしないでほしいのだが、このステップのカギは、自分の思う限界を超えて粘ることにある。**Think Bigger は、アイデアの量より質を求める。質の高いアイデアを得るためには、最初のアイデアで満足せず、粘り強く考え続けることが欠かせない**のだ。

心理学者のブライアン・ルーカスは、このエクササイズの拡大版をやった。学生たちに、感謝祭の晩餐にふさわしい、新しい食べ物や飲み物のアイデアを、10分ずつ2回のラウンドに分けて考えてもらった。エクササイズを始める前に、1回めと2回めのどちらのラウンドの方が独創的なアイデアが多いかを予想してもらい、それから2回のラウンドを実施した。その後学生同士で、お互いのアイデアの独創性を3段階で評価した。

結果はどうだったか？　ご想像の通り、事前予想では1回めのラウンドの方が独創的なアイデアが多いという意見が大半を占めたが、実際には2回めの方が多かった。

これらの実験は、粘り強さの重要性をはっきり物語っている。最高のアイデアが浮かぶのは、つらいタスクを平気だと感じるようになってからだ。あなたも選択マッピングに根気よく取り組み続けてほしい。全体像スコアを満足させるものが見つかるまで、いろいろな組み合わせを試し続けよう。

「クリエイティブにならなければ」と思い込むほど創造性は下がる

何かを生み出すプロセスでは、「創造的にならなければ」と自分を追い込んで、行き詰まることが多い。創造的になろうと気張っても、プレッシャーになるだけで、最高の解決策を考えることからかえって注意が逸《そ》れてしまう。

私の同僚のメラニー・ブラックスは、「創造性のパラドックス」を研究している。「創造的に考えよ」と指図することで、かえって創造性を阻害してしまう現象だ。

教師や上司は、とかく「創造的に考えなさい」「創造性を使って問題を解決しなさい」などと言う。だがちょっと考えてほしい。そう言われて創造性が高まったためしがあるだろうか?

ブラックスはある研究で2000人の被験者に、おもちゃ(レゴなど)やオフィス用品(クリップなど)、スマートフォンのアプリなどの多様な製品を使った、創造性を刺激するゲームを1日1時間ずつ、2週間やってもらった。ゲームのあとで、半数の被験者にはできるだけ創造的なアイデアを書くよう求め、残りの半数には、ただアイデアを書いてほしいと頼んだ。

その結果、「創造的」であることを求められた参加者の方が、生み出したアイデアの総数も、目新しいアイデアの数もずっと少なかった。**「創造的であれ」という要請は、過度のプレッシャーになるうえ、実際に創造的に考える方法の指針にならない**、とブラックスは結論づけている。

Think Biggerはどちらの障害も取り除く。創造的に考えるための明確な指針を与えつつ、新規性を過度に求めることもない。むしろその正反対だ——**あなたの解決策の1つひとつの要素は、先行事例であって目新しいものではないのだから。そしてそのおかげで、かえってより創造的なアイデアを生み出すことができるのだ。**

「代替肉」の物語

選択マッピングに実際に取りかかる前に、私の気に入っている現代のイノベーションの実例を、選択マップに当てはめて紹介しよう。この事例を通して、イノベーターがステップの最中と、ステップ間を行き来する間に考えること、つまり選択マップを使って戦術を組み合わせ、全体像スコアを参照してそれらを比較する間に考えることがわかる。課題、サブ課題、戦術、望み、組み合わせ。これらが波のように寄せては返しながら、私たちを解決策に導いていくのだ。

この事例の課題の領域は「代替肉」だ。

最近の研究によれば、温室効果ガスの総排出量の約15％を食肉生産が占めており、とくに環境負荷が大きいのが牛肉生産だという。だが世界の食肉生産量は今も増加の一途をたどっている。経済的に豊かになればなるほど、肉の消費量は増える傾向にある。

この問題を解決するための試みとして、豆などの植物性原材料を使って、見た目や味が肉に近く、肉と同じように調理できる食品が開発されている。

だがこれまでのところ、それほど成功しているとは言いがたい。代替肉の市場は急成長を遂げているとはいえ、環境負荷の軽減は微々たるものだ。だいいち代替肉の推進派でさえ、こうした製品が見た目も味も本物の肉とは違い、肉とまったく同じようには調理できないことを認めている。

ここでイーサン・ブラウンが登場する。ブラウンは環境保護派のエンジニアで、エネルギーや気候変動の分野の困難な技術的課題を解決してきた実績があった。彼はこの異色の経歴を活かして、「肉に代わるよりよい代替食品をつくるには？」という課題の解決に乗り出した。この課題に対する彼の関心、つまり望みは、彼の専門分野である環境科学からやってきた。

私は2020年初めに彼にインタビューする機会に恵まれ、おかげで優れた問題解決者の仕事の進め方を、紆余曲折まで含めてよりよく理解することができた。これから紹介するのは、イノベーター自身の口から聞いた、選択マッピングの物語だ。

ブラウンはThink Biggerと同様に、課題を次のように分解した。

課題：肉に代わるよりよい代替食品をつくるには？
サブ課題1：見た目や味が肉に近く、肉と同じように調理できる、健康的な代替食品をつくるには？
サブ課題2：動物性原材料を使わずに、肉に似た物質をつくるには？
サブ課題3：普通の肉と遜色《そんしょく》のない価格で代替食品をつくるには？

これを見てすぐ気がつくのは、既存の代替肉メーカーも、おそらく課題を同じような方法で分解することから始めたのだろうということだ。ブラウンは探索を開始し、サブ課題1については、自然のさまざまな植物性原材料、とくに大豆を組み合わせた戦術がたくさんあることを知った。これらの戦術はどれも、既存の代替肉に用いられている。

そしてブラウンは探索の結果、どの代替肉も不十分だと判断した。見た目は肉に近くても、味は肉におよばず、肉と同じように調理もできない。

でも大丈夫、サブ課題は課題の一部でしかない。ほかのサブ課題の探索をするうちに、きっと既存の代替肉を改良するための戦術が見つかるだろう。

ブラウンはサブ課題2「動物性原材料を使わない、肉に似た物質」の探索を始めた。そして、ちょっと考えてしまった。おや、これはサブ課題1と同じ探索じゃないのか？

いや、違う。課題1の戦術で使われている植物性の代替物質は、科学的には「肉に似て」いなかった。

そしてブラウンは科学者だ。彼はこう考えた。「代替肉が物足りないのは、もしかしたら加工方法ではなく、基本組成（成分や要素の構造）に問題があるのかもしれないぞ」

そこでこう自問した。「肉ってそもそも何だろう？」

彼はそれを調べ、肉が植物性代替肉のどの構成要素ともまったく違う化学構造を持っていることを知った。大豆にはたしかにタンパク質が含まれるが、それは肉のタンパク質とは異なる。

ブラウンは発想を転換した。「動物性物質を使わずに、肉タンパク質をつくった人はいないだろうか？」

このように、ブラウンはサブ課題2を大きく変え、それが新しい選択マップのメインの課題になったのだ。

課題：肉に似た組成の代替肉をつくるには？

サブ課題1：肉を使わずに肉タンパク質をつくるには？
サブ課題2：それを「肉」として再構成するには？
サブ課題3：それを肉の代用品ではなく本物の肉として消費者に受け入れてもらうには？
サブ課題4：普通の肉と遜色のない価格を実現するには？

探索のために、ブラウンは肉と肉タンパク質の組成に関する科学論文を読みあさった。そして、植物性タンパク質を分解して動物性に似た構造に変換している科学者たちを探し当てた。これは彼にとっては領域外だが、課題と同じ領域内の戦術である。

続いて、エネルギー工学という自身の専門分野に、パズルの次のピースを見つけた。水素燃料の開発に用いられる、タンパク質を再構成して新しい物質に変換する手法だ。これは課題の領域外の戦術だった。

こうして、サブ課題1と2を解決する戦術が見つかった。

サブ課題3については、関連領域である酪農業界に、重要な戦術があった。肥満への懸念が高まった1990年代、牛乳が不健康な食品として槍玉《やりだま》に挙げられた。そこで酪農業界は「牛乳足りてる？」の広告キャンペーンを展開し、牛乳が健康によいこと——そしてもちろん、おいしいこと——をアピールして、悪いイメージを払拭するのに成功した。

同じことを、この新しい代替肉でもできないだろうか？　この製品が肉の代用品ではなく、形態こそ違うが間違いなく肉だということを、消費者にわかってもらえないだろうか？

答えは……「イエス」だった。キャンペーンは見事成功した！

こうして生まれたのが、従来の植物由来の代替肉に比べ、見た目や味がずっと肉に近く、肉とまったく同じように調理できる製品だ。

ブラウンはこのイノベーションをもとに、２００９年にビヨンド・ミートを立ち上げ、２０１９年5月にＩＰＯを果たした。本書を執筆中の２０２２年7月現在、ビヨンド・ミートは時価総額約23億６０００万ドルと、世界で３３９６番目に価値の高い企業となっている。


ブラウンは探索の段階に膨大な時間を費やし、その結果として、メインの課題を変更するにいたった。文献を片っ端から読み漁り、タンパク質再構成法に関する初期の学術論文を探し当て、それについて四六時中、シャワーやイヌの散歩の最中も考え続けた。

彼は課題を見つけ、それを独自の方法でとらえ直し、探索に打ち込み、領域内外の戦術を探し当てた。こうして現在のビヨンド・ミートをつくる、ユニークな合わせ技の解決策を生み出したのだ。

ブラウンは今もサブ課題4の「肉と遜色のない価格を実現するには？」に取り組み続けている。たとえば、多様な業界のサプライチェーンの戦術を調べることも助けになるだろう。

ブラウンのアイデアが今後どのように発展していくかはわからない。だが彼は今も、大きなアイデアに初めて飛び込んだときと変わらぬ情熱と献身、やる気をもって邁進している。ビヨンド・ミートはこれを書いている今、北米における代替肉の最大手メーカーの1つである。

「持ち運べるマウス」を発明する：選択マッピングを実践する

今度は、選択マッピングをあなたも一緒にやってみよう。このエクササイズに選んだ事例は、多くの人が日常生活で使っている、身近な製品だ。

課題：ラップトップPCと一緒に持ち運べるマウスをつくるには？
サブ課題1：持ち運びやすい／持ち運びに便利なマウスにするには？
サブ課題2：紛失しにくくするには？
サブ課題3：手指の動きを正確に反映させるには？

領域内で戦術を探す

戦術の探索は、「領域内」から始めよう。たとえばあなたはサブ課題1を解決する戦術として、キーホルダー式充電器を見つけた。カギやベルトに取りつけられ、中にコードを収納できるものだ。

またネットを検索して、マウスやタッチペンにつける、ベストセラーのストラップが見つかった。これをラップトップのヘッドホンジャックに差し込めば、サブ課題2が解決する。

サブ課題3については、どんな表面でもスムーズに動かせる、ロジテック製のマウスがあった。人間工学に基づいたデザインで、カスタマイズできるボタンもついている。

これらは3つとも、領域内の戦術だ。うまく組み合わせれば、とても役に立つ最先端のマウスができるかもしれないが、創造的というほどではない。テック業界の人にはありふれたマウスに見えるだろう。

領域外で戦術を探す

さらに革新的にするには、「領域外」の探索が欠かせない。

サブ課題1については、持ち運びやすいものを幅広く調べてみよう。たとえばクレジットカード! お札《さつ》やコイン、小切手帳よりずっと持ち運びに便利だ。だがどんな種類のクレジットカードがいいだろう? カードと言ってもいろいろある。さらに探索して、ディスカバーカードという、極薄で、カード番号の印字も刻印もないカードを見つけた。これが最も携行しやすいクレジットカードだ。

サブ課題2については、ものごとを記録、追跡、把握、管理しやすくするための、新しい工夫全般を考えてみよう。ポストイットの付箋《ふせん》！　明るくカラフルで粘着力があって軽い、という単純な特徴のおかげで、あらゆるものごとを簡単に追跡できる。とくに鮮やかな色は、一般的な灰色や黒のマウスと差別化するのに役立つはずだ。

サブ課題3についてはこう考えてみよう。「マウスは手指の動きを認識する唯一のツールなのだろうか？」

タッチパッドもあるが、それは領域内だ。領域外のツールには、たとえば家庭やオフィスの防犯対策や照明のオンオフに使われる、モーションセンサーがある。フィバロ製のモーションセンサーは、光と熱、動きを感知し、音声コントロールも可能だ。これらの特性は、手指の動きをとらえる普通のマウスを超える可能性を切り拓く。

私がこの事例のためにつくった選択マップを、図7・5に示した。

領域内と領域外の戦術をかけ合わせる

さて、ここからはいろいろな組み合わせを考える時間だ。私がこの事例で選択マッピングをやった際に考えたアイデアを、2つ紹介しよう。

たとえば、キーホルダー式充電器（サブ課題1の戦術1）とタッチペン用ストラップ（サブ課題2の戦術1）という、2つの領域内戦術に、領域外のモーションセンサー（サブ課題

3の戦術3）を組み合わせたら、どんなものができるだろう?

こんな製品だ。「ラップトップ画面をミラーリングしたタッチスクリーンを周囲に投影する、どんな表面にも置ける小さな球体のセンサー」。特定の手指の動きや、「ズーム」「スクロール」などの音声コマンドを認識するようにプログラムされている。ストラップが付属し、充電と持ち運びに便利なUSBコネクタがついている。

もう1例として、ディスカバーカード（サブ課題1の戦術3）とポストイット（サブ課題2の戦術3）、ロジテック製マウス（サブ課題3の戦術1）を組み合わせた、「蛍光色の粘着式スリーブに入る極薄マウス」はどうだろう?　このスリーブは、スマホの背面に貼りつける薄型ウォレットに似ていて、ラップトップのどの面にも着脱できる。スマホケースにも同様の、クレジットカードを入れる薄型ウォレットつきのものがある。マウスは極薄だからスリーブに直接入れることができ、目立つ色で紛失しにくい。

これらは考えられる多数の組み合わせのうちの、たった2例にすぎない。ここで何分か時間を取って、あなたも組み合わせを考えてほしい。各サブ課題から1つずつ戦術を選んだら、何がつくれるだろう?　どんな解決策になるだろう?

アイデアを書き出して検討し、うまくいくかどうか、どうしたらうまくいくかを考えよう。これを、2通りの組み合わせでやってみてほしい。組み合わせと想像のスキルを磨くためのエクササイズとして、課題の解決策をつくってみよう。

2	3
アップルウォッチ （半領域）  ・装着型 ・充電コード／ドック ・文字盤のカスタマイズ （ワークアウト用） ・タッチスクリーン	ディスカバーカード （領域外） 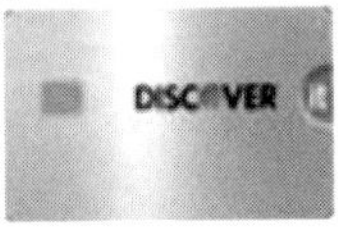 ・財布に入る ・ナンバーレス／ エンボスレス ・マットな質感 ・ミニマルなデザイン／券面の 情報は最小限
アップル製 「デバイスを探す」 アプリ （半領域）  ・無料ダウンロード ・屋内と屋外のマップ ・紛失したデバイスを リモートでロック ・紛失したデバイスの音を鳴らす	3M製ポストイット （領域外）  ・蛍光色（目を引く） ・使い捨て ・どこにでもくっつけられる ・ベタベタが残らない
マイクロソフト製 サーフェスペン （半領域）  ・低遅延 ・軽いタッチに反応する4096の 圧力点 ・タッチスクリーン ・パームリジェクト	フィバロ製 モーションセンサー （領域外）  ・光を感知 ・熱を感知 ・温度によって色が変わる ・感度調整可能 ・音声コントロール

メイン課題：ラップトップと一緒に持ち運べるマウスをつくるには？

1

サブ課題１： 持ち運びやすい／持ち運びに便利なマウスにするには？	モフィー製キーホルダー式充電器（領域内）  ・カギやベルトに取りつけられる ・コード収納可 ・光るバッテリー残量表示
サブ課題２： 紛失しにくくするには？	アムペン製タッチペン用ストラップ（領域内） 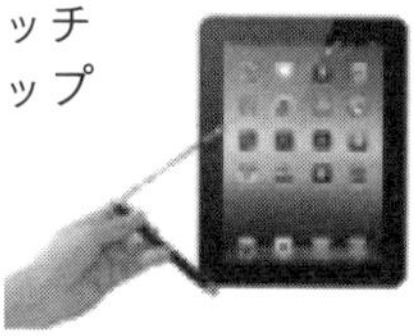 ・ヘッドホンジャックに装着可 ・最長25cmまで伸びる伸縮性のストラップ
サブ課題３： 手指の動きを正確に反映させるには？	ロジテック製ＭＸマスター２Ｓマウス（領域内）  ・スクロールホイールとサムホイール ・どんな表面でも動作 ・人間工学的デザイン ・カスタマイズ可能なボタン

図 7.5　記入ずみの選択マップ。コンピュータマウスの事例

こうして選択マッピングの練習をしておけば、次にやるときはもう少し簡単にできるはずだ。どんな複雑なスキルについても言えることだが、練習を重ねるたびに、ますます上達する。そしてますます大きく考えられるようになる。

異なる価値観にさらされた人は創造性が高い

前章のステップ4では、多様な視点と知識を持つメンバーをチームに集めることの大切さを強調した。意表を突く斬新な戦術がそろった、最高の選択マップをつくるためには、多様性がカギを握る。そしてThink Biggerで紹介する手法を用いれば、一見相容れない戦術を組み合わせる知的作業が苦にならなくなる。こうして、真に新規かつ有用な組み合わせを生み出すことができるのだ。

なじみのないものごとに触れることの価値は、研究でもはっきり示されている。ファッションデザイナーの経歴と評価、受賞を11年にわたって追跡した研究によると、**海外経験の長いデザイナーほど、ファッション関連の賞を受賞する確率が高く、独自性や革新性が高いと評価されることが多い。**

一例として、中国生まれのデザイナー、ユマ・ワンは、ファッションウィーク期間中にパリ、ロンドン、ミラノのランウェイを席巻して、大きな話題を呼んだ。ワンはドレープを活かした現代的なデザインと、多様な質感の生地の革新的な組み合わせで、高い評価を受けている。フランス版ヴォーグのインタビューでは、中国人としてのルーツと、上海やロンドンでの仕事の経験をデザインに活かしていると語り、そうした経歴があるからこそ、東西の文化を参照し、新しい革新的な素材を生み出すことができるのだと強調している。

同じことが、オスカー・デ・ラ・レンタのデザインについても言える。彼はドミニカ共和国で生まれ育ったが、パリに渡って高級ブランドのデザイナーを務めた。

また別の研究で、複数の文化的、人種的背景を持つ人々は、創造性が必要とされる課題解決のタスクで、より優れた成績を上げることが示された。まったく正反対の文化的信念や価値観にさらされた人々は、創造性が高い。なぜなら、地域レベルで相反するとみなされているアイデアの間に、実はつながりがあることを、幅広い視点から見抜くことができるからだ。

もちろん、複数の人種的、文化的背景を持ち、世界中を旅する人でなければ、クリエイティブになれない、ということではない。私が言いたいのは、**多様な文化を理解する人は、柔軟で開かれた心を持っているから、創造性が高い**ということだ。そしてそうした心は、Think Bigger の手法に組み込まれたシンプルな仕掛けを通じて、誰でも身につけることができる。

ちょっとここで、目新しいが本質的に有用でなじみの持てるアイデアを考えるための実験を3つやってみよう。紙とペンと用意してほしい。あなたのタスクは、地元の大学の書店で販売する、新製品のアイデアをたくさん考えることだ。

最初の実験で、あなたはまず、「釣り竿」の写真を見せられる。本体は頑丈な金属製で、握りやすいハンドルと、釣り糸ガイド、リールがついている。細い釣り糸が、先端についた小さな釣り針の重みで垂れ下がっている。

このイメージを念頭に置きながら、頭に浮かぶアイデアをすべて書き出そう。そしてちょっと時間を取ってもう一度釣り竿の写真を思い出してから、最後のアイデアを紙に書こう。

できあがったリストを脇に置いてほしい。次は「ホワイトボード」の写真を眺めてから、同じプロセスをくり返そう。

さて2つめの実験では、釣り竿の写真を見て書いた、最初のアイデアのリストに戻って、アイデアをさらに練ってほしい。この作業の参考になるようにと、あなたは書店でよく売っている9つの商品(計算機、インデックスカード、マグカップ、キーチェーン、ペン、ノート、教科書、パーカー、バックパック)の写真を見せられる。釣り竿と9つの商品を念頭に置きながら、「書店で売る新製品」のアイデアをまとめよう。

次に、ホワイトボードの写真を見て書いたアイデアでも、同じ9つの商品の写真を見ながら、同じことをやってほしい。

3つめの実験では、2つのアイデアリストを見直す際に、ふつう書店では売っていない9つの商品（ピアノ、スイスアーミーナイフ、かなづち、ルームランナー、ヘルメット、宝石、ローラースケート、スピーカー、ハンドバッグ）の写真を見ながら、最終的なアイデアをまとめてほしい。

お疲れさま、アイデアの完成だ！

ではそれぞれのリストを比べてみよう。

この実験は、創造性を専門とする研究者のジャスティン・バーグが行ったもので、創造的なアイデアを生み出そうとする際に、最初のインプットが最終アウトプットに強力な影響を与えることを示した。

もしあなたがこの実験の参加者と似ているなら、書店とは無縁なもの（釣り竿など）を見たときに思いつくアイデアは、より新規性が高く、書店で売ってそうなもの（ホワイトボードなど）を見たときに思いつくアイデアは、より有用性が高いだろう。そして2つめの実験で、最初に書店とは無縁なもの（釣り竿など）を見てから、次に書店でよく見かける9つの商品（計算機など）を見た人が、最も創造性の高いアイデアを生み出した。そのうえそれらのアイデアは、書店の店員や顧客によって、最も新規かつ有用だと評価されたのだ。

したがって、**新しいアイデアを考えるときには、最初に遭遇する情報がベンチマーク（基**

準点）となって、最終的なアイデアの新規性と有用性に大きな影響を与えることを、頭に入れておこう。想定内のものに遭遇するか、想定外のものに遭遇するかによって、その後のアイデア創出の道筋がまったく変わってくる。

だからこそ、選択マップには領域外のアイデアをできるだけたくさん書いてほしいのだ。領域外の戦術がたくさんあればあるほど、実用性を意識しつつも、新規性を最優先することができる。この点で、選択マップはほかに類のない、ユニークなツールである。

戦略的に組み合わせる

選択マッピングは、マップのマスを戦略的に組み合わせることから始まる。チームでこの作業をする場合は、最初は1人ひとりが個別に、次の手順を行おう。

まず、各サブ課題から1つずつ「戦術」を選ぶ。わかりやすいように、選んだ戦術をマルで囲むか、ハイライトをつけるといい。

続いて、選んだ戦術を組み合わせて、理想の解決策を考え、簡単に文章で説明しよう。このとき、こう自問するといい。「もしここに10万ドルあって、これらの戦術を組み合わせてつくった解決策を明日実現できるとしたら、どんなものがいいだろう？　製品がいいだろうか、サービスがいいのか?」。想像力を働かせて、戦術をつなぎ合わせよう!

短い説明が書けたら、次は各サブ課題から違う戦術を選んで、同じプロセスをくり返そう。「これはさっきの組み合わせとどう違うのか?」と考えながらやろう。

こうして選択マップの戦術の組み合わせができたら、チームで集まってお互いの説明を見せ合い、新規性を優先しつつも、どのアイデアが最も実現可能性が高いかを話し合うのだ。1人でやる場合は、あなたの書いた説明を、ルームメイトや夕食をともにする友人、家族や同僚、ジム仲間など、周りの人に読んでもらって話し合うといい。

選択マップの最初に、この作業をやることが肝心だ。そうして頭の中に基準を確立するのだ。通常は、すでに頭の中にあるアイデアを無意識のうちに指標にしてしまうが、正しいツールを使えば、それを避けることができる。その方法を、さらに説明しよう。

ランダムに組み合わせる

選択マッピングでは、行き詰まるときが必ずやってくる。何の「ひらめき」も生まれないし、組み合わせも思い浮かばない。そこで、相性を考えずに戦術を組み合わせる方法を紹介しよう。すでによい組み合わせが見つかった人も、ぜひやってみてほしい。その理由は、次を読めばわかる。
本書で説明する通りに選択マップを作成してきた人は、ぎっしり詰まったマップが目の前にあるはずだ。たとえばサブ課題が5個と、それぞれにつき5個の戦術が書かれたマップの場合、各サブ課題から1つずつ戦術を選ばなくてはいけない。ありうる組み合わせが3125通りもあることを忘れずに。すべてを試すことは到底できないが、サイコロやネット上の乱数生成サイトを使って、少なくとも5通りの組み合わせを試してほしい。これを使ってランダム（無作為）な組み合わせを選ぼう。

こうしてつくったランダムな5組の戦術を見て、最初は「こんな組み合わせからは何も考えが浮かばない」と思うかもしれない。でも自分を見くびってはいけない。

もちろん、すぐには何も見えてこない。ピースが瞬時に美しく、合理的に組み合わさることはない。頭の中で組み合わせをしばらく温めよう。

哲学者のデビッド・ヒュームも言っている。「人間の想像ほど自由なものはない。そして想像は、内的・外的感覚によってもたらされた、元のアイデアの蓄積を超えることはできないものの、これらのアイデアを混合、複合、分離、分解して、いかなる種類の空想や構想も生み出せる、無限の力を持っている」

ここで注目してほしいのは、ヒュームが人間の想像力を称賛しながらも、それが元のアイデアの「蓄積」を超えることはできない、と言っていることだ。私が授業で、最高のアイデアは選択マップの戦術の組み合わせから生まれると説明すると、「でもそれじゃ発想が制約されてしまいます！」という抗議を受けることがある。

ヒュームならきっと、「さよう、その通り」と答えるだろう。「学習＋記憶」の研究が教えるように、**あなたの発想のもとになるのは、あなたが学習したことの蓄積だけなのだ。**それに、「選択肢が多すぎると選べない」問題を忘れずに。組み合わせる要素の数を限定しておかないと、脳は認知的過負荷を起こし、思考停止するか、身近なもので妥協してしまう。

ではランダムな組み合わせをつくる方法をくわしく説明しよう。

あなたの選択マップが5行×5列の場合、サイコロや乱数生成サイトを使って、1から5までの数字を5個生成する。たとえば、2、5、3、1、2の数字を得たら、サブ課題1の戦術2、サブ課題2の戦術5、サブ課題3の戦術3、サブ課題4の戦術1、サブ課題5の戦術2を選ぶ。これらの5つの戦術を組み合わせて、解決策をつくってみよう。

このラウンドを少なくとも5回はくり返し、5種類のランダムな組み合わせをもとに、解決策を考えてほしい。

私の学生たちによる、選択マッピングの感想を紹介する。

この1週間、できるだけ意表を突く領域外の戦術を組み合わせるために、必死に頑張りました。最初は無理だ、こんなの意味がない、と思っていましたが、いざやってみると、とても刺激的なアイデアを生み出せました。

組み合わせの段階で、思ったほど自由な発想をしていないことに気がつきました。そこで戦術の選び方を変えて、それぞれのサブ課題の一番型破りな戦術を選んだら、最高の組み合わせができたんです。

私の場合、最も期待の持てる結果は、領域外戦術を組み合わせることで得られました。慣れ親しんだゾーンから思い切って出たのがよかったです。

私自身は、できるだけ目新しい解決策をつくるために、最初は領域外戦術だけを組み合わせることにしている。

チームでやる場合は、サイコロなどを使ってランダムな戦術を選んだら、まず1人ひとりが個別に組み合わせのアイデアを考えてほしい。それからチーム全員で集まって、生み出した解決策を見せ合おう。

同じ戦術を使っているのに、解決策が人によってまったく違うことに驚くはずだ。そして、ヒュームが正しかったことを知るだろう——**制約は創造性を妨げない**のだ。

ランダムな組み合わせの例

課題：ラップトップと一緒に持ち運べるマウスをつくるには？

サブ課題1： 持ち運びやすい／持ち運びに便利なマウスにするには？	**ディスカバーカード（領域外）**  ・財布に入る ・ナンバーレス／エンボスレス ・マットな質感 ・ミニマルなデザイン／券面の情報は最小限
サブ課題2： 紛失しにくくするには？	**アムペン製タッチペン用ストラップ（領域内）** 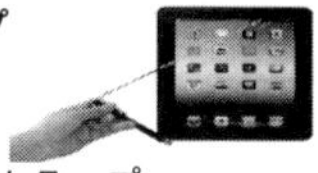 ・ヘッドフォンジャックに装着可 ・最長25cmまで伸びる伸縮性のストラップ
サブ課題3： 手指の動きを正確に反映させるには？	**マイクロソフト製サーフェスペン（半領域）** ・低遅延 ・軽いタッチに反応する4096の圧力点 ・タッチスクリーン ・パームリジェクト 

図 7.6　ミニマップ

その後は、チームで解決策を改良したり、解決策そのものを組み合わせたりしてみよう。後者は、いわば「組み合わせの組み合わせ」だ。解決策からピースを抜いたり、新しく加えたりして、自由にアレンジしよう。これが、選択マップの強みだ――制約はあるが、それでも組み合わせの選択肢は非常に多い。

チームでありうる組み合わせをたくさんリストアップして、1つひとつ検討しよう。最も新規性が高く、最もうまく課題を解決する組み合わせを選ぼう。

「ミニマップ」をつくる

次に作成してほしいのが、「ミニマップ」だ（図7・6）。これはあなたの解決策の概要で、

ランダムな組み合わせの例

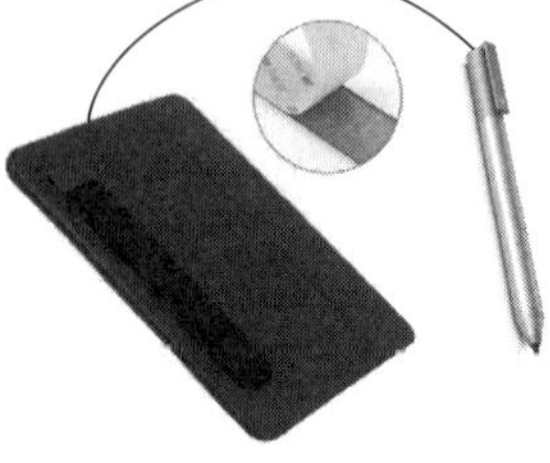

組み合わせのアイデア：

（サーフェスペンのような）高級タッチペンは、マウスより使いやすいかもしれない。装飾や無駄をそぎ落としたミニマルなデザイン（余計な突起がない）で、どんなデバイスにも装着できる粘着スリーブに収納する（財布にディスカバーカードを入れるように）。紛失を防ぐために、ペンの根元には伸縮性ストラップがついていて、ヘッドホンジャックか USB ポートに取りつけて携帯できる（アムペン製ストラップのように）。

図 7.7　ミニマップのアイデアの最終版

サブ課題と、それぞれにつき1つの戦術だけを書いたものだ。

このような組み合わせのミニマップを、最大5個つくろう。5個を超えると選択肢過多になる。そして、それぞれのミニマップを全体像に照らして評価しよう。これをやると、すぐに1つか2つのミニマップに絞られるはずだ。

もし、どのミニマップも全体像スコアで高い評価が得られない場合は、前のステップに戻って、課題やサブ課題を定義し直すか、探索をやり直すか、選択マップの組み合わせを増やす必要があるかもしれない。

私はこの手法を教えるたびにいつも驚き、感心するのだが、サイコロや乱数生成サイトを使って戦術を選ぶと、とても興味深いアイデアがたくさん生まれる。図7・7は、図7・6のミニマップをもとにつくった、ランダムな組み合わせから生まれたアイデアの1例だ。

ステップ5の最終目的は、あなたが実行に移したいと思える解決策のミニマップを1つか2つ選ぶことにある。だが、選んだ解決策を実行に移すのはThink Biggerが終了したあとだ。次章ではその前の最終ステップ、頭の中で形成されたアイデアを外の世界に表明する方法を説明しよう。

「最低3つ」のアイデアに絞る

さて、あなたはこう思っているかもしれない。「なるほど。でもサイコロを何回振ればいいんだろう?」と。

私の答えはこうだ。しっくりくる組み合わせが、最低でも3通りできるまで続けよう。

このランダムな組み合わせのミニマップには、最上部に課題を書き、左列にサブ課題を、右列にはランダムに選んだ戦術を1つずつ書こう。書くのはそれだけだ。こうしてミニマップを構成するピースがそろったら、それらの戦術を組み合わせて解決策をつくり、概要を200字程度でまとめよう。

できれば、最少限（3つ）のミニマップが完成したあとも、もう少し粘って組み合わせをつくってほしい。サイコロや乱数生成サイトを使って選択マップの戦術を組み合わせ、できるだけたくさんのミニマップをつくろう。そして、1つひとつのミニマップのアイデアを全体像と照らし合わせて、当事者の望みを最も満たすものを選ぶのだ。

　または、できあがった組み合わせからいくつかの要素を選び取り、それらを組み合わせ直して、さらにしっくりくる解決策をつくってもいい。粘り強さの大切さを教えてくれた、ブライアン・ルーカスの研究を思い出そう。最も質の高いアイデアを得るには、限界を超えて粘らなくてはならない！

　一般にThink Biggerの授業では、学生は3時間で10個から30個の組み合わせを考案する。そんなにたくさん？と思うだろうが、チームでやると、アイデアはあっという間にこのくらいに増える。

　だから、アイデアのリストを見て、できるだけシンプルなものに絞り込むといい。どの組み合わせも本質的に新規かつ有用だから、「シンプル」は実行に移す解決策を選ぶ際の重要な第2の基準になる。というのも、最終的な解決策は、さまざまな分野や地域、層の多くの人に理解してもらえるほど単純でなくてはならないからだ。

　最低でも3つのアイデアに絞ったら、最終ステップに進む1つのアイデアを選ぶ準備ができた。3つに満たない場合は、3つ以上できるまでランダムな組み合わせを試し続けよう。

実行すべきアイデアをどう選ぶか

これまで何度も述べているように、Think Bigger は直線的なプロセスではない。だから、各ステップでつくったすべてのピースを、いつでも参照できるようにしておくことが重要だ。

次章のステップ6で使う組み合わせを選ぶのにも、ステップ3の「全体像スコア」と照らし合わせる必要がある。全体像スコアは、あなたのアイデアの成功を左右するすべての当事者、つまり「あなた」と「ターゲット」と「第三者」の望みを書き出したものだ。

普通のやり方で選ぼうとすると、どうしても派手で記憶に残りやすい選択肢に気を取られ、最高の組み合わせを選べないことが多い。また、それぞれの組み合わせにはいろいろな側面があるから、一概には優劣を決められない。そこで、ステップ3でつくった全体像スコアを選択基準にするのだ。

では、あなたの3～5個のミニマップのアイデアを見てみよう。迷って絞りきれず、それより多くなってしまってもかまわない。いくつであれ、それらのアイデアを1つひとつ、ステップ3の全体像スコアのリストに照らして評価しよう。リストの各行の頭にチェックボックスがついていたのを思い出してほしい（第5章の図5・1）。このリストを使って、それぞれのミニマップが満たす当事者の望みにチェックを入れていこう。そしてその数を合計して、それぞれのアイデアのスコアを算出するのだ。

チームでやる場合は、まず1人ひとりが個別にチェックを入れてから、チームで集まって意見をすりあわせてほしい。各当事者（あなた、ターゲット、第三者）のボックスにチェックを入れたら、どの当事者の望みが最も満たされていないかにも着目しよう。

複数のミニマップのスコアが同点で並んだら、どの当事者のボックスに何個チェックが入っているかを調べて、どの当事者を最も優先すべきか、どの当事者の望みを最もかなえるべきかを決めなくてはならない。

合計スコアが最も高いアイデアはどれか、そしてその中で最もスコアの高い当事者はどれだろう？　**あなたが選ぶべきアイデア、つまり実行に移すべきアイデアは、すべての当事者のスコアが高いものでなくてはいけない**。目で見た方が理解しやすい人は、第5章の図5・4のようにスコアをグラフ化して、スコアが一部の当事者に偏っていないことを確かめるといい。

こうして全体像スコアに立ち返ることで、3〜5つのミニマップを一度に俯瞰しながら、「このミニマップは『ターゲット』のスコアが最も高いが、『第三者』のスコアがちょっと足りないな。第三者のスコアが高いほかのミニマップからピースを取って、このアイデアに組み込めないだろうか？」などと考えられるのだ。全体像スコアをもとに、アイデアを組み合わせ直し、最適化して、最高のアイデアをつくろう。

全体像スコアを算出したら、総合スコアが最も高いアイデアについて、次のことを確かめてほしい。

1．このアイデアはすべてのサブ課題を解決するだろうか？
2．市場の競合製品・サービスよりも全体として優れているだろうか？（たとえばファイザーは、抗原ベースのインフルエンザワクチンよりも効果の高い、ｍＲＮＡベースのワクチンによって、ワクチン市場を劇的に改善した）
3．あなたとチームメンバーはこのアイデアを気に入っているか？

こうしてThink Biggerの最後のステップ６に進む準備ができた。

あなたにはアイデアが見えている。

だが、ちょっと考えてほしい——他人にも同じものが見えるのだろうか？

第8章

ステップ6
第三の眼
あなたが見ているものは他人にも見えるだろうか？

さて、ミニマップというかたちのアイデアの原型ができた。ここまで来ると、すぐにでも試作品をつくって、売り込みたくなる衝動に駆られる。

でも待ってほしい。アイデアを実行に移す前に、アイデア創出の最終段階、ステップ6が残っているのだ。

このステップでは、フィードバックを得るためのエクササイズを行い、あなたのアイデアについて、次のことを調べる必要がある。

あなたのアイデアは既存のアイデアと違うのか、どう違うのか？

それはどんな可能性を生み出せるのか？

そして、他人はあなたの頭の中にあるアイデアを、あなたが意図した通りに理解し、解釈するだろうか？

これはアイデア創出の重要なステップだ——他人から意図的にフィードバックを集め、それをもとに、アイデアを最終的にまとめなくてはならない。

始める前に、まずは1曲どうぞ。

名曲「イエスタデイ」はどのように生まれたのか

Yesterday
All my troubles seemed so far away…

これは音楽史上、最も有名なフレーズの1つだ。

ビートルズの「イエスタデイ」は、1966年のリリース直後に全米チャート1位を獲得し、これまでにアレサ・フランクリンやエルビス・プレスリー、マービン・ゲイ、フランク・シナトラ等々、2000人を超えるアーティストにカバーされている。MTVとローリングストーン誌によって「史上最高のポップソング」に、BBCラジオによって「20世紀最高の曲」に選ばれた。

この曲を書いたのはビートルズのメンバー、ポール・マッカートニーだ。私は2020年夏に彼と話す機会に恵まれ、「イエスタデイ」について伺った。

私はこう質問した。「あのアイデアをどうやって思いついたのですか？」

それは1964年のことだった。ビートルズはすでにシングルやアルバム、ライブパフォーマンスで華々しい成功を収めていた。

ある朝、22歳のマッカートニーが目覚めると、頭の中でメロディが流れていた。忘れないように、急いでとりとめのない言葉を当てた。

Scrambled eggs
Oh my baby, how I love your legs…

マッカートニーが元の歌詞を目の前で歌ってくれたとき、私がどんなに感激したか想像してほしい！

彼はビートルズのメンバーやプロデューサー、ほかのミュージシャンなど、会う人会う人にこの歌詞とメロディを聴かせた。どこかで聴いた曲でないことを確かめたかった。自分で書いたという実感がなかったから、気づかないうちに真似てしまったのではないかと思ったのだ。この曲に聞き覚えがないか？　ほかの曲を思わせないか？

ここで着目してほしいのは、彼がこの曲を「好きかどうか」を尋ねたのではないことだ。聞き回るうちに、歌は育っていった。誰かに聞かせるたび、歌は少しずつ変わっていた。彼は相手が言葉や表情でこの曲にどう反応したかに注目し、試行錯誤を重ねながら、この曲の最高のバージョンに向かって手探りで進んでいった。

ポルトガルに旅行したとき、空港から友人の別荘に向かう4時間のドライブ中に、頭の中でメロディを鳴らしながら、マッカートニーは歌詞に集中した。何度も何度も頭の中で歌ううちに、納得のいくものができた――昨日までどんな悩みも遠くにあるように思えたのに、という、かすかに詩的で、いくぶんけだるく、まぎれもなく感傷的な歌詞が。

友人宅に着くとすぐ、最初に目に入ったギターをつかみ、メロディに歌詞を乗せて口ずさんだ。「*Yesterday, all my troubles seemed so far away*…」

歌詞がメロディに合っているかどうかを確かめるために、初めてギターに合わせたとき、うまく弾けなかったそうだ。友人の家にあったのは右利き用のギターで、彼は左利きだった。それでも、とても重要なことがわかった。歌詞はメロディにぴったりだった！　彼は頭の中の歌を実際に演奏して、自分に聴かせることで、想像上の曲をどうやって本物の曲にするかを理解したのだ。とうとう、ビートルズのメンバーとプロデューサーに新しいアイデアを聞かせる準備が整った。

メンバーに完成版の曲を聴かせ、4人で演奏するためのアレンジを相談した。全員が同じ答えだった――ポールがソロでギターの弾き語りをするべきだ。だがプロデューサーのジョージ・マーティンは違う案を持っていた。「カルテット（弦楽四重奏）を伴奏につけたらどうだい？」

彼は驚いてこう返した。「僕らはロックバンドだぞ！　カルテットの伴奏なんて！」マーティンは答えた。「試してみようじゃないか。嫌なら外せばいい」

そこで彼らは試した。

マッカートニーは結果を聴いて、マーティンのアイデアがやっと腑《ふ》に落ちた。このアレンジのおかげで、すべてのピースが1つにまとまったように感じたという。

彼とマーティンはこの曲について、言葉にはしなかったが、同じことを理解していた。2人は同じアイデアを持ち、それが実現する瞬間を目の当たりにしたのだ。

「イエスタデイ」の物語は、Think Bigger の「第三の眼テスト」のまたとない実例である。マッカートニーが生み出したアイデアは、周りからのフィードバックとゆっくり溶け合い、新しく、よりよいものに変わっていった。もし彼がバンドのメンバーやプロデューサー、親しい友人の意見を聞いて元のアイデアを手直ししなければ、あの曲は今のようにはけっしてならなかっただろう。

だからこそ、私がこの物語で一番驚いたのは、元のメロディがいきなり彼の頭に浮かんだことではないのだ。ゆったりした気分のときにアイデアが浮かびやすいことは、誰でも知っている。マッカートニーも、ベッドで寝転んでいるときにメロディが浮かぶことはよくあったという。

むしろ驚くべきは、彼があれほど体系的な方法で、直ちに問いを投げかけ始めたことだ。このような整然とした方法がアイデアの質を高めることが、今では明らかになっている。朝起きて頭の中でメロディが鳴っていたとき、彼は答えを出さなくてはいけない問いがあることを直感的に悟った。

第一に、このメロディは、すでにある曲とは違うのか、どう違うのか？

第二に、このメロディを曲にする場合、人の耳にどう聴こえるかを知る方法はあるだろうか？　またそれを知れば、頭の中にある曲を本物の曲にする方法がわかるだろうか？

つまり、マッカートニーはアイデアが芽生えた直後に、私がこれから説明するThink Biggerの最終ステップに似たプロセスを、直感的に実行したと言える。

私はこのプロセスを「**第三の眼**」と呼んでいる。マッカートニーはアイデアを実行に移す、つまり曲をレコーディングする前に、彼自身がこの新しいメロディを聴いたときに見て感じて経験したことを、他人も見て感じて経験するのかどうかを、忍耐と規律を持ってじっくり確かめようとした。

あなたもこれからミニマップを使って、同じことをやってほしい。新しいアイデアを他人に示し、相手にもそれが「見える」かどうかを確かめるのだ。

他人はあなたのアイデアをどう「見る」のか

何か複雑なことを誰かに説明して、「なるほどそういうことか」と言われたことはないだろうか？　そう言われると気分がいい。あなたの思い描いたことが、他人の頭の中にも形成されるとわかったからだ。相手はそれを、ただ頭で理解するだけではない。見て感じる。彼らが「見る」のは、頭に浮かぶ複雑な思考だ。

そしてこの思考は、ほかのすべての思考と同じで、感情を伴う。相手が感じるのは、あなたの見ていることを自分も見ることができたという成功の喜びと、あなたがその思考に対して持っているのと同じ感情だ。

神経科学によると、こうした理解のひらめきに大きく関与するのが、額のすぐ後ろにある前頭前野の「ワーキングメモリ」という機能だ。この部位の辺りは、ヒンドゥーや仏教の哲学で「第三の眼」と呼ばれている。あなたも額に目のある神や聖者の絵を見たことがあるかもしれない。この現象は東洋哲学だけでなく、現代科学によっても確認されている。この位置が頭の後ろの、視覚野と呼ばれる、視覚を司《つかさど》る部位ではないことに注目してほしい。それでも、英語やその他の多くの言語では、アイデアが頭に浮かぶことを「見る(see)」という。視覚的理解は、あなたが伝えようとしているアイデアに劣らないほど複雑なのだ。

ウォルト・ディズニーはこのことを理解しており、1958年にそれを説明する短編映画、「4人のアーティストと1本の木」を制作した。4人のスタジオアーティストが山頂にある同じ古い樫《かし》の木を同時に描く。できあがった絵は、4枚ともまったくテイストが異なり、同じ木を描いたものとは思えないほどだ。

「第三の眼テスト」をやると、あなたのアイデアが、アーティストによる樫の木の解釈と同じだとわかる。**あなたのアイデアは「見る人」――アイデアを生み出したあなたと、このステップでそれを検証する人たち――によってとらえ方が違う**のだ。

こんな思考実験をやってみよう。窓の外を見て、目に見えるすべてのものを説明してほしい。あなたの見ているものが1枚の写真だとして、それを100個の四角に分割し、それぞれの四角の中にあるすべてのものを完全に説明しよう。

次に、それぞれの四角をさらに1000個の四角に分割して、同じことをしよう。あなたの説明はずっと詳細になったはずだ。

そしてさらに細かく分割する。ここまで来ると、目に見えるすべてを説明するのは不可能だとわかる。

これをどんどん続けていくと、やがて目に見えるものはデジタル画面のような無数の点の集まりになり、1つひとつの点と、それらの組み合わさり方を説明するのに途方もない時間がかかってしまう。

私たちが窓から外を眺めるときには、脳の視覚野が光景の全体をとらえる。だがその後、光景を意味のある方法で見るために、視覚野はワーキングメモリと連携する。目は無数の点やかたち、色の中から、その瞬間にあなたの心をとらえる部分を抽出する。そしてワーキングメモリがこれらの断片を組み合わせる結果、あなたは言葉で説明できる何かを「見る」ことができるのだ。強烈な記憶が頭に浮かぶときにも、同じことが起こる。これらはどちらも、第三の眼の働きだ。

東洋哲学でいう第三の眼は、啓蒙や悟りを得るための器官という、神秘的なイメージをまとっている。だが英語で言う「啓蒙（enlightenment）」には、精神的と実際的の2つの意味がある。精神的な意味の啓蒙は、人智を越えた大きな力とつながることを指す。実際的な意味の啓蒙は、ここで説明するような科学的な方法でものごとを「見る」ということだ。マッカートニーは、「イエスタデイ」を書いた方法について私を啓蒙してくれた。私はそれを理解し、見て感じた。

Think Biggerのステップ6では、「他人があなたのアイデアをどう見るか」を知るためのエクササイズを行う。あなたのアイデアは既存のものとどう違うのだろう？　他人はあなたのアイデアのどこに注目するだろう？　そして、これらの情報を使って、あなたが見てほしいようにアイデアを見てもらうには、どうしたらいいだろう？

このステップのねらいは、あなたのアイデアに価値があることを他人にわかってもらうことではない。また、アイデアの魅力を高めるために、他人からフィードバックを得ることでもない。それはThink Biggerが終わったあとの、実行段階でやることだ。それに、これは人気投票でもない。友人はあなたのことを好きだから賛成票を投じるだろうし、赤の他人はあなたと考え方が違うから反対票を投じるだろう。さらに、投資家やパートナー、その他の協力者の支援を集めることでもない。それもThink Biggerのあとでやることだ。

なぜここで第三の眼のねらいでないものを挙げたかというと、一般のフィードバック収集法では、これらを得るように言われるからだ。だがそうした手法はどれも、次の問いに答えるための重要な段階をすっ飛ばしている。「他人はあなたのアイデアを、あなたが意図した通りに、頭と心で理解するだろうか？」「他人があなたのアイデアをどう理解するかを知って、あなたはアイデアを説明する方法を変えるべきだろうか？」

そしてこのステップを終了したとき、あなたが答えを出さなくてはならない問いは、「**このアイデアは追求する価値があるのか？**」である。もしイエスと答えられるなら、Think Biggerを終了して、晴れて実行段階に移ることができる。

判断に迷うと、周囲の影響を受けやすくなる

ほとんどの人は生まれつき社会的だ。現代ではSNSが、人とつながりたいという人間の自然な欲求を一大産業に変えてしまった。ティーンエイジャーの母である私にとって、人は何か新しいものを見ると必ず写真に撮って、インスタグラムなどのSNSにアップせずにはいられない生き物のように見える。そして5分ごとにページをリロードして、友人たちの新しい動きをチェックする。それも、彼らがアップした写真だけでなく、閲覧数やコメント——たんなる「いいね」から、数日、数カ月にもおよぶやりとりまで——のすべてをだ。

科学者でもある私は、不思議で仕方ない。こうした閲覧数やいいね、コメントは、人々が実際に考えていることを反映しているのだろうか？

この疑問に対する答えの一部は、マイクロソフト・リサーチの研究員、ダンカン・ワッツの研究に見つかった。彼とチームは「ミュージックラボ」という実験用の音楽サイトを立ち上げて、48の無名バンドの代表曲を無料でダウンロードできるようにした。

サイトには1万4000人の利用者が訪れたが、全員が同じ条件で曲を聴いたわけではない。利用者の5分の1は「自己判断」グループに入れられ、各曲の短いサビを聴いて点数をつけ、気に入った曲をダウンロードすることができた。残りの「社会的影響」グループの利

用者は、さらに8つのサブグループに分けられた。彼らも同じサビを聴いて採点したが、そのほかの情報として、自分のサブグループ内で各曲がダウンロードされた回数を知ることができた。

結果、社会的影響グループでは、初期に人気のあった（ダウンロード数が多かった）曲は最終的な点数も高く、初期に不人気だった曲は最終的な点数も低かった。つまり利用者は自分の判断よりも、過去の他人の評価をもとにして、曲を評価したのだ。

この実験では、両極端の曲があった。客観的に質の高い曲（社会的影響を受けない、自己判断グループで優れていると評価された曲）と、客観的に質の低い曲だ。これらの客観的な質は、全般的なダウンロード数にたしかに影響を与えた。

一方、この文脈で言う点数、つまり「好き」か「嫌い」かについて注意すべき点は、これらが利用者の主観的な評価だということだ。ワッツの研究は、客観的なコンセンサスが存在する場合には、好き嫌いの評価にも多少の信憑性があることをはっきり示した。だがそうした「コンセンサス」は、両極端の場合にしか存在しない。どこかのサブグループで最高評価を得た曲（「イエスタデイ」のような名曲）は、どのサブグループでもおしなべて最高評価を受け、どこかのサブグループで最低評価を受けた曲は、どのサブグループでもおしなべて最低評価だった。しかしその一方で、「並み」の曲については、サブグループによって評価が大きく分かれたのだ。

これらを踏まえると、**人は判断に迷うときには、社会的影響を受けやすくなる**ことがわかる。

「イエスタデイ」のような圧倒的な名曲や、初期の「スクランブルエッグ」のような本当の駄作は、どのサブグループでもコンセンサスがあった。言い換えれば、極端な曲に限って言えば、他人の評価は有用な情報だった。しかし大多数（95％以上）の曲は特別よくも悪くもなく、したがってそれらの評価は純粋に社会的影響の産物だった。つまり、それらの曲が「好き」と思われているか「嫌い」と思われているかは、役に立つ情報ではなかった、ということになる。

誰かにただ「これが好きですか？」と尋ねても、得られるのはせいぜい表面的な反応でしかない。悪くすれば、その場のバイアス（他人の評価）や、さらに根深いバイアス（長期の経験や好み）に左右されているかもしれない。つまり、**誰かに「あなたのアイデアはいいね、気に入った」と言われても、それ自体は有用な情報ではない。その判断に影響を与えている無数のバイアスを知りようがないからだ。**

私が「いいね」の問題にとくに関心を持っているのは、SNSのせいで、ありとあらゆるものを評価することが、世の中の習慣になってしまっているからだ。自分のアイデアを気に入ってほしいと思うのは、人間のつねである。

「第三の眼」のエクササイズが提供するのは、それよりもずっと得にくい、貴重な情報だ。

そしてこのエクササイズをやるときは、自分のアイデアを「評価」してほしいのではないと、相手にはっきり断る必要がある。そう言わなければ、人は自然に評価を与えようとするからだ。第三の眼を使ってあなたのアイデアを検証するためには、Think Biggerのほかの5ステップのプロセスと同じくらいの配慮と注意を払わなくてはいけない。

アイデアを自分に「語って聞かせる」

第三の眼の最初のエクササイズは、自分にアイデアを語って聞かせることだ。あなたのアイデアを書き出し、それを声に出して読んでみよう。次に、何も書かずに、声に出してアイデアを説明しよう。それから、今自分に語ったことをできるだけ正確に思い出しながら、もう一度紙に書き出そう。録音はしないこと！　これは記憶をたどる行為だ。そして、書き出したアイデアに手を入れて、意味がはっきり伝わるようにしよう。何度か声に出してそれを読もう。それから紙を脇に置いて、もう一度思い出しながら、アイデアを声に出して説明してほしい。

ここまでをもう一度くり返そう。

声に出すたびに、あなたの説明と、アイデアそのものが、いくぶん変化していくことがわかるだろう。発話は創造の行為だ。言おうとしていることが脳から口に伝わる間に、あなたはそれを言う新しい方法を見つける。そして、自分の言っていることを耳で聞くと、それが最初に言おうと思っていた内容と違っていることに気づく。**声に出して言うことは実際に思考を生み出すのだ。**

自分の話していることを耳で聞くうちに、頭の中にアイデアのイメージが形成される。そのイメージは、あなたの意図した通りのものだろうか？　あなたが伝えたい感情を表しているだろうか？　あなたの見たいものが「見える」だろうか？

目の見えない私は、思いを口にすることの力をいつも意識している。最近ではテクノロジーの助けを借りて、テキストを音声に変換して「読む」ことができる。つまり、私は読むために耳で聞いている。そしてテキストの言葉が読み上げられたとたん、著者が伝えたいイメージや感情が頭に浮かぶのを感じる。

これは目が見えるか見えないかにかかわらず、誰にでも起こることだ。アイデアを黙読するだけでも、頭の中で同じことが起こると思っている人が多い。だが黙読と音読とでは、効果がまったく違う！　このことは、第三の眼や前頭前野、思考形成の研究によって裏づけられている。だから、話す、聞く、考えるをくり返してほしい。

このステップではどんなときも「全体像」と「ミニマップ」を念頭に置いておこう。「全体像」を使って、自分が何を達成したいのかを思い出し、「自分はどういう解決策がほしいのか？」「他人はこの解決策をどう感じるだろう？」と考えよう。要するに、なぜこの課題を解決することが重要なのかということだ。「全体像」は、自分を含む当事者が何を望んでいるのかを思い出すのに使い、「ミニマップ」は、課題とその解決策を外の世界に具体的に伝えるのに役立つ。ミニマップを念頭に置いておけば、説明が高尚になりすぎたり、課題だけ、または解決策だけに重点を置きすぎたりすることもなくなる。

アイデアをメモを見ずに声に出してよどみなく説明できるようになったら、人に伝える準備が整った。信頼できる人——友人や恋人、同僚、2歳児、ペットでもいい！——を探して、何も反応せずただ聞いてほしい、と頼もう。同じ内容であっても、自分に向かって話すのと、他人に向かって話すのは、まったく違う経験である。

誰かがそこにいるとき、つまり誰かに観察されていることを意識しているとき、私たちは頭の中の思考を鎮めて、観察者の視点から自分を見ることができる。彼らが何も言わなくても、彼らの視点からものごとをとらえることができる。**誰かが耳を傾けていることを知っているだけで、相手の目を通して情報を処理できる**のだ。

誰かにアイデアを声に出して説明したら、自分に向かって言った時との違いを考えよう。アイデアを言い表す方法が変わっただろうか？　アイデアの一部を説明する言葉遣いが変わっただろうか？　落ち着いて説明できただろうか？

人に説明したとき何が変わったか、何を感じたかをメモしたら、第三の眼の2つめのエクササイズに移ろう。

「感情」と「判断」を取り除いた質問をする

このエクササイズでは、あなたの関心領域の専門家に協力を求める。だが、彼らがいつも与えているような方法でフィードバックを求めてはいけない。あなたはアイデアを評価してほしいのではない。あなたが考えた解決策について、ごく具体的なアドバイスがほしいのだ。

ここでのあなたのねらいは、あなたの課題が何で、それに対する解決策が何で、それを解決することがなぜあなたにとって重要なのかを、相手に伝えることにある。最初にこう言うといい。「これから私のアイデアを話しますので、どう聞こえたかを教えてもらえますか？」

ただ、こういう感情や判断を排除した前置きをしても、相手はマルかバツかで一刀両断すべきだと考えがちだ。だから、あなた自身に説明したのと同じ言葉でアイデアを説明したら、相手が賛否の意思表示をする前に、別の質問をたたみかけなくてはならない。

具体的にどんな質問をすればいいのか？「私の考えていることがわかりますか？」ではだめだ。あなたが考えていることを、彼らは知りようがない。彼らにわかるのは、彼らが考えていることだけだ。また、一般的なフィードバックの質問とあまりかけ離れた質問はできない。理解してもらうのに時間がかかってしまう。
相手の頭の中からThink Biggerに最も役に立つことを引き出す簡単な方法を教えよう。私はこれを「どこがよかったか」のエクササイズと呼んでいる。

あなた：私のアイデアを説明してもいいですか？
相手：もちろん。
あなた：（アイデアを説明する）

そして間髪入れずにこう尋ねよう。

・どこがよかったですか？　なぜですか？
・どこがよくなかったですか？　なぜですか？
・このアイデアはどうしたらもっとよくなりますか？

役に立つ答えを得るために、あなたのアイデアについてある程度知識があって、関心を持っている専門家を探したい。ここでも、アイデアワーキングの手法が有効だ。１人の専門家からどんどん輪を広げていこう。

だがせっかく判断を排除する質問をしているのに、アイデアを「よい」か「悪い」かで決めつけようとする専門家は必ずいる。そしてそういう意見には一般に、「もし私があなただったらこうするよ」という意味合いがある。あなたと相手は、望みも、能力も、知識も違うのだから、当然やろうとすることも違う。だから、あなた自身の考えを語っているのだと、相手にはっきり伝えよう。相手がどうやって課題を解決するかを尋ねているのではない。

また人によっては、あなたの質問を「このアイデアは成功するでしょうか?」と誤解して、意見をまくし立てるかもしれない。だがどんなにくわしい専門家でも、未来を、とくに斬新なアイデアの未来を予見することはできない。

だから、アイデアがうまくいくかどうかを相手が語り始めたら(そしてたいていの人が、うまくいきっこないと言うはずだ)、意見を拝聴してから、あなたの質問にもう一度誘導しよう。あなたはアイデア全体の感想を聞いているのではない。具体的にどの部分がよかったか、よくなかったのか、改良する方法を知っているかを尋ねているのだ。ほとんどの人はこういう質問をされたことがあまりないから、わかってもらうために、何度か言葉を換えて説明し直す必要があるかもしれない。

議論から感情や判断を排除することには、バイアスを減らす効果もある。相手は「このアイデアは気に入らない」と最初に思ってしまうと、その後は「気に入らない」という先入観にとらわれて、よくない点ばかりが目につくだろう。それにあなたも、アイデアが気に入らないと言われたら、相手に嫌な先入観を持って、意見を受け流してしまうかもしれない。そうすると両方向の確証バイアス〔自分の思い込みを正当化したい心理作用〕に惑わされてしまう。

さっきの3つの質問のほか、必要に応じて相手の質問に答えたり、アイデアをさらに説明したりできるように準備しておきたい。話し合いが思ったより長くなる可能性も頭に入れておこう。一般に、長いのはよいことだ。アイデアをよりくわしく説明できるということだから。そんなときはミニマップを取り出して、あなたが1つまたは複数のサブ課題を解決するために使った戦術を説明してもいい。

専門家との会話を終えるたび、すぐに結果を分析しよう。たとえば、専門家はサブ課題について、あなたが予想もしていなかった思い込みを持っていただろうか？　あなたが見逃していたサブ課題を指摘してくれただろうか？　新しい戦術を教えてくれただろうか？　あなたは今の戦術を別のものと交換すべきだろうか？　戦術の組み合わせについて、違う考え方を示してくれただろうか？　アイデアをほかのかたちで考えられないだろうか？

ここでもやはり、新しい情報が得られなくなり、アイデアに対するあなたの認識が変わらなくなったら、そこで終わりにしよう。その時点で、第三の眼の3つめのエクササイズに進む準備ができた。

自分のアイデアを第三者に説明してもらう：プレイバック

目を閉じて。イヌを思い浮かべてほしい。どんなイヌでもいいけれど、あなたの好きなイヌにしよう。

では、そのイヌにズボンをはかせよう。ズボンをはいたイヌを想像して、紙に描いてほしい。そしてその絵を見てみよう。

あなたのイヌは背が高いのか、低いのか、それとも胴が長いのか？　毛の色は薄いか、濃いか？　ズボンはどんなだろう？　４本足用？　それとも２本足用？　ズボンに色はついている？　１色だけ？　それとも水玉やストライプなどの模様入り？　ベルトやサスペンダー、ボタンはついている？　足のどこまでをカバーする？

私はこれまで数千人の学生と、このエクササイズをしている。後ろ足だけのズボンがあれば、前足だけのものや、４本足用のオールインワン、前足と後ろ足にそれぞれはくツーピースもある。ズボンの色やスタイル、デザイン、生地（たとえばコーデュロイなど）もまちまちだ。当のイヌはさらにバリエーション豊富で、足やしっぽ、毛、耳、鼻の長さが千差万別だ。実際、ネット上ではイヌにズボンをはかせる方法をめぐって、今も熱い議論が戦わされている！

「ズボンをはいたイヌを描いて」は、単純な指示に聞こえる。だが人によってイヌやズボンのとらえ方は違うし、それらの組み合わせ方も違う。心の眼で何かを見たとき、それを声に出して説明すれば、ほかの人にも同じものが見えると思うかもしれない。ズボンをはいたイヌの例では、それを確かめる唯一の方法は、絵に描いてもらうことだ。だがThink Biggerでは、他人の頭の中に形成されるイメージを見ることはできないから、相手があなたと同じようにアイデアを理解しているかどうかはわからない。

人は自分が信じていることを客観的な真実だと考えがちだ。社会心理学者の故リー・ロスは、この現象を「素朴実在論」と呼んだ。人は自分を論理的で客観的で合理的だと思っているから、自分の分析や判断、決定は正確だと考える。そして、もし他人も論理的で客観的で合理的なら、きっと自分と同じように考え、同じものを見るはずだと思い込む。

だが実際はその逆だ。脳は人によって違う。人生経験や望みや知識も、人それぞれだ。あなたは自分が現実的だと、つまり現実に即した考えを持っていると思うかもしれないが、それはありえない。**それはあなたが解釈した現実であって、他人にとっての現実とはつねに異なる**のだから。

ワールドカップで2国が戦うときは決まって、それぞれの国のファンが、やれ審判が相手チームの反則を見逃しただの、相手チームをひいきしているだのと、非難合戦をくり広げる。相反する政治的信念を持つ2つの集団に同じ報道番組を見せると、どちらの集団も自分たちの側が不当に扱われていると考える。意見が分かれるどんな話題についても、同じことが言える。

このことをさまざまなかたちで正式に実証し続けてきた。

人間の知覚はつねに主観的なものである。イマヌエル・カントが画期的な著作『純粋理性批判』（岩波文庫ほか）でこれを論じたのは、１７８１年のことだ。それ以来、心理学者は

これだけ長きにわたって実証されているのに、人はいつでも客観性を主張する。だがあなたがそれを直接相手に指摘すると角が立つから、主観的な言葉で問いかけるといい。「このアイデアを聞いて何を連想しましたか、どんな気持ちになりましたか、どんなことを考えましたか？」など。あなたがほしいのは、相手の冷静な分析ではない。相手があなたのアイデアをどう「体験」するかを、できるだけくわしく知りたいのだ。

ステップ6のこの段階では、他人の第三の眼を通して、課題に対するあなた自身の理解を深めていく。私はこのエクササイズを「**プレイバック（再生）**」と呼んでいる。プレイバックは、できれば今までのエクササイズとは違う人たち、とくに専門家ではない人たちとやってほしい。まず、あなたのアイデアを5分以内で相手に説明する。それからこう頼んでみよう。「今のアイデアを私に説明してもらえませんか？」

「どこがよかったか」のエクササイズとの違いがわかるだろうか？　プレイバックはそれよりずっと短く簡単なやりとりだ。そして、２回に分けて行う。１回めは相手にその場で答え

てもらい、お礼だけ言って終わりにする。それ以上は話し合わない。そして、1日か2日後に、もう一度同じ人に聞いてみる。このとき、あなた自身はアイデアを説明せずに、こう言おう。「1日経ちましたが、何を覚えていますか？　あのアイデアを私に説明してもらえると助かります」。2回めを行うことを事前に相手に教えてはいけない。2回めの質問で意表を突きたいからだ。

あなたの課題の分野の専門家に聞く場合は、質問と質問の間隔を長めに取ろう。1週間か、1カ月でもいい。なぜなら専門家は、アイデアに関連する知識や関心をすでに持っているため、アイデアをあとで思い返すからだ。そうした思考が消えてなくなるまで待ちたい。彼らがアイデアをまったく考えない時間を置こう。そうすれば、振り返って思い出してもらえる。

プレイバックをやると、あなたのアイデアについていろいろなことがわかる。あなたはこの段階でアイデアをどれだけうまく伝えられているのか？　アイデアの何が一番印象に残るのか？　他人はアイデアにどんな感情を持つのか？——熱狂するのか、退屈するのか、半信半疑なのか？　このエクササイズは、アイデアの記憶テストではない。あなたのアイデアのどこが、なぜ記憶に残るのかを明らかにすることがねらいだ。

他人があなたのアイデアを説明するのを聞くと、彼らの記憶に穴があることがわかる。その穴は、相手が理解していない部分だ——そして、お宝はそこに隠れている。

プレイバックをする人は、アイデアの理解できていない部分を改変して、未知の部分を既知の知識で埋めようとする。そのため、あなた自身の説明と、相手の説明の違いに注目すると、アイデアを展開する新しい方法が見えてくるのだ。ニューヨーク大学の神経科学者ジョゼフ・E・ルドゥーもこう言っている。「脳内のシナプス結合が増えるということは、新しい枝ができるというよりも、すでにある枝に新しい芽が出るようなものである」と。

フィードバックで得られるのは助言だけだ。これに対し、プレイバックで得た情報は、アイデアを拡張し、構築するのに役立つ。

プレイバックは、新しい科学的知見をもとにしているという点で、ほかのフィードバック手法とは一線を画している。すなわち**学習とは、過去の知識を新しいもので書き換えていくというよりも、脳内にすでにあるパターンを認識し、拡張していくプロセスに近い**、という知見だ。

記憶は、私たちの経験をそのまま映し出す鏡ではなく、脳が再構成したイメージである。これが、「学習＋記憶」を理解するための基礎だ。あなたは過去に住んだすべての家や、過去に見たすべての郵便ポストの完全なスナップショットを脳内に蓄えているのではない。脳内には細々《こまごま》とした断片があり、あなたはそれらをひっきりなしに組み合わせ、組み合わせ直しながら、頭の中の概念を整理している。

この再構成のプロセスは、本質的に創造的な営みである。エリック・カンデルの研究が示すように、脳は自然にパターンを修正し、編集する。しかもこのプロセスは、１つのイメージを呼び起こすことにとどまらず、より大きく、より抽象的な概念を考える際にも行われるのだ。

イギリスの心理学者フレデリック・バートレットは1930年代の実験で、被験者に異国の民話を聞かせ、少し日を置いてからその内容を思い出してもらった。ご想像の通り、被験者はなじみのない物語はよく覚えていなかった。だが驚くべきことに、多くの人が同じような部分を、間違って記憶していた。被験者は物語の同じような部分を――とくに、理解できない部分を――頭の中の情報で書き換えることが多かったのだ。

バートレットはこう結論づけた。人は問題に直面すると、脳内に蓄積された知識の本棚、すなわち「メンタルスキーマ」から断片を引っ張り出してきて、記憶の小さな欠落を埋める。つまり、**思い出すということは、過去の経験を土台にして構築するという、想像を駆使するプロセスなのだ。**

このステップでは、あなたが一番記憶してほしい部分を覚えてもらえない、アイデアが誤解され続ける、あなたの意図した感情を想起しない、といった場合、必要に応じて表現する方法を変えよう。その結果として、アイデアの説明文や、ミニマップ、ひいては選択マップの一部を変えることになるかもしれない。それは有意義なことだ。そうした変更はすべて、アイデアを精緻化するプロセスの一環なのだから。そしてこのプロセスをうまくやればやるほど、アイデアはますます明確に、簡潔になっていく。

第三の眼テスト

これらの第三の眼の3つのエクササイズを通して、最初はあなた自身の目、次に他人の目を通して、解決策に取り入れる視点を徐々に広げていった。

これから行う最後のエクササイズは、このプロセスをもう一段進める。他人にあなたのアイデアをまったく自由に、創造的に、構想し直してもらうのだ。

人は「学習+記憶」のメカニズムによって、頭の中で自然にものごとを組み合わせ、組み合わせ直すため、どんな新しいアイデアにも、こんなありがちな方法で反応してしまう。誰かにあなたのアイデアを話すと、必ずと言っていいほど、「そうですね、もし私があなたなら……」という答えが返ってくるのだ。

第三の眼の最後のエクササイズでは、この人間の傾向を逆手《さかて》にとって利用する。あなたが話したアイデアを、相手に構想し直してもらおう。

まず、あなたの解決策を誰かにくわしく説明する。そして、それを相手が一番よいと思う方法で変えてもらおう。あなたは、相手の考えた解決策をきちんと理解するための質問はしてもいいが、それ以外のことは聞いてはいけない。これをやる目的は、あなたと相手のバージョンの優劣をつけるためではない。あくまで相手が考えた解決策を知るために行う。

何人かを相手にこれをやってみよう。そして、それぞれのバージョンをじっくり研究しよう。きっといろいろな発見や気づきがあるはずだ。それをもとに、あなたの解決策やそれを説明する方法に手を加えたり、解決策をよりよく理解できたりするかもしれない。

さあこれで、あなたのアイデアの可能性を他人がどう理解し、イメージするかを知るための手法をすべて説明した。これらがあなたの第三の眼になる。できあがったアイデアをこれから実行に移していく中で、何が起こるかはわからない。成功するかどうかさえわからない。だがその過程で、何かを選択したり、問題や障害に突き当たったりするたび、6つのステップに立ち戻って、必要に応じてさまざまな手法を使ってほしい。

おめでとう！　これでThink Biggerの6つのステップが完了した。

これをやり遂げた今、ステップ1の情熱テストのように、「私は課題を解決した今、奮い立っているだろうか？　アイデアをはっきり理解していて、追求する価値があると思っているだろうか？」と自問しよう。自信を持って「イエス！」と答えられるなら、今こそそれを実行に移すときだ。

Think Biggerの6つのステップは、私自身が実践しながら考案した手法だ。「創造的思考について今わかっている知見を用いて、アイデアを生み出すための実践的な方法を考案するには？」が、私の課題になった。

あなたも6つのステップのやり方を知った今、私がこれまでやってきたように、Think Biggerをくり返し何度も使ってほしい。そうするうちに、ますますそのスキルを磨き、ますます大きな野望に挑めるようになるだろう。

あなたがThink Biggerを使って、これまでよりもさらに大きく考え、手が届かないと思っていた夢を実現させることを心から願っている。

大きなアイデアについて

本書を始めた場所に戻って、最後の結びとしたい。

フレデリク・バルトルディと自由の女神だ。バルトルディは1886年10月28日の除幕式の日に、自分のつくった彫像が、今のような意味を持つようになることを知っていただろうか？

彼の当初の構想は、アメリカの自由の理念と、独立戦争および南北戦争での勝利を、みずからの作品を通じて称えることだった。そしてすぐに、別の芸術家のエマ・ラザラスが、あの有名な詩で「身を寄せ合う群衆」の象徴的なイメージを描くはるか前に、よりよい生活を求めて港にたどり着いた移民たちを導く灯台として、女神像をとらえ直した。

バルトルディの祖国フランスでは、フランス革命の自由の理念が消えかかっていた。ラザラスは、ポルトガルから異端審問の迫害を逃れてアメリカに来た難民の子孫で、移民の擁護者として活動していた。２人のそれぞれがこの芸術作品に違ったイマジネーションを与えることによって、それぞれが違った方法で、今日の自由の女神のあり方を方向づけた。

ここで登場するのがもう１人の創造的思考の持ち主、ジョージナ・シュイラーだ。シュイラー家は古くからニューヨークに暮らす、由緒あるオランダ系の一族で、ジョージナの曾《そう》祖父は合衆国建国の父の１人、アレグザンダー・ハミルトンである。シュイラーは有力な慈善家で、芸術の後援者でもあった。ラザラスの詩は、シュイラーが自由の女神の資金集めのために委託した多くの取り組みの１つとして、１８８３年に発表された後、忘れ去られていた。

のちにシュイラーはこの詩を再び見出し、それを刻んだ銘板を女神像の台座に飾るために奔走した。彼女の努力が実を結んだのは、正式なオープニングから17年経った１９０３年のことである。シュイラーの創造的な組み合わせが、女神像と詩が後世に与えるインパクトを相乗的に大きく高めたのだ。

突き詰めれば**アイデアは、多くの人がそれを理解し、共感し、自分のものにしてこそ、「大きな」アイデアになる。アイデアを見守る１人ひとりが、それに自分なりの理解を与えるうちに、アイデアそのものが、構想者が想像もしなかったほど大きくなっていく。**

自由の女神が大きなアイデアだと言えるのは、建造に多大な労力を要したからではない。それが立っている特別な場所のおかげでもない。エマ・ラザラスの詩が台座に設置されたからでさえない。女神が大きなアイデアなのは、彼女を仰ぐ1人ひとりにとって違った意味を持ちながらも、あらゆる境界を越えた、普遍的な存在であり続けているからだ。

自由の女神のアイデアは、たんなるシンボルをはるかに超えた、大きな可能性を約束する。自由の女神は私たちの眠れる力を呼び覚まし、私たちが何者にでもなれることを教えてくれる。**私たちの1人ひとりが女神に意味を与えると同時に、女神が私たちの存在に意味を持たせることによって、お互いがともに大きなアイデアをつくり上げているのだ。**

何百万もの人々が、よりよい生活を求める移民としてニューヨーク港にたどり着いた。彼らの1人ひとりが自由の女神を見上げ、新しい国で新しい生活を始めるうちに、女神に思い入れを抱き、そして彼ら自身の意味を、物語を生み出し、今も続くアメリカンドリームの物語を、ともに紡ぎ出した。

この物語は今もつくられ続けている。港を訪れ自由の女神に感嘆する年配の女性たちによって、また女神像を映画のシーンに登場させる監督たちや、飛行機のタラップを降りながら——私が朝自転車に乗りながらいつもやっているように——朝日にまばゆく輝く女神像を見つめる、新参の移民たちによって。

私たちは新しいものごとを生み出すイノベーターとして、彼らと同じように大きなアイデアを生み出したい。もっと大きく考えたい。

私たち1人ひとりは、未来を予測することはできないが、代わりにできることがある。解決したい課題をはっきり意識し、なぜそれを解決したいのかを明確にする。その課題を解決することがなぜ自分にとって大切なのか、自分の考えた解決策がどういう仕組みで働くのかをしっかり理解する。

このすべてができたなら、Think Biggerを通して大きく考えていることになる。そして多くの人があなたのアイデアのねらいを理解し、彼ら自身の課題を解決するためにアイデアを取り入れるうちに、アイデアは少しずつ、試行錯誤を重ねながらますます拡大し、ますます大きなアイデアになるだろう。

本書では数々の、ときに胸を打たれるような、偉大な物語を紹介した。世界のどんな革命的なイノベーションも、身近な要素でできていることを知ると、勇気と希望が持てる。イノベーションはとても困難なものだといまだに考えられているのは、見当違いの取り組みが行われてきたからだ。私たちは新しい要素を生み出すことはできない。できるのはただ、古い要素を新しい方法で組み合わせ、組み合わせ直すことだけなのだ。

マーク・トウェインもこう言っている。「新しいアイデアなんてものはない。そんなものはありえない。私たちはただ、古いアイデアをたくさん集めて、頭の中の万華鏡のようなものに放り込むだけだ。万華鏡を回せば、新しく興味をそそる組み合わせができる。私たちはいつまでも万華鏡を回し、新しい組み合わせを際限なくつくり続けている。だがそれらの組み合わせは、大昔から使われてきた、見慣れた色つきガラスの破片でできているのだ」

あなたの次の大きなアイデアに必要なパズルのピースのほとんどを、誰かがいつかどこかですでに解決していると思えば、気が楽になるし、やる気も湧いてくる。

ニュートンは巨人たちの肩の上に立つことによって、世界を変えることができた。私たちもよりよい世界をつくるために、すでに知られていることを活用し、独自の方法で組み合わせることによって、解決策を生み出せないはずがない。

だから好奇心を持とう。ピースを探すことに時間をかければかけるほど、パズルを解ける可能性が高くなる。

今あなたは知っている。誰にでも見えるところに、大きな秘密が隠れていたことを。脳がどうやって最高のアイデアを生み出すのかを。

だから今度問題にぶつかったら、万華鏡を手に取ってくるくる回し、そして——大きく考え始めよう。

謝辞

本書は、当初の着想から最終原稿を完成させるまでに10年近くもの歳月を要した。そのなかで、この限られた紙面では感謝しきれないほど私を助けて下さった多くの方々に感謝を捧げたい。

ビル・ダガンは「学習＋記憶」という新しい科学的知見を、創造的思考とイノベーションの理論および実践に応用するための先駆的研究を行った。

私の博士課程の学生であり、右腕でもあるカール・ブレイン・ホートンは、Think Biggerをいまのかたちにするために献身的に働き、講座や本書のためのエクササイズの作成を手伝ってくれた。

コロンビア大学ビジネススクールの元学長グレン・ハバードは、私を起業家プログラムのアカデミック・ディレクターに任命してくれた。このプログラムという強固な足場を得たおかげで、私はイノベーション研究を進めることができている。

私の大切な友人であり、トライベッカ映画祭の創設者でもあるクレイグ・ハトコフは、早くからThink Biggerをただの学術的な試みにとどめず、実践的なツールにするために手を貸してくれた。

コロンビア大学ビジネススクールの現学長コスティス・マグラスと、副学長のジョナ・ロックオフ、ケント・ダニエル、マリア・メイソンは、Think Biggerを教室で実践できるように、組織的、知的、精神的支援を与えてくれた。前・現経営学科長のアダム・ガリンスキーとステファン・メイヤーにもお助けいただいた。

経営学科の同僚たちからは、研究や何気ない会話を通して、宝の山のようなアイデアをいただいている。とくにダン・ワン、モドゥペ・アキノラ、マリア・メイソン（いま一度）、アダム・ガリンスキー（いま一度）、そして今は亡き偉大なキャシー・フィリップスに感謝したい。

Think Biggerは、他にも大勢の研究者に多くを負っている。ここでは私が個人的に知っており、研究論文にとどまらないご助力をいただいた方々だけを挙げる。メラニー・ブラックス、ブライアン・ルーカス、オリビエ・トビア、オデッド・ネッツァー、ジャスティン・バーグ、ギータ・ジョハール、ジェイコブ・ゴールデンバーグ、スティーブン・スローマン、ブラッド・ストーン、ハリー・ウェスト、エリック・カンデル、リチャード・アクセル、テレサ・アマービレ、マーク・レッパー、ジョセフ・ルドゥー。

世界を代表する3人のイノベーターである、サー・ポール・マッカートニーとイーサン・ブラウン、ロイド・トロッターは、個人的なインタビューに応じてくれた。

ファイザー社CEOのアルバート・ブーラのおかげで、フィル・ドーミッツァーとアレッサンドラ・グルマンと知り合うことができ、彼らからmRNAワクチンの物語を聞き出すことができた。

NASAのステイシー・ボーランドは、新型コロナ用人工呼吸器の物語を語ってくれた。デボラ・デューガンはこうしたインタビューのお膳立てをし、臨機応変な対応によって、イノベーションはこういうものなのだと行動で示してくれた。

グレッグ・ショーからは、ビル・ゲイツの物語について専門知識と助言をいただいた。Think Bigger講座では、熟練した講師のみなさんが、受講生がメソッドを理解し、適用できるように手取り足取り助けて下さった。マイケル・コスタ、シャルダ・チャーウー、ショーン・バトニック、ジュリー・ハリスと、私の翼を運んでくれる風であり、Think Biggerの優秀なメンターであるニール・ゴッドフリーに、特別な感謝を捧げたい。Think Biggerの手法を多くの人に教え、指導し続けてくれるダグ・メインにも感謝する。

Think Biggerの受講生を継続的にサポートしてくれる、コロンビア大学ビジネススクールのイノベーション・フェローに感謝する。ビンス・ポンゾ、ジョーン・アフレック、マイケル・アウアーバック、パメラ・ベル、マイケル・コスタ、トゥース・ダルバラ、デボラ・デューガン、マックス・エンゲル、R・A・ファロクニア、マイケル・フランク、ニール・ゴッドフリー、トム・ヒグビー、サラ・ホローベク、ジェイク・カハナ、シャー・カリム、セシ・カーツマン・ダグラス・メイン、ミリンド・メヘレ、エドゥアルド・メストレ、デビッド・パーク、ライアン・リーグ、ジェイメ・ロバートソン・ラバル、マニーシュ・サガル、ジョアン・ウィルソン、エド・ジマーマン、ステイシー・ルクレイマー、マッタン・グリフェル、リチャード・ハリス、アルフレッド・ドリュース、ドミニク・コリアーレ、エバン・ビエンストック、クナル・スード、パメラ・ベル、ジョー・シュナイアー、マーカス・ブラウクリ、デビッド・ファム、ニック・ガーナート、ニッツァン・ハーモン、ティファニー・ファム、ボブ・フリードマン、ホープ・タイツ、メリーナ・デネベイム、ジョナサン・マリナー、ブラウン・ジョンソン、ウディ・ドリッグス、ミシェル・ブロガード、パメラ・ホーン、メーガン・クロス・ブリーデン、デビッド・ビール、シャム・ムスタファ、ブリアナ・フェリグノ、アリー・スリナ・ディクソン、エイミー・マーフィー、ジェフ・ラゴマルシノ、ロイド・トロッター、マーク・シュナイダー、カロリーナ・ビーガス、ショーン・バトニック、ハリー・ウェスト、クリス・ヘブル、リズ・リンゼイ、ショーン・プレンダーガスト、ジョアン・マティアス、テリー・ラングレン、ジョナサン・クレーン、マシュー・シェイ、バリー・サルツバーグ、アリス・チェン、ブラッド・ハットン、スコット・クレモンズ、ウダヤン・ボース、アイラ・シャピロ、マルティム・デ・メロ、ムルリ・ブルスワール、アモル・サルバ、ジェイミー・フィアルコフ、カイフー・リー、スザンヌ・ノッセル、ムレダッハ・ライリー、ウォルト・モスバーグ、ジェイコブ・シュレシンジャー、ギータ・センノウニ、ジェフ・クック、ケビン・チルトン、ジャミエル・シェイク、ビジャイ・アッガーワル、モリー・ヒンメルスティーン、メアリー・ドノヒュー、サビーネ・ゲーデケ・ステナー、ラージ・マヘシュワリ、マーク・ブルックス、エリザベータ・イーリー、ミクロス・サバリー、ハロルド・ピンカス、レット・ゴッドフリー、クリスティ・クリストフスキ、ニック・ゴガーティ、ショーネット・ロシェル、ヘレン・フィッシャー、マシュー・バロン。

私がコロンビア・ビジネススクールで主催するイノベーション・サロン講座は、Think Bigger講座の受講生に、世界中のさまざまな領域の新しいアイデアに触れる機会を与えてくれた。講演者に声をかけるのを手伝ってくれたマーカス・ブラウクリをはじめ、以下のみなさんに感謝する。スコット・クレモンズ、ウォルト・モスバーグ、ロイド・トロッター、ブラッド・ハットン、ポール・フランシス、マーク・ロア、マシュー・シェイ、テリー・ラングレン、アイラ・シャピロ、スザンヌ・ノッセル、ジェイコブ・シュレシンジャー、マーカス・ブラウクリ、ダン・ワン、カイフー・リー博士、J・B・ロックハート、ダン・ファレル、J・アレン・ブラック、ショーン・プレンダーガスト、ヘレン・フィッシャー、アマンダ・ブラッドフォード、リサ・クランピット、マーク・ブルックス、ジェフ・クック、ミクロス・サバリー、ロジャー・マクナミー、ニック・ガーナート、クリス・ブリット、ポール・ジョンソン、ニック・ゴガーティ、ジャミエル・シーク、ケビン・チルトン元大将、サビーネ・ステナー、ジョディ・マクリーン、マシュー・バロン、クリス・メイヤー、ハリー・ウェスト、ホッド・リプソン、スティーブン・ローゼンブッシュ、ラビ・アーウィン・クラ、ティム・ライアン、ピーター・カルディーニ、ヤスミン・ハード博士、サー・アレックス・ハリデイ、イーサン・ブラウン、デビッド・ブレイ、アン・バウアー、ジェローム・ペセンティ、ダニー・メイヤー、グザビエ・ロレット、カーラ・スウィッシャー、ジェフ・ヒール、メアリー・ジェーン・マクキレン、アン・フォックス、カイル・ゴッドフリー、ケイトリン・ラクロワ、ジャミエル・シェイク、ディー・シャルラマーニュ、シャム・ムスタファ、リズ・グラウサム、サム・シャッツ、ホーク・ニューサム、チボナ・ニューサム、エド・ジマーマン。

私の博士課程の学生マイク・ホワイト、ジュヌビエーブ・グレゴリッチ、エリカ・ベイリーは、教室で、またそれ以外の議論を通して、Think Biggerの手法を磨き上げる手助けをしてくれた。

リサーチアシスタントのショーン・カツマレク、エレノア・ベントレー、ジョーダン・アンテビ、アリー・シンクレアは、Think Biggerプロジェクト全体を通して細やかな気配りをしてくれた。

高校生インターンのコーリー・ブルックスとナラ・サニャは、リサーチを手伝い、本書の原稿を読んでコメントをくれた。

ジェイク・カハナとヤン・サイモンは視覚教材のデザインを手伝ってくれた。

ジュリアナは私を2人乗り自転車に乗せて、毎回ハドソン川に沿って自由の女神像までを一緒に往復してくれた。

私の大切な友人、アンソニー・ジャイルズはセラピストのように私を癒やし、決して諦めてはいけないと励ましてくれる存在だ。あなたの音楽的才能は、Think Bigger という曲を書くのを大いに助けてくれた。

コロンビア・ビジネススクール出版のマイルス・トンプソンは、この本をあらゆる面で最高のものにするために手を尽くしてくれた。

私をつねに励まし、信じ続けてくれる母へ、

そしていつもそばにいてくれる妹のジャスミンへ、心からの感謝を捧げたい。

アンドリュー・マークス博士に特別の感謝を捧げる。執筆にかかり切りになって何時間もあなたを放っておいたのに、別れないでいてくれてありがとう。

そして何よりも、Think Bigger 講座の数百人の学生に感謝する。このメソッドに息を吹き込んでくれたのはあなたたちだ。

訳者あとがき

世界に何かしらの爪痕を残したい――そう思いながらも、よいアイデアがなかなか頭に浮かばずに悩んだことはないだろうか？　また、たとえアイデアを持っていても、本当に追求する価値があるアイデアなのかどうか、判断に迷って足を踏み出せなかったことはないだろうか？

ビジネススクールでは、そうしたすばらしいアイデアが「すでにある」という前提で、カリキュラムが進んでいく。またアイデアを発想するための手法はいろいろ開発されているが、偶然のひらめきに頼るものや、発想の幅が狭かったり、質が低かったりするものが多く、本当に役に立つとは言いがたい……。

世の中を変える革新的なアイデアが必要とされているこの時代、なぜもっと体系的に、そして確実に、よいアイデアを生み出す方法がないのだろう？

この当然の疑問に応えて生み出されたのが、本書のタイトルでもある、“**Think Bigger**”（もっと大きく考える、大胆に発想する）という手法だ。それも、ただの「よいアイデア」ではなく、「**大きなアイデア**」――つまり、新しい価値を生み出し、人の役に立ち、そしてさらにスケールして世界にインパクトを与える可能性を秘めたアイデア――を、一から意図的に生み出し、磨き上げていく方法なのだ。

現代の賢人

Think Biggerを考案したのは、コロンビア大学ビジネススクールのシーナ・アイエンガー教授。彼女には、「慧眼《けいがん》」のひと言がふさわしい――たとえ目が見えなかったとしても。アイエンガー教授は3歳のときに遺伝性の網膜疾患と診断され、高校に上がる頃には完全に失明してしまう。だが教授はこれまで、誰の目にも明らかなのに見落とされている、「考えてみれば当たり前」の疑問に鋭く迫り、鮮やかな方法でくり返し答えを示してきた。今では何か大きなできごとや変化が起こると、きまってメディアから意見を求められる存在である。教授が世界に最も大きな影響をおよぼした経営思想家、“Thinkers 50”に何度も選ばれているのもうなずける。

アイエンガー教授を一躍有名にしたのが、あのジャムの実験だ。

モチベーションの研究をしていた大学院生時代、「多くの選択肢の中から選べる自由がモチベーションを上げる」という、心理学の定説中の定説に、ひょんなことから疑問を持った。今から25年ほど前、アメリカがまだ自由と経済的繁栄を謳歌し、選択肢は多ければ多いほどよいとされていた時代のことだ。選択肢は本当に多い方がよいのだろうか？　選択肢が「多すぎる」場合があるのではないだろうか？

食料品店に6種類と24種類のジャムを並べたところ、6種類の方が10倍も売上が多かった。多すぎる選択肢がかえって購買意欲を削ぐことを示した、この単純な実験は、世界に一大センセーションを巻き起こした。「選択肢が多すぎると選べない」という選択のパラドックスは、今では常識となり、マーケティングをはじめあらゆる分野に応用されている。

選択の力

アイエンガー教授はこの研究をもとに、選択をさまざまな視点からとらえた前著『選択の科学』(文春文庫)を上梓し、世界中で大きな話題を巻き起こした。英語版原書はフィナンシャルタイムズと米アマゾンで2010年のベストブックに選ばれ、本を紹介するアイエンガー教授のTEDトークは全世界で合計700万回以上視聴されている。日本でも刊行されるやいなやメディアに大きく取り上げられ、その関心の高まりから、ついにはNHKで「コロンビア白熱教室」としてテレビシリーズ化される運びとなった。単行本・文庫本合わせて累計20万部近くを売り上げ、今も版を重ね、メディアに取り上げられれば瞬時に店頭から消える、お化け本である。

『選択の科学』では、とくに服装や食べもの、果ては結婚相手まで自分で決めることが許されない、厳格なシーク教徒の移民の家庭で育つも、アメリカの公立学校で「選ぶ」ことの力を教えられたという、アイエンガー教授の生い立ちが語られ、脚光を浴びた。何よりも、「今の自分」から「なりたい自分」になるための唯一の手段が「選択」である、という力強いメッセージが、人々の心をとらえた。

つまり選択とは、誰かに与えられた選択肢の中から選ぶことだけではなく、自分で選択肢を生み出し、選び取ることでもあるのだ。まったく何のロールモデルもいない中で、心理学者になり、「選択」を研究分野として選び、ビジネススクールで教え、多くの企業のコンサルティングを行うなど、道なき道を1つひとつ自分の手で切り拓いてきた教授の言うことには重みがある。

そしてその方法を教えようというのが、本書なのだ。

Think Bigger

『選択の科学』が選択にまつわる問題を「説明」する本だったのに対し、本書『THINK BIGGER「最高の発想」を生む方法』は、選択肢を生み出すために具体的にどうしたらいいかを手取り足取り教える、徹底して「実践的」な本である。

「創造とは、脳内に蓄積した記憶の断片を組み合わせる行為」という神経科学の知見と、心理学や経営学の研究、そして個人的な経験をもとに、9年の歳月をかけて完成された手法を、古今東西の美しい例を挙げながら説明してくれる。すばらしいイノベーションも、元を正せば古いものの組み合わせから生まれた。そのやり方さえ身につければ、誰でも確実に、大きなアイデアを生み出せると教える。

そしてそこには一貫して、人がどう「見るか」という、客観的な視点がある。「どういうアイデアができたら理想的か？」「どういうアイデアが求められているのか？」という最終形態を念頭に、アイデアを精密に練り上げていくのだ。

教授はこれを、ブレインストーミングに代わる、新しいアイデア創出法と考えている。ただし、本書を通して最も伝えたいことは、「**選択は慎重に**」だそうだ。生まれたアイデアに飛びついて、すぐに実行に移したくなるのはやまやまだが、大切なのは時間をかけて成功確率の高い、手堅いアイデアを構築していくことだ。

『Think Bigger』は、コロンビア大学ビジネススクールで教えられるやいなや大人気講座になり、今では多くのＭＢＡやエンジニアが、これをもとにイノベーションを生み出している。

そのカギは、また教授の慧眼の秘密は、「心の眼」にあるのではないかと思う。教授は頭の中であらゆることを視覚化するそうだ。驚かれた方も多いと思うが、本書はまるで自分の目で実際に見たかのように、状況を細部まで鮮やかに説明している。記憶の断片をもとに、つじつまが合い、自分の納得できるかたちにすべてを改めて再構成する。その過程で、ありふれた風景の中に溶け込んでしまっている真理があぶり出され、おのずと「見えてくる」のではないだろうか。

本書では毎日の生活にも取り入れやすい、斬新で役に立つエクササイズもたくさん紹介されている。日常生活や社会をよりよくするために、是非これらを使ってアイデアを生み出していただければ幸いである。

最後に、私が人生や生活で迷うとき、いつも心に浮かぶ心象風景がある。13歳の時にお父様と死別されたアイエンガー教授は、同じく目の見えない妹さん（現在は弁護士、起業家として多方面で大活躍中のジャスミン・セティ氏）とともに、これからは自分の足で独り立ちする方法を考えなさい、とお母様に言い渡されたという。視力を失いかけ、経済的に困窮し、普通なら絶望して途方に暮れるかもしれないそんな状況で、幼い少女が「自分で選べる」喜びに心をときめかせ、実業家になったらどうかしら、パイロット、それとも医師？　と目を輝かせながら考えていた。その姿を思うたび、胸が熱くなるとともに、勇気を与えられる。最初からできない、無理だと決めつけてはいないだろうかと、折に触れて自分を戒めている。

NewsPicksパブリッシングの富川直泰氏には、アイエンガー先生の本を再び訳す機会を与えていただいたうえ、時間が押す中、あらゆる面で手厚くご支援とご指導をいただいた。Think Biggerでいう、「第三者」となり「第三の眼」となって、本書の実現に大きく手を貸してくださったことに、この場をお借りして心から感謝申し上げたい。

2023年10月

櫻井祐子

Wallace, James, and Jim Erickson. 1993. *Hard Drive: Bill Gates and the Making of the Microsoft Empire*. New York: HarperCollins. [『ビル・ゲイツ：巨大ソフトウェア帝国を築いた男（増補改訂版）』、SE 編集部訳、翔泳社、1995 年]

Waltdisney.org. 2017. "Josh Meador: Walt's Animation and Special Effects Master." Walt Disney Family Museum, October 11, 2017. https://www.waltdisney.org/blog/josh-meador-walts-animation-and-special-effects-master.

Wang, Dan J. 2019. "Toward a Unified Theory of Internal Innovation and Strategic Renewal: Comment on Furr & Eggers and Miller." *Strategic Management Review* 2(2): 355–361.

Weisberg, Robert. 2009. "On 'Out-of-the-Box' Thinking in Creativity." In *Tools for Innovation*, ed. Arthur Markman and Kristin Wood. Oxford Scholarship Online.

Weiss, Laura. 2011. *Ice Cream: A Global History*. London: Reaktion. [『アイスクリームの歴史物語』、竹田円訳、原書房、2012 年]

Welsh, David, John Bush, Chase Thiel, and Julena Bonner. 2019. "Reconceptualizing Goal Setting's Dark Side: The Ethical Consequences of Learning Versus Outcome Goals." *Organizational Behavior and Human Decision* 150: 14–27.

West, Rebecca. 1913. "Androcles and the Lion." *The New Freewoman: An Individualist Review* 1(7).

Workie, Blane. 2018. "Equal Access in Air Travel for the Blind: Raising Expectations from the United States Department of Transportation." National Federation for the Blind, October.

Yang, Z., and I. W. Hung. 2021. "Creative Thinking Facilitates Perspective Taking." *Journal of Personal Social Psychology* 120(2): 278–299.

Yun, Molly. 2013. "Ice Cream: An American Favorite Since the Founding Fathers." Public Broadcasting Service. Accessed March 16, 2022. https://www.pbs.org/food/features/ice-cream-founding-fathers/.

Zak, Paul J. 2015. "Why Inspiring Stories Make Us React: The Neuroscience of Narrative." *Cerebrum: The Dana Forum on Brain Science* 2(Jan.-Feb.): 2.

*Journal*64(4).
Somech, Anit, and Anat Drach-Zahavy. 2013. "Translating Team Creativity to Innovation Implementation: The Role of Team Composition and Climate for Innovation." *Journal of Management* 39(3): 684–708.
Stein, Gertrude. 1913. *The Autobiography of Alice B. Tolkas*. New York: Vintage. [『アリス・B・トクラスの自伝：わたしがパリで会った天才たち』、金関寿夫訳、筑摩書房、1981 年]
Stevens, Victoria. 2014. "To Think without Thinking: The Implications of Combinatory Play and the Creative Process for Neuroaesthetics." *American*
Journal of Play 7(1): 99–119.
"The Story of Shiva's Third Eye and Its Hidden Symbolism." Sadhguru, Isha Foundation website, February 23, 2021. https://isha.sadhguru.org/mahashivratri/shiva/shivas-third-eye-its-hidden-symbolism/.
Strong, E.W. 1970. "Barrow and Newton." *Journal of the History of Philosophy* 8(2): 155–172.
Subiaul, F. 2016. "What's Special About Human Imitation? A Comparison with Enculturated Apes." *Behavioral Sciences*6(3): 13.
Talavera, Lilly. 2020. "Beyond Meat's Competitive Advantage, Market Driver, and the Future of the Company." Medium, October 26. https://medium.com/petite-marketing-branding/beyond-meats-competitive-advantage-market-driver-and-the-future-of-the-company-628912e9723c.
Taylor, S. E., L. B. Pham, I. D. Rivkin, and D. Armor. 1998. "Harnessing the Imagination: Mental Simulation, Self-Regulation, and Coping." *American Psychologist* 53(4): 429–439.
Topolinski, Sascha, and Rolf Reber. "Gaining Insight into the "Aha" Experience." *Current Directions in Psychological Science*19(6): 402–405.
Thrash, Todd M., Laura A. Maruskin, Scott E. Cassidy, James W. Fryer, and Richard M. Ryan. 2010. "Mediating between the Muse and the Masses: Inspiration and the Actualization of Creative Ideas." *Journal of Personality and Social Psychology* 98(3): 469–487.
Toubia, Olivier, and Oded Netzer. 2016. "Idea Generation, Creativity, and Prototypicality." *Marketing Science* 36(1): 1–20.
Trachtenberg, Marvin. 1976. *The Statue of Liberty*. New York: Viking.
Trachtman, Paul. 2003. "Matisse & Picasso." Smithsonian Institution, February 1. https://www.smithsonianmag.com/arts-culture/matisse-picasso-75440861/.
Treisman, Anne, and Garry Gelade. 1980. "A Feature-Integration Theory of Attention." *Cognitive Psychology* 12(1): 97–136.
Trotter, Lloyd. 2020. Interview with Sheena Iyengar. New York, June 1. Tversky, Amos, and Daniel Kahneman. 1986. "Rational Choice and the Framing of Decisions." *Journal of Business* 59: S251–S278.
Tversky, Amos, and Daniel Kahneman. 1981. "The Framing of Decisions and the Psychology of Choice." *Science*211: 453–458.
Uhlmann, Eric, and Geoffrey L. Cohen. 2005. "Constructed Criteria: Redefining Merit to Justify Discrimination." *The Association for Psychological Science* 16(6): 474–480.
Uğurbil, Kâmil. 2012. "Development of Functional Imaging in the Human Brain (fMRI); the University of Minnesota Experience." *Neuroimage* 62(2): 613–619.
"United States Department of the Interior: National Park Service." National Register for Historic Places Nomination. Accessed March 16, 2022. https:// www.nj.gov/dep/hpo/1identify/nr_nomntns_07_16_2015/Bell%20Labs.pdf. "Useful Travel Tips for the Blind and Visually Impaired: Blog." IBVI, January 14, 2020. https://ibvi.org/blog/useful-travel-tips-for-the-blind-and-visually-impaired/.
Violaris, Maria. 2020. "Einstein at the Patent Office." *The Oxford Scientist*, April 26. https://oxsci.org/einstein-at-the-patent-office/.

Ross, Lee, and Andrew Ward. 1996. "Naive Realism: Implications for Social Conflict and Misunderstanding." In *Values and Knowledge*, ed. Terrance Brown and Edward S. Reed, 103–135. Mahwah, NJ: Lawrence Erlbaum.
Ross, L. D., T. M. Amabile, and J. L. Steinmetz. 1977. "Social Roles, Social Control, and Biases in Social-Perception Processes." *Journal of Personality and Social Psychology* 35(7): 485–494.
Rozenblit, Leonid, and Frank Keil. 2002. "The Misunderstood Limits of Folk Science: An Illusion of Explanatory Depth." *Cognitive Science* 26(5): 521–562.
Ruiz, G., and Sánchez, N. 2014. "Wolfgang Köhler's *The Mentality of Apes* and the Animal Psychology of His Time." *Spanish Journal of Psychology*17: E69.
Salganik, Matthew J., Peter Sheridan Dodds, and Duncan J. Watts. 2006. "Experimental Study of Inequality and Unpredictability in an Artificial Cultural Market." *Science* 311(1572): 854–856.
Salovey P., and J. D. Mayer. 1990. "Emotional Intelligence." *Imagination, Cognition and Personality* 9(3): 185–211.
Salzar, Maritza Salazar, Jennifer Feitosa, and Eduardo Salas. 2017. "Diversity and Team Creativity: Exploring Underlying Mechanisms." *Group Dynamics: Theory Research and Practice* 21(4): 187–206.
Schumpeter, Joseph. 1911. *The Theory of Economic Development: An Inquiry into Profits, Capital, Credit, Interest, and the Business Cycle*. Boston: Harvard University Press. [『シュンペーター経済発展の理論（初版）』、八木紀一郎・荒木詳二訳、日本経済新聞出版、2020 年]
Schumpeter, Joseph A. 2008. *Capitalism, Socialism, and Democracy*. New York: HarperCollins. [『資本主義、社会主義、民主主義』（1・2）、大野一訳、日経 BP、2016 年]
Scipioni, Jade. 2021. "Beyond Meat CEO Hangs Posters with Critics' Negative Comments in His Office: 'You Have to Let It Fuel You.'" CNBC, May 20. https://www.cnbc.com/2021/04/27/beyond-meat-ceo-ethan-brown-on-letting-critics-energize-you.html.
Seo, Myeong-Gu, and Lisa Feldman Barrett. 2007. "Being Emotional During Decision Making—Good or Bad? An Empirical Investigation." *Academy of Management Journal* 50(4): 923–940.
"Seven Years a 'Cobbler.'" Einstein at the Patent Office—Swiss Federal Institute of Intellectual Property. IGE IPI. Accessed April 11, 2022. https://www.ige.ch/en/about-us/the-history-of-the-ipi/einstein/einstein-at-the-patent-office. Shah, C., K. Erhard, H. J. Ortheil, E. Kaza, C. Kessler, and M. Lotze. 2013. "Neural Correlates of Creative Writing: An fMRI Study." *Human Brain Mapping*34(5): 1088–1101.
Shearer, Stephen. 2010. *Beautiful: The Life of Hedy Lamarr*. New York: St. Martin's.
Shin, Shung J., and Jing Zhou. 2007. "When Is Educational Specialization Heterogeneity Related to Creativity in Research and Development Teams? Transformational Leadership as a Moderator." *Journal of Applied Psychology* 92(6): 1709–1721.
Simon, Herbert. 1989. *Models of Thought*, vol. 2. New Haven, CT: Yale University Press.
Slater, Robert. 1998. *Jack Welch & the GE Way: Management Insights and Leadership Secrets of the Legendary CEO*. New York: McGraw-Hill. [『ウェルチ：GE を最強企業に変えた伝説の CEO』、宮本喜一訳、日経 BP 社、1999 年]
Sloman, Steven, and Philip Fernbach. 2017. *The Knowledge Illusion: Why We Never Think Alone*. New York: Penguin Random House. [『知ってるつもり：無知の科学』、土方奈美訳、早川書房、2018 年]
Spurling, Hillary. 1998. *The Unknown Matisse: A Life of Henri Matisse: The Early Years, 1869–1908*. New York: Knopf.
Sternberg, Robert, and James C. Kaufman. 2019. *The Cambridge Handbook of Creativity*. Cambridge: Cambridge University Press.
Soda, Giuseppe, Pier Vittorio Mannucci, and Ronald S. Burt 2021. "Networks, Creativity, and Time: Staying Creative through Brokerage and Network Rejuvenation." *Academy of Management*

Evaluation of the Left-Brain vs. Right-Brain Hypothesis with Resting State Functional Connectivity Magnetic Resonance Imaging." *PLoS One* 8(8): e71275.
Nijstad, Bernard, Carsten de Dreu, Eric Rietzschel, and Matthjis Baas. 2010. "The Dual Pathway to Creativity Model: Creative Ideation as a Function of Flexibility and Persistence." *European Review of Social Psychology* 21(1): 34–77.
Noah, Tom, Yaacov Schul, and Ruth Mayo. 2018. "When Both the Original Study and Its Failed Replication Are Correct: Feeling Observed Eliminates the Facial-Feedback Effect." *Journal of Personality and Social Psychology* 114(5): 657–664.
Nutt, Paul C. 1999. "Surprising but True: Half the Decisions in Organizations Fail." *Academy of Management Executive*13(4): 75–90.
Nutt, Paul C. 2004. "Why Decisions Fail: Avoiding the Blunders and Traps That Lead to Debacles." San Francisco: Berrett-Koehler.
Ober, Josiah. 2008. *Democracy and Knowledge: Innovation and Learning in Classical Athens.* Princeton, NJ: Princeton University Press.
O'Neal, Jim. 2016. "Louis Jordan." Blues Foundation, November 10. https://blues.org/blues_hof_inductee/louis-jordan/.
Osborn, Alex. 1942. *How to Think Up*. New York: McGraw-Hill.
Osborn, Alex. 1979. *Applied Imagination: Principles and Procedures of Creative Thinking*. New York: Scribner. [『独創力を伸ばせ』、上野一郎訳、ダイヤモンド社、1982年]
Ovington, L. A., A. J. Saliba, C. C. Moran, J. Goldring, and J. B. MacDonald. 2018. "Do People Really Have Insights in the Shower? The When, Where and Who of the Aha! Moment." *Journal of Creative Behavior* 52(1): 21–34.
Pager, Devah, Bart Bonikowski, and Bruce Western. 2009. "Discrimination in a Low-Wage Labor Market: A Field Experiment." *American Sociological Review* 74(5): 777–799.
Parrotta, Pierpaolo, Dario Pozzoli, and Mariola Pylitkova. 2014. "Labor Diversity and Firm Productivity." *European Economic Review*66(C): 144–179.
PBS: The American Experience. "Ford Installs the First Moving Assembly Line," n.d.
Piper, Kelsey. 2021. "A No-Beef Diet Is Great—But Only If You Don't Replace It with Chicken." Vox, May 22. https://www.vox.com/future-perfect/22430749/beef-chicken-climate-diet-vegetarian.
Poincaré, Henri. 1913. *The Foundations of Science: Science and Hypothesis, the Value of Science, Science and Method*. Lanham, MD: University Press of America. [本書における引用部分は『科学と方法（改訳）』吉田洋一訳、岩波文庫、1953年所収]
Prelec, Dražen, Seung, Sebastian, and McCoy, John. 2017. "A Solution to the Single-Question Crowd Wisdom Problem." *Nature*541(7638): 532–535.
Raymond, Eric S. 1999. *The Cathedral and the Bazaar: Musings on Linux and Open Source by an Accidental Revolutionary*. Sebastopol, CA: O'Reilly Media. [『伽藍とバザール』、山形浩生訳、ユニバーサル・シェル・プログラミング研究所、2010年]
Readmikenow. 2019. "The Game of Basketball Was Created by James Naismith." HowTheyPlay, January 23. https://howtheyplay.com/team-sports/The-Game-Of-Basketball-Was-Created-By-James-Naismith.
Ricci, Tom. 2012. "Henry Ford." *The American Society of Mechanical Engineers*, May 6.
Rhodes, Richard. 2011. *Hedy's Folly: The Life and Breakthrough Inventions of Hedy Lamarr, the Most Beautiful Woman in the World*. New York: Doubleday.
Rodriguez, Ashley. 2017. "Netflix Was Founded 20 Years Ago Today Because Reed Hastings Was Late Returning a Video." Quartz, August 29. https://qz.com/1062888/netflix-was-founded-20-years-ago-today-because-reed-hastings-was-late-a-returning-video/.
"Root Cause Analysis." Wikipedia. Wikimedia Foundation, January 30, 2022. https://en.wikipedia.org/wiki/Root_cause_analysis.

Creativity_The_When_and_How.
Li, Junchao, Delong Zhang, Aiying Liang, Bishan Liang, Zengjian Wang, Yuxuan Cai, Mengxia Gao, Zhenni Gao, Song Chang, Bingqing Jiao, Ruiwang Huang, and Ming Liu. 2017. "High Transition Frequencies of Dynamic Functional Connectivity States in the Creative Brain." *Scientific Reports* 7 (April 6).
Littman, Jonathan. 2001. *The Art of Innovation: Lessons in Creativity from IDEO, America's Leading Design Firm*. New York: Doubleday. [『発想する会社！：世界最高のデザイン・ファーム IDEO に学ぶイノベーションの技法』、鈴木主税・秀岡尚子訳、早川書房、2002 年]
Lucas, Brian, and Loran Nordgren. 2016. "Think You're Out of Creative Ideas? Think Again." Kellogg Insight, March 7. https://insight.kellogg.northwestern.edu/article/think-youre-out-of-creative-ideas-think-again.
Lucas, Brian, and Loran Nordgren. 2015. "People Underestimate the Value of Persistence for Creative Performance." *Journal of Personality and Social Psychology* 109(2): 232–243.
Lyles, M. A. 1981. "Formulating Strategic Problems: Empirical Analysis and Model Development." *Strategic Management Journal* 2: 61–75.
Lynch, Robert. *The Practical Guide to Joint Ventures and Corporate Alliances: How to Form, How to Organize, How to Operate*. Hoboken, NJ: Wiley, 1989.
"Madame X (Madame Pierre Gautreau)." Metmuseum.org. The Metropolitan Museum of Art. Accessed March 16, 2022. https://www.metmuseum.org/art/collection/search/12127.
Malament, D. B. 2002. *Reading Natural Philosophy: Essays in the History and Philosophy of Science and Mathematics*. Chicago: Open Court.
Manes, Stephen, and Paul Andrews. 1993. *Gates: How Microsoft's Mogul Reinvented an Industry—and Made Himself the Richest Man in America*. New York: Simon and Schuster. [『帝王ビル・ゲイツの誕生』（上・下）、鈴木主税訳、中公文庫、2000 年]
Martinique, Elena. 2020. "Portrait of Controversy—Madame X by John Singer Sargent." Widewalls, December. https://www.widewalls.ch/magazine/john-singer-sargent-madame-x.
Mason, Malia, Michael Norton, John Van Horn, Daniel Wegner, Scott Grafton, and C. Neil Macrae, 2007. "Wandering Minds: The Default Network and Stimulus-Independent Thought." *Science*315(5810): 393–395.
Massey, Anne, and R. M. O'Keefe. 1993. "Insights from Attempts to Validate a Multi-Attribute Model of Problem Definition Quality." *Decision Sciences* 24(1): 106–125.
McCartney, Paul. 2021. Interview with Sheena Iyengar. New York, February 10. McMillan, R., S. B. Kaufman, and J. L. Singer. 2013. "Ode to Positive Constructive Daydreaming." *Frontiers in Psychology* 4: 626.
Meyer, Meghan L., Hal Hershfield, Adam Waytz, Judith Mildner, and Diana Tamir. 2019. "Creative Expertise Is Associated with Transcending the Here and Now." *Journal of Personality and Social Psychology*116(4): 483–494.
Miller, Arthur. 2012. "Henri Poincaré: The Unlikely Link between Einstein and Picasso." *The Guardian*, July 17. https://www.theguardian.com/science/blog/2012/jul/17/henri-poincare-einstein-picasso.
Minto, Barbara. "The Minto Pyramid Principle: Logic in Writing, Thinking and Problem Solving." McKinsey & Company, n.d. "Nancy Johnson—Inventor of the Ice Cream Freezer." inventricity. Accessed March 16, 2022. https://www.inventricity.com/nancy-johnson-inventor.
National Federation of the Blind. 1994. "If Blindness Comes: Independent Travel." nfb.org//sites/default/files/images/nfb/publications/books/ifblind/ifblnd04.htm.
Newton, Sir Issac. 2003. *Quæstiones quædam philosophiæ* (Certain Philosophical Questions). Cambridge: Cambridge University Library.
Nielsen J. A., B. A. Zielinski, M. A. Ferguson, J. E. Lainhart, and J. S. Anderson. 2013. "An

Kahneman, Daniel. 2011. *Thinking, Fast and Slow*. New York: Farrar, Straus, and Giroux. [『ファスト & スロー：あなたの意思はどのように決まるか ?』(上・下)、村井章子訳、ハヤカワ文庫、2014 年]

Kahneman, Daniel, and Amos Tversky. 1982. *Judgment under Uncertainty: Heuristics and Biases*. New York: Cambridge University Press.

Kahneman, Daniel, and Amos Tversky. 1996. "On the Reality of Cognitive Illusions: A Reply to Gigerenzer's Critique." *Psychological Review* 103: 582–591.

Kahneman, Daniel, and Amos Tversky. 2000. *Choices, Values and Frames*. New York: Cambridge University Press.

Kandel, Eric. 2012. *The Age of Insight: The Quest to Understand the Unconscious in Art, Mind, and Brain, from Vienna 1900 to the Present*. New York: Penguin Random House. [『芸術・無意識・脳：精神の深淵へ：世紀末ウィーンから現代まで』、須田年生・須田ゆり訳、九夏社、2017 年]

Kandel, Eric, Brenda Milner, and Larry Squire. 1998. "Cognitive Neuroscience and the Study of Memory." *Neuron*20(3): 445–468.

Kang, M. J., M. Hsu, I. M. Krajbich, G. Loewenstein, S. M. McClure, J. T. Y. Wang, and C. F. Camerer. 2009. "The Wick in the Candle of Learning: Epistemic Curiosity Activates Reward Circuitry and Enhances Memory." *Psychological Science* 20(8): 963–973.

Kaplan, Soren. 2017. "The Business Consulting Industry Is Booming, and It's About to Be Disrupted." Inc.com. September 11. https://www.inc.com/soren-kaplan/the-business-consulting-industry-is-booming-and-it.html.

Kholer, Wolfgang. 1925. *The Mentality of Apes*. New York: Liveright. [『類人猿の知恵試験』、宮孝一訳、岩波書店、1962 年]

Klein, Gary. 1999. *Sources of Power: How People Make Decisions*. Cambridge: MIT Press. [『決断の法則：人はどのようにして意思決定するのか ?』、佐藤佑一監訳、ちくま学芸文庫、2022 年]

Knapp, Jake, John Zeratsky, and Braden Kowitz. 2016. *Sprint: How to Solve Big Problems and Test New Ideas in Just Five Days*. New York: Simon & Schuster. [『Sprint 最速仕事術：あらゆる仕事がうまくいく最も合理的な方法』、櫻井祐子訳、ダイヤモンド社、2017 年]

Knowles, Scott G., and Stuart W. Leslie. 2001. "'Industrial Versailles': Eero Saarinen's Corporate Campuses for GM, IBM, and AT&T." *JSTOR* 92(1): 1–33. Koenig, Helmut. 1986. "Tracing the Roots of a Grand Lady: The Statue of Liberty," *Chicago Tribune*, May 4.

Korzilius, Hubert, and Joost Bücker. 2017. "Multiculturalism and Innovative Work Behavior: The Mediating Role of Cultural Intelligence." *International Journal of Intercultural Relations* 56: 13–24.

Koyré, A. 1952. "An Unpublished Letter of Robert Hooke to Isaac Newton." *Isis* 43(4): 312.

Kuhn, Thomas S. 1962. *The Structure of Scientific Revolutions*. Chicago: University of Chicago Press. [『科学革命の構造 (新版)』、青木薫訳、みすず書房、2023 年]

Kyff, Rob. 2020. "Do Brainstorms Cause Thunder and Enlightening?" Creators Syndicate, July 29. https://www.creators.com/read/rob-kyff-word-guy/07/20/do-brainstorms-cause-thunder-and-enlightening.

Lahiri, Nadini. 2010. "Geographic Distribution of R&D Activity: How Does It Affect Innovation Quality?" *Academy of Management Journal* 53(5): 1194–1209.

Leahy, Wayne, and John Sweller. 2008. "The Imagination Effect Increases with an Increased Intrinsic Cognitive Load." *Applied Cognitive Psychology* 22(2): 273–283.

LeDoux, Joseph. 2003. *Synaptic Self: How Our Brains Become Who We Are*. London: Penguin. [『シナプスが人格をつくる：脳細胞から自己の総体へ』、谷垣暁美訳、みすず書房、2004 年]

Leung, Angela Ka-yee, William Maddux, Adam Galinsky, and Chi Yue Chiu. 2008. "Multicultural Experience Enhances Creativity: The When and How." *The American Psychologist* 63: 169–181. https://www.researchgate.net/publication/5475757_Multicultural_Experience_Enhances_

Gruszka, Aleksandra, and Edward Nęcka. 2017. "Limitations of Working Memory Capacity: The Cognitive and Social Consequences." *European Management Journal* 35(6): 776–784.
Guha, R. 2018. "How the Suffragettes Influenced Mahatma Gandhi." *Hindustan Times*, February 24, 2018. https://www.hindustantimes.com/columns/how-the-suffragettes-influenced-mahatma-gandhi/story-d64CKd7REk1AF41JQdUtfN.html
Hahn, William, and Thomas L. Powers. 2010. "Strategic Plan Quality, Implementation Capability, and Firm Performance." *Academy of Strategic Management Journal* 9(1): 63–82.
Hanappi, Hardy, and Edeltraud Hanappi-Egger. 2004. *New Combinations: Taking Schumpeter's Concept Serious*. MPRA Paper 28396, University Library of Munich, Germany.
Hansell, Saul. 2003. "Overture Services to Buy Altavista for $140 Million." *New York Times*, February19. https://www.nytimes.com/2003/02/19/business/technology-overture-services-to-buy-altavista-for-140-million.html.
Hargadon, Andrew, and Robert I. Sutton. 1996. "Brainstorming Groups in Context: Effectiveness in a Product Design Firm." *Administrative Science Quarterly* 41(4): 685–718.
Harrison, Spencer H., and Karyn Dossinger. 2017. "Pliable Guidance: A Multilevel Model of Curiosity, Feedback Seeking, and Feedback Giving in Creative Work." *Academy of Management Journal*60(6): 2051–2072.
Hass, R. G. 1984. "Perspective Taking and Self-Awareness: Drawing an E on Your Forehead." *Journal of Personality and Social Psychology* 46(4): 788–798.
Heath, Chip. 2007. *Made to Stick: Why Some Ideas Survive and Others Die*. NewYork: Random House. [『アイデアのちから』、飯岡美紀訳、日経 BP 社、2008 年]
Heath, Chip, and Dan Heath. 2013. *Decisive: How to Make Better Choices in Life and Work*. New York: Random House. [『決定力:正解を導く 4 つのプロセス』、千葉敏生訳、早川書房、2013 年]
Henneke, Daniel, and Christian Lüthje. 2007. "Interdisciplinary Heterogeneity as a Catalyst for Product Innovativeness of Entrepreneurial Teams." *Creativity and Innovation Management:* Hoboken, NJ: Wiley. "Henry Ford: Founder, Ford Motor Company," The Henry Ford Museum, n.d.
Hicks, Jason, Joshua Landau, and Richard Marsh. 1997. "Contributions of Inadequate Source Monitoring to Unconscious Plagiarism During Idea Generation." *APA PsychNet* 23(4): 886–897.
Higgins E. T., M. Rossignac-Milon, and G. Echterhoff. 2021. "Shared Reality: From Sharing-Is-Believing to Merging Minds." *Current Directions in Psychological Science* 30(2): 103–110.
Higgins, Tory. 2019. *Shared Reality: What Makes Us Strong and Tears Us Apart*.
Oxford: Oxford University Press.
Hill, Taylor. 2020. "How Engineers at NASA JPL Persevered to Develop a Ventilator." NASA. May 14. https://www.jpl.nasa.gov/news/how-engineers-at-nasa-jpl-persevered-to-develop-a-ventilator.
"How Basketball History (and Basketball) Was Made in Springfield, Mass., in 1891." 2018. *New England Historical Society*, January 18. https://www.new englandhistoricalsociety.com/how-basketball-history-made-springfield-mass-1891/.
Huang, Laura, and Jone Pearce. 2016. "Managing the Unknowable: The Effectiveness of Early-Stage Investor Gut Feel in Entrepreneurial Investment Decisions." *Administrative Science Quarterly*60(4): 634–670.
Hume, David. 1993. *An Enquiry Concerning Human Understanding*. Indianapolis, IN: Hackett Publishing Company. [『人間知性研究』、斎藤繁雄・一ノ瀬正樹訳、法政大学出版局、2011 年]
Iyengar, Sheena. 2010. *The Art of Choosing*. New York: Scribner. [『選択の科学:コロンビア大学ビジネススクール特別講義』、櫻井祐子訳、文春文庫、2014 年]
Iyengar, Sheena S., and Mark R. Lepper. 2010. "When Choice Is Demotivating: Can One Desire Too Much of a Good Thing?" *Journal of Personality and Social Psychology* 79(6): 995–1006.
"JPL's Response to Covid-19." NASA. Accessed March 16, 2022. https://medeng .jpl.nasa.gov/covid-19/ventilator/registration/.

Columbia University Press. [『戦略は直観に従う：イノベーションの偉人に学ぶ発想の法則』、杉本希子・津田夏樹訳、東洋経済新報社、2010年]
Duggan, Bill, and Malia Mason. 2011. "Strategic Intuition," *Handbook of Intuition Research*, ed. Marta Sinclair. Northampton, MA: Edward Elgar.
Eden, Colin. 1994. "Cognitive Mapping and Problem Structuring for System Dynamics Model Building." *System Dynamics Review* (Autumn): 257–276.
Edwards, Betty. 1981. *Drawing on the Right Side of the Brain*. New York: Penguin. Emrich, Ron. 2007. "Bell Labs: Birthplace of the Transistor and Cell Phone at Risk." Bell Labs: Birthplace of the Transistor and Cell Phone at Risk | The Cultural Landscape Foundation, August. https://tclf.org/content/birthplace-transistor-and-cell-phone-risk.
Fuegen, Kathleen, and Nicole F. Endicott. 2010. "Evidence of Shifting Standards in Judgments of Male and Female Parents' Job-Related Ability." *Current Research in Social Psychology* 15(5).
Fleming, Lee, Santiago Mingo, and David Chen. 2007. "Collaborative Brokerage, Generative Creativity, and Creative Success." *Administrative Science Quarterly* 52(3): 443–475.
Ford, Henry. 1922. *My Life and Work*. New York: Garden City Publishing. Franklin Institute. "Case Files: Henry Ford," n.d. [『我が一生と事業：ヘンリー・フォード自叙伝』、加藤三郎訳、文興院、1924年]
"Frédéric-Auguste Bartholdi." National Parks Service. U.S. Department of the Interior, August 17, 2021. https://www.nps.gov/stli/learn/historyculture/frederic-auguste-bartholdi.htm.
Fülöp-Miller, R. 2016. *Gandhi, the Holy Man*. Haryana, India: Rudransh Prakashan.
Furr, Nathan, and J. P. Eggers. 2019. "Behavioural Innovation and Corporate Renewal." *Strategic Management Review*2(2): 285–322.
Gable, Shelly L., Elizabeth Hopper, and Jonathan Schooler. 2019. "When the Muses Strike: Creative Ideas of Physicists and Writers Routinely Occur During Mind Wandering." *SAGE Journal*30(3): 396–404.
Gaser, Christian, and Gottfried Schlaug. 2003. "Brain Structures Differ between Musicians and Non-Musicians." *Journal of Neuroscience* 23(27): 9240–9245.
Gates, Bill. 1996. *The Road Ahead*. New York: Viking. [『ビル・ゲイツ未来を語る』、西和彦訳、アスキー、1996年]
Geake, J. G. 2005. "The Neurological Basis of Intelligence: Implications for Education: An Abstract." *Gifted and Talented*9(1): 8.
Geake, J. G. 2006. "Mathematical Brains." *Gifted and Talented* 10(1): 2–7. Gelderman, Carol. 1999. "Henry Ford." *Encyclopædia Britannica*.
George, Alice. 2019. "Thank This World War II-Era Film Star for Your Wi-Fi." Smithsonian Institution, April 4. https://www.smithsonianmag.com/smithsonian-institution/thank-world-war-ii-era-film-star-your-wi-fi-180971584/.
Godart, Frederic, William Maddux, Andrew Shipilov, and Adam Galinsky, Adam. 2015. "Fashion with a Foreign Flair: Professional Experiences Abroad Facilitate the Creative Innovations of Organizations." *Academy of Management Journal* 58(1): 195–220.
Godin, Benoit. 2017. *Models of Innovation: The History of an Idea*. Cambridge, MA: MIT Press.
Goldberg, E., and L. D. Costa. 1981. "Hemisphere Differences in the Acquisition and Use of Descriptive Systems." *Brain Language*14(1): 144–173.
Goldberger, Paul. 2013. "Exclusive Preview: Google's New Built-from-Scratch Googleplex." *Vanity Fair*, February 22. https://www.vanityfair.com/news/tech/2013/02/exclusive-preview-googleplex.
Granovetter, Mark S. 1973. "The Strength of Weak Ties." *American Journal of Sociology* 78(6): 1360–1380.
Griffin, Dale W., and Lee Ross. 1991. "Subjective Construal, Social Inference, and Human Misunderstanding." *Advances in Experimental Social Psychology* 24: 319–359.

Brown, Ethan. 2020. Interview with Iyengar, Sheena. New York.
Brucks, Melanie and Szu-chi Huang. 2021. "The Creativity Paradox: Soliciting Creative Ideas Undermines Ideation." *Journal of Marketing Research*.
Brucks, Melanie and Szu-chi Huang. 2018. "The Pursuit of Creativity in Idea Generation Contests." Paper presented at the Winter American Marketing Association (AMA), New Orleans, LA.
Büyükdamgacı, G. 2003. "Process of Organizational Problem Definition: How to Evaluate and How to Improve." *Omega*31(4): 327–338.
Byun, Seo-Young, Laura Bosch, María del Carmen Triana, and Tanja Rabl. 2020. "Diversity Management Efforts as an Ethical Responsibility: How Employees' Perceptions of an Organizational Integration and Learning Approach to Diversity Affect Employee Behavior." *Journal of Business Ethics* 161(3): 531–550.
Chae, David H., Sean Clouston, Mark L. Hatzenbuehler, Michael R. Kramer, Hannah L. F. Cooper, Sacoby M. Wilson, Seth I. Stephens-Davidowitz, Robert S. Gold, and Bruce G. L. Link. 2015. "Association Between an Internet-Based Measure of Area Racism and Black Mortality." *PLoS One* 10(4): e0122963.
Chamorro-Premuzic, Thomas. "Why Group Brainstorming Is a Waste of Time." *Harvard Business Review*, March 25, 2015. https://hbr.org/2015/03/why-group-brainstorming-is-a-waste-of-time.
Chodos, Alan. "June 10, 1941: Hedy Lamarr and George Antheil Submit Patent for Radio Frequency Hopping." American Physical Society. Accessed March 16, 2022. https://www.aps.org/publications/apsnews/201106/physicshistory.cfm.
Christensen, Clayton. 2013. *The Innovator's Dilemma: When New Technologies Cause Great Firms to Fail*. Boston: HarperCollins. [『イノベーションのジレンマ：技術革新が巨大企業を滅ぼすとき』、伊豆原弓訳、翔泳社、2000年]
Clay, Zanna, and Claudio Tennie. 2018. "Is Overimitation a Uniquely Human Phenomenon? Insights from Human Children as Compared to Bonobos." *Child Development* 89(5): 1535–1544.
Cole, Lauran. 2017. "Right Brain—Left Brain Test: MentalUP." MentalUP.co. September 22. https://www.mentalup.co/blog/right-brain-left-brain-test.
Cooper, Mary Beth. 2015. "Springfield College." *Springfield College*, December 16. https://springfield.edu/where-basketball-was-invented-the-birthplace-of-basketball.
Couzin, Iain, Christos C. Ioannou, Güven Demirel, and Thilo Gross. 2011. "Uninformed Individuals Promote Democratic Consensus in Animal Groups." *Science* 334(6062): 1578–1580.
Cringely, Robert X. *Accidental Empires*. New York: HarperCollins, 1992. [『コンピュータ帝国の興亡』、藪暁彦訳、アスキー、1994年]
Damasio, Antonio. 2000. *The Feeling of What Happens: Body and Emotion in the Making of Consciousness*. Boston: Mariner. [『無意識の脳　自己意識の脳：身体と情動と感情の神秘』、田中三彦訳、講談社、2003年]
Desjardins, Audrey, and Wakkary, Ron. 2013. "Manifestations of Everyday Design: Guiding Goals and Motivations." *Proceedings of the 9th ACM Conference on Creativity & Cognition* (June): 253–262.
"Developed Ventilator Authorized by FDA for Emergency Use." NASA, April 30, 2020. https://www.jpl.nasa.gov/news/nasa-developed-ventilator-authorized-by-fda-for-emergency-use.
Dormitzer, Phil. 2021. Interview with Sheena Iyengar. New York, September 24. "DPMA: Albert Einstein." Deutsches Patentund Markenamt, April 4, 2022. https://www.dpma.de/english/our_office/publications/milestones/greatinventors/einstein/index.html.
Duggan, William. 2013. *Creative Strategy: A Guide for Innovation*. New York: Columbia University Press.
Duggan, William. 2013. *Strategic Intuition: The Creative Spark in Human Achievement*. New York:

参考文献

"106 Must-Know Startup Statistics for 2022." *Embroker*, 14 July 2022, https:// www.embroker.com/blog/startup-statistics/.
Adelson, Warren. 2007. *Sargent's Women*. New York: Adelson Galleries.
"Alex F. Osborn, 77, a Founder and Officer of B.B.D.& O., Dies; Advertising Man Developed 'Brainstorming Sessions' and 'Creative Thinking'." 1966. *New York Times*, May 6. https://www.nytimes.com/1966/05/06/archives/alex-f-osborn-77-a-founder-and-officer-of-bbd-o-dies-advertising.html.
Andriani, Pierpaolo, Ayfer Ali, and Mariano Mastrogiorgio. 2017. "Measuring Exaptation and Its Impact on Innovation, Search, and Problem Solving." *Organization Science* 28(2): 320–338.
Archibald, T. 2019. "What's the Problem Represented to Be? Problem Definition Critique as a Tool for Evaluative Thinking." *American Journal of Evaluation* 41(1): 6–19.
Ash, Ivan, and Jennifer Wiley. 2006. "The Nature of Restructuring in Insight: An Individual-Differences Approach." *Psychonomic Bulletin & Review* 13: 66–73. Baer, Markus, Kurt Dirks, and Jackson Nickerson. 2013. "Microfoundations of Strategic Problem Formulation." *Strategic Management Journal*34(2): 197–214.
Barlow, Christopher. 2000. "Deliberate Insight in Team Creativity." *Journal of Creative Behavior* 34(2): 101–117.
"BBDO Advertising & Marketing Profile." 2019. Adbrands Archive. https://www.adbrands.net/archive/us/bbdo-us-p.htm.
The Beatles. 2000. *The Beatles Anthology*. San Francisco: Chronicle.[『The Beatles アンソロジー』、ザ・ビートルズ・クラブ監修翻訳、リットーミュージック、2000 年]
Berley, R. 2017. "A Treatise on the History of Ice Cream in Philadelphia." The Franklin Fountain, March 6. http://www.franklinfountain.com/our-history/a-treatise/.
Beratan, Kathi K. 2019. "Improving Problem Definition and Project Planning in Complex Natural Resource Management Problem Situations Using Knowledge Brokers and Visual Design Principles." *Ecology and Society* 24(2): 31.
Berg, Justin. 2014. "The Primal Mark: How the Beginning Shapes the End in the Development of Creative Ideas." *Organizational Behavior and Human Decision Processes* 125(1): 1–17.
Besserve, Emmanuel. 2020. "Beyond Meat: Analysis of a Successful Marketing Strategy." Quinoa Marketing, September 4. https://quinoamarketing.com/beyond-meat-analysis-of-a-successful-marketing-strategy/.
Bever, Thomas G., and Robert J. Chiarello. 2009. "Frequency and Correlates of Involuntary Emotional . . ." *Psychiatry Online: Neuropsychiatry Classic*.
Birdi, Kamal. 2007. "A Lighthouse in the Desert? Evaluating the Effects of Creativity Training on Employee Innovation." *Journal of Creative Behavior* 41(4): 249–270.
Blanchet, Christian, and Bertrand Dard. 1985. *Statue of Liberty: The First Hundred Years*. Boston: Houghton Mifflin.
Boland, Stacey. 2021. Interview with Iyengar, Sheena. New York, November 3. "Bombshell: The Hedy Lamarr Story: Hedy Lamarrand Howard Hughes' Relationship." 2021. Public Broadcasting Service, December 2. https://www.pbs.org/wnet/americanmasters/hedy-lamarr-howard-hughes-relationship/10134/. Bossing, Jan. 2018. "Inventing Women." Medium, July 24. https://medium.com/@JanBossing/inventing-women-53fe5724ec42.
Bragoli, Caterina. 2022. "The Legacy of a Parisian Scandal: John Singer Sargent's 'Portrait of Madame X.'" Varsity Online, March 15. https://www.varsity.co.uk/arts/19813.

著者紹介

シーナ・アイエンガー (Sheena Iyengar)

全盲のコロンビア大学ビジネススクール教授。心理学者。イノベーション、選択、リーダーシップ、創造性研究の世界的第一人者。彼女の選択理論（商品の種類は少ない方が売上が多い）はマーケティング業界で広く知られる。同理論を書籍化した『選択の科学』（文春文庫）は各国でベストセラーに。日本ではNHK「コロンビア白熱教室」として番組化もされた。
1969年、インド移民の両親のもとカナダで生まれる。3歳で眼の疾患を診断され、10代後半で完全に視力を失う。にもかかわらず普通学校に進学することを選択し、大学進学後は「選択」を研究テーマとする。スタンフォード大学より博士号取得（社会心理学）。経営思想界のノーベル賞と称されるランキング「Thinkers50」に3度にわたり選出。米大統領より卓越した若手研究者に贈られるPresidential Early Career Awardも3度受賞。現在はコロンビア大学ビジネススクールで人気講義THINK BIGGERを開講中。本書は同講義の書籍化である。

訳者紹介

櫻井祐子（さくらい ゆうこ）

翻訳家。京都大学経済学部卒。大手都市銀行在籍中にオックスフォード大学大学院で経営学修士号を取得。訳書にアイエンガー『選択の科学』（文春文庫）、ソニ『創始者たち』、シュミット他『1兆ドルコーチ』（以上ダイヤモンド社）、サンドバーグ＆グラント『OPTION B』（日本経済新聞出版）、クリステンセン他『イノベーション・オブ・ライフ』（翔泳社）、マグレッタ『〔エッセンシャル版〕マイケル・ポーターの競争戦略』（早川書房）など多数。

装幀 ……………… 水戸部功
本文デザイン … 相原真理子
DTP・図版 …… 朝日メディアインターナショナル
校正 ……………… 鷗来堂
営業 ……………… 岡元小夜・鈴木ちほ
進行管理 ……… 岡元小夜・小森谷聖子
編集 ……………… 富川直泰

THINK BIGGER
「最高の発想」を生む方法

コロンビア大学ビジネススクール特別講義

2023年11月20日　第1刷発行
2024年3月8日　第4刷発行

著　者　　シーナ・アイエンガー
訳　者　　櫻井祐子
発行者　　金泉俊輔
発行所　　ニューズピックス（運営会社：株式会社ユーザベース）
〒100-0005 東京都千代田区丸の内2-5-2 三菱ビル
電話　03-4356-8988
FAX　03-6362-0600
※電話でのご注文はお受けしておりません。
FAXあるいは下記のサイトよりお願いいたします。
https://publishing.newspicks.com/

印刷・製本　シナノ書籍印刷株式会社

ISBN 978-4-910063-34-8
本書に関するお問い合わせは下記までお願いいたします。
np.publishing@newspicks.com

希望を灯そう。

NEWS PICKS PUBLISHING

「失われた30年」に、
失われたのは希望でした。

今の暮らしは、悪くない。
ただもう、未来に期待はできない。
そんなうっすらとした無力感が、私たちを覆っています。

なぜか。
前の時代に生まれたシステムや価値観を、今も捨てられずに握りしめているからです。

こんな時代に立ち上がる出版社として、私たちがすべきこと。
それは「既存のシステムの中で勝ち抜くノウハウ」を発信することではありません。
錆《さ》びついたシステムは手放して、新たなシステムを試行する。
限られた椅子を奪い合うのではなく、新たな椅子を作り出す。
そんな姿勢で現実に立ち向かう人たちの言葉を私たちは「希望」と呼び、
その発信源となることをここに宣言します。

もっともらしい分析も、他人事のような評論も、もう聞き飽きました。
この困難な時代に、したたかに希望を実現していくことこそ、最高の娯楽《エンタメ》です。
私たちはそう考える著者や読者のハブとなり、時代にうねりを生み出していきます。

希望の灯を掲げましょう。
1冊の本がその種火となったなら、これほど嬉しいことはありません。

令和元年
NewsPicksパブリッシング 編集長
井上 慎平

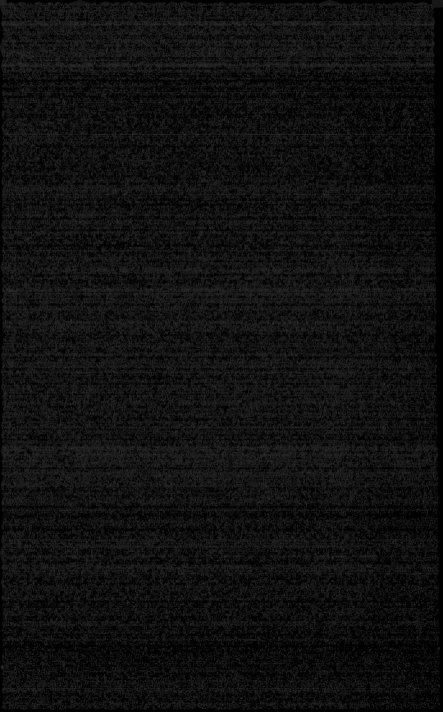